32

COLECCIÓN AMÉRICA NUESTRA
● los hombres y las ideas

AMÉRICA NUESTRA es una nueva colección
que Siglo XXI proyecta como una
expresión coherente del examen de la realidad
que nuestros países viven desde siglos: tierra
colonizada que no logra liberarse.
Queremos difundir, con sistema, textos que exhiban
tanto la grandeza de las culturas destruidas
por la Conquista como los testimonios de la
lucha por la liberación que llega hasta nuestros
días y que tiene expresión en la obra y las ideas
de los hombres que las orientan. Nada
mejor para definir esa intención que las
palabras que escribió José Martí: "... la
historia de América, de los incas acá,
ha de enseñarse al dedillo, aunque no se enseñe
la de los arcontes de Grecia. Nuestra Grecia
es preferible a la Grecia que no es nuestra,
nos es más necesaria... Injértese en nuestras
repúblicas el mundo; pero el tronco ha de ser
de nuestras repúblicas..."

siglo veintiuno editores, sa
CERRO DEL AGUA 248, MEXICO 20, D.F

siglo veintiuno de españa editores, sa
C/PLAZA 5, MADRID 33, ESPAÑA

siglo veintiuno argentina editores, sa

siglo veintiuno de colombia, ltda
AV. 3a. 17-73 PRIMER PISO, BOGOTA, D.E. COLOMBIA

NUEVAS CARTAS
DE NUEVA YORK

por
JOSÉ MARTÍ

investigación, introducción e índice
por
ERNESTO MEJÍA SÁNCHEZ

SIGLO VEINTIUNO XXI AMÉRICA NUESTRA

Este libro se publicará simultáneamente en Cuba
por el Centro de Estudios Martianos

edición al cuidado de martí soler
portada de anhelo hernández

primera edición, 1980
siglo xxi editores, s.a.

ISBN 968-23-1005-9

ÍNDICE

A
NICARAGUA

A
CUBA

INTRODUCCIÓN: JOSÉ MARTÍ EN *EL PARTIDO LIBERAL* (1886-1892)

No está uno para hablar en yo personal; pero no queda más remedio que hacerlo en estas páginas introductorias, que también son de explicación. Considerado el suscrito como un "dariísta" profesional o fanático, alguien podrá extrañar qué aparezca ahora como un paciente y devoto "martiano"; al escéptico dedico, pues, la explicación. Yo nací "martiano" por mi padre, a quien debo muchas lecturas desde la infancia y primera juventud, allá en mi Nicaragua. Lo demás lo han hecho mis maestros de toda América, que buenos los he tenido. Rafael Heliodoro Valle, Alfonso Reyes, Raimundo Lida, Andrés Henestrosa y Manuel Pedro González me "martirizaron". Y mi antiguo y querido maestro de literatura iberoamericana doctor Francisco Monterde, a mi regreso de Tulane University, agosto de 1956, me confió ocho crónicas de Martí publicadas en *El Partido Liberal*, de México, entre el 11 de septiembre y el 27 de diciembre de 1889, copiadas del tomo VIII de dicho diario, colección de la Hemeroteca Nacional. Ahí mismo comencé a localizar otras crónicas, anteriores y posteriores a las de aquellas fechas, pero no con la asiduidad que hubiera querido de haber tenido tiempo, pues tenía a mi cargo la edición del *Libro jubilar de Alfonso Reyes* y poco después la redacción de la *Gaceta de la UNAM*. No obstante, en el verano de 1957 pude ofrecer ya un cursillo con base en dichas investigaciones; conservo las portadillas manuscritas de dos alumnas norteamericanas que trabajaron "Una crítica de los Estados Unidos por José Martí" (Evelyn Dinsmore) y la *Edad de Oro* (Myrna Levy). En 1958 me atreví a dirigir la tesis de maestría (Escuela de Verano) de W. Ward Sinclair, *Los Estados Unidos de José Martí*, quien obtuvo su grado a principios del año siguiente. Entre 1959 y 1960 dediqué a Martí tres de las páginas de mi "Biblioteca Americana" en la revista *Universidad de México* (agosto de 1959 y agosto y octubre de 1960) y dirigí un seminario en el Centro de Estudios Latinoamericanos de la Escuela Nacional de Ciencias Políticas y Sociales, a petición de su director el Dr. Pablo González Casanova.

Mientras tanto, las investigaciones que consagré a Manuel Gutiérrez Nájera en el centenario de su nacimiento me alejaban y me acercaban al Martí colaborador desde los Estados Unidos en *El Partido Liberal*; sus nombres, como es sabido, aparecen constantemente en los apretados volúmenes del diario mexicano que tuve que manejar por entonces; gozaba de mayor tiempo disponible gracias al doctor Manuel Alcalá que me llevó a colaborar en el Instituto Bibliográfico de la Biblioteca Nacional, pero también tenía que darme prisa por la cercanía del centenario de Gutiérrez Nájera. Conté aquí, por fortuna, con la colaborácón de Irma Contreras García, ya bien preparada con sus anteriores *Indagaciones* sobre El Duque Job. El primer volumen de sus *Obras* y la *Exposición documental* están pues, ligadas a Martí, como en efecto figura no pocas veces en ellas. Por otra parte, la experiencia del seminario de 1960 no fue menos incitante; un buen grupo de alumnos de Ciencias Políticas y Sociales, al que se agregaba de vez en cuando el gran argentino Ezequiel Martínez Estrada, que poco después se volvería un eminente y fervoroso martiano, me obligó a recapitular las investigaciones y a ofrecer un programa de trabajo en común, que todavía hoy, muy humildemente, lo considero válido, en algunos aspectos. Lo copio en seguida, por lo que pueda servir:

Fuentes bibliográficas y documentales sobre José Martí. Las diversas series de obras completas y las antologías. Biografías y estudios./ Los Estados Unidos vistos y vividos por José Martí. Cronología. Bibliografía. Los volúmenes planeados como *Norteamericanos* y *Escenas norteamericanas*./ Revisión textual, cronológica y bibliográfica de las crónicas periodísticas, epistolario y documentos políticos redactados por Martí en los Estados Unidos./ Los intelectuales, los militares, los políticos. La escena norteamericana. El norteamericano típico. La mujer. Las costumbres. La prensa. Las ciudades. La política interna. Las elecciones. Los partidos. La política exterior de los Estados Unidos vista por José Martí. La economía. Las condiciones sociales. La tierra. La religión. La cultura. La inmigración. El problema indio. Los aspectos del trabajo: obreros, patrones, sindicatos, huelgas. La educación. La pobreza. El negro y sus problemas./ La política exterior de los Estados Unidos referida especialmente a la América Latina y a Cuba en particular.

Como se ve, el programa incluía, además del temario estrictamente ideológico, la revisión textual de las crónicas o correspondencias norteamericanas de Martí, lo que suponía un cuidadoso cotejo con la mejor edición de *Obras completas*, la de Trópico, inencontrable en México; sólo en parte se pudo lograr ese objetivo con la colaboración de la Embajada de Cuba, encabezada a la sazón por nuestro viejo amigo el doctor José Antonio Portuondo. Sobresalieron en esta labor preliminar los alumnos Evangelina Castro, María Luisa Elger, Rosa Leonor Whitmarsh y Dueñas y Luis Mario Schneider, que corroboraron el gran número de erratas aparecidas en los textos de *El Partido Liberal*, de las que siempre se quejaba Martí en sus cartas particulares a Manuel A. Mercado; las variantes intencionales de redacción y aun de supresión si se los comparaba con los textos enviados por Martí a otros diarios suramericanos: y lo más grato, al fin, el de encontrar un buen mazo de crónicas todavía no recogidas en las *Obras completas*, especialmente en la edición Lex, que era la más fácil de manejar en México.

En 1961, con vista a la realización de un nuevo proyecto de *Obras completas*, que fracasó totalmente, las crónicas desconocidas de *El Partido Liberal* anduvieron circulando en manos de los presuntos colaboradores, según veo en mi correspondencia de ese año. Así se explica que las crónicas núms. 140 y 141 del presente índice hayan pasado sin ningún crédito al colector a las nuevas *Obras completas*, que afortunadamente comenzaron a publicarse en La Habana en 1963; únicamente Cintió Vitier hizo honrosa mención al utilizar la núm. 122 en un ensayo de sus *Temas martianos*, La Habana, Biblioteca Nacional José Martí, 1969, pp. 100-102.

Había que esperar que esas *Obras completas* llegaran a un fin airoso, como en efecto han llegado con la publicación de "Índices", "Guía" y todavía "Nuevos materiales", 28 volúmenes en total, en 1973, para llevar a efecto un cotejo definitivo: cronología, variantes, supresiones, adiciones y piezas desconocidas. Sin dejar a Martí de la mano, nuevas investigaciones y exposiciones documentales requirieron mi tiempo en la Biblioteca Nacional, especialmente sobre el doctor Mier, Unamuno, Luis G. Urbina, Las Casas, Darío y Alfonso Reyes, sin hacer hincapié en trabajos más laterales sobre Rousseau, Azorín, Santayana, Menéndez Pidal, Pedro Henríquez Ureña, Salomón de la Selva y algunos géneros literarios en Hispanoamérica.

En 1964, por ejemplo, el nuevo director de la Biblioteca Nacional, licenciado Ernesto de la Torre Villar, tuvo a bien poner a mi disposición el concurso de Jorge Ruedas de la Serna, becario de la Coordinación de Humanidades de la UNAM, y con él pude darle un nuevo empujón tanto a la investigación bibliográfica como a la copia de las crónicas desconocidas. Después, integrado al Centro de Estudios Literarios, hoy parte del Instituto de Investigaciones Filológicas de la UNAM, pude asistir con la representación del rector al Coloquio Internacional José Martí, celebrado en mayo de 1972, en la Universidad de Burdeos, y en el verano del mismo año dirigí un seminario sobre las fuentes periodísticas norteamericanas que utilizó Martí en sus correspondencias enviadas a México (Universidad de Michigan, en Ann Arbor, Mich.)

Con estos nuevos incentivos, durante el período 1973-1974, obtuve del doctor Rubén Bonifaz Nuño, director del Instituto de Investigaciones Filológicas, la colaboración de Germaine Calderón, ayudante de investigador, gracias a la cual se ha podido dar la última revisión a varios años de labor, que se ha ido aquilatando con el hallazgo de nuevos materiales. La identificación de lo publicado ya en la nueva edición de *Obras completas* de Martí es obra de ella, quien tomó la tarea con verdadero interés. El material desconocido que arrojó esta búsqueda se ha depurado textualmente y se publica hoy por vez primera.

Un motivo más para revisar las aportaciones martianas en *El Partido Liberal* (1886-1892) nos lo ha dado el licenciado Salvador Morales, que con gran acuciosidad, siguiendo el manuscrito de nuestro índice, ha vuelto a pasar, página por página, los once tomos de la colección del diario en que Martí colaboró. Nos ha sometido sus dudas sobre colaboraciones sin firma; las hemos compulsado rápidamente con las *Obras completas*; con las noticias referentes del epistolario de Martí con Mercado; y con otros indicios temáticos y estilísticos, etc. De un total de diez colaboraciones señaladas por él, cinco ya constan en las *Obras completas*; no así las otras cinco, que son atribuibles a Martí, en mayor o menor grado, y que vienen a enriquecer nuestro acervo: la núm. 74, procedente de *El Economista Americano*, de tema favoritamente martiano; la núm. 107, de autoría corroborada por una carta a Mercado; la núm. 115, sobre Edison, que ya estaba prevista en el *testamento literario* para uno de los volúmenes de *Norteamericanos*, pero cuyo texto se desconocía; la núm. 129, una información cablegráfica de "nuestro corresponsal", que lo era Martí, sopre la muerte de Martín Barrundia; la núm. 135, texto, al parecer, de Gonzalo de Quesada, con correcciones de Martí.

Se ha elevado, pues, a 146 colaboraciones las que el Maestro cubano envió a *El Partido Liberal*; o a 147, si contamos la núm. 10 *bis*, que en realidad no llegó a publicarse, seguramente porque su amigo Mercado la juzgó imprudente para la política exterior mexicana de ese momento. Para la correcta identificación de las piezas se han seguido las siguientes normas: numeración arábiga progresiva; título y sumario (cuando no hay sumario se suple por otro de nuestra factura, con los temas de la crónica, pero se lo coloca entre corchetes); fecha de la crónica, si la hay; texto del principio y fin de la crónica, para comprobar su identidad por si hubiera cambiado de título en otras publicaciones; ficha bibliográfica de su localización en *El Partido Liberal*, fecha, tomo, número y páginas; a continuación se identifica la pieza si ha sido publicada en las *Obras completas* (1963-1973), indicando la procedencia que en ellas tiene, tanto de redacción como de publicación, y su fecha en caso de tenerla. Si la pieza es desconocida, se advierte al final; lo mismo que la importancia de las variantes, supresiones y adiciones.

Un trabajo de esta naturaleza contribuye no sólo a la ordenación y depuración de la obra martiana, sino también a poder estudiar las diversas fases de la redacción de la misma; por eso no se han escatimado los datos útiles para la cronología, bibliografía, historia, temas y estilo de Martí. Debe considerarse como parte del ofrecimiento que la Universidad Nacional de México hizo en el Coloquio Internacional José Martí, en la Universidad de Burdeos, mayo de 1972, de poner al alcance de los estudiosos el material martiano que se conserva en México, como el publicado en *El Partido Liberal*. La simple historia de las colaboraciones de Martí en este diario ha sido mal contada. Félix Lizaso, por ejemplo, dice que Martí, sólo en "marzo de 1889 fue invitado a colaborar en *El Partido Liberal* de México" (*Martí, místico del deber*, Buenos Aires, Losada, 1952, p. 263); cuando se publicó la tercera edición de la obra de Lizaso, arriba apuntada, ya tenían seis años de circular las *Cartas a Manuel A. Mercado*, del propio Martí, donde se puede leer que desde 22 de marzo de 1886 Martí deseaba conseguir el cargo de corresponsal en periódicos mexicanos como *El Partido Liberal* o *El Nacional* (Ediciones de la Universidad Nacional Autónoma de México, 1946, p. 105). Afortunadamente esta carta está bien fechada; no ocurre lo mismo con otra de "N. York, 13 Sepbre.", que debe ser del año anterior de 1885, en la que Martí propone a Mercado, dada la situación económica en que se encuentra, una colaboración semanal para el *Diario Oficial de México*, por la remuneración de 50 a 100 dólares, según el "tiempo empleado" en escribirla (*Idem*, p. 92). Por las cartas que siguen se deduce que esta colaboración no llegó a establecerse.

Cuando Martí escribe su primera correspondencia todavía no sabe el nombre del periódico que la publicará: "Y la correspondencia, ahí se la mando. Anoche mismo la escribí; dejo en blanco, porque no lo sé, aunque imagino que es *El Partido Liberal*, el nombre del periódico", escribe Martí a Mercado el 15 de mayo de 1886 (*Idem*, p. 115); la correspondencia en cuestión, la primera, apareció en *El Partido* el 29 de mayo, con fecha de "New York, 15 de mayo de 1886", aunque ya sabemos que la escribió la noche anterior. Sobre la índole y estilo de sus colaboraciones, Martí dice a Mercado lo siguiente: "De la correspondencia, no me deja contento, porque tengo que tomar primero el tono al diario, y siempre un público nuevo asusta... Como son cuatro cartas al mes, las que me propongo escribir, no en todas trataré, como en ésta, de un asunto solo, a menos que no sea muy culminante y absorbente. En otras mezclaré acontecimientos varios, siempre los de más importancia y originalidad, siempre los que en especial interesen a México. Política de acá unas veces, sin entrometerme en la de allá: otras, costumbres y escenas. Otras, letras y artes. Que no se cansen de mí" (*Idem*, p. 116). Este programa mínimo, Martí lo cumplió al pie de la letra, aunque no dejó de tener dificultades al cumplirlo.

Por ejemplo, cuando el conflicto fronterizo con los Estados Unidos, el llamado "caso Cutting", agosto de 1886, Martí, con toda previsión, con toda su lealtad a México, escribe a Mercado: "Mucho he pensado antes de escribir la correspondencia que hoy le envío: pero ¿cómo hubiera podido prescindir de ella, escribiendo desde aquí en estas graves circunstancias para un diario de México? Ya usted sabe mis grandes miedos de parecer intruso; pero ese es mi deber de corresponsal, y lo he cumplido. Usted y sus amigos sabrán allá si es oportuno publicar lo que les mando, escrito en virtud de mucho pensamiento, y con una previsión en cada palabra" (*Idem*, p. 120). Pues esa correspondencia, la de 2 de agosto de 1886, no se publicó en *El Partido Liberal* porque Mercado y sus amigos seguramente la consideraron imprudente o peligrosa para la política internacional del momento; es la marcada con el núm. 10 *bis* en nuestro catálogo, que comienza así: "Con ansiedad de hijo he venido siguiendo los sucesos que han abierto al fin vía a las pasiones acumuladas en los pueblos de las orillas del Río Grande... Fía el alma enamorada de México en la sabiduría singular de sus hijos" (*Idem*, pp. 251 y 260). La sabiduría, la cordura, pudo más que el denuedo. Volvió Martí a la carga: "La correspondencia que envío hoy [19 de agosto de 1886], y tiene que ser, naturalmente, sobre los sucesos de la frontera, explicaría a usted la anterior [6 de agosto de 1886]... La otra carta [2 de agosto], no espero verla publicada. Ésta, sí", la del 19 (*Idem*, pp. 112 y 113). Estuvieron pues, al fin, de acuerdo.

Entre otras utilidades que prestará este volumen es el dar textos desconocidos en su mayor número y más extensos y completos, en buena parte, de los conocidos. Ayudarán también a fijar la cronología de los procedentes de *La Nación* de Buenos Aires, puesto que allá se publicaban más tardíamente, y también a fechar con exactitud las cartas particulares de Martí a Mercado, que era el recepcionista de las cartas procedentes de Nueva York, que ahora y aquí se publican. Todas ellas se encuentran firmadas por Martí, salvo indicación en contrario, por ejemplo las firmadas con el seudónimo no registrado de "El Amigo" como la XXII (136) y XXIII (137) o las aparecidas anónimamente, por omisión o por conveniencia periodística, tal debe ser el primer caso el de la correspondencia sobre "Edison", que Martí previó incluir en sus volúmenes de *Norteamericanos* (XVII: 115); en el segundo, las correspondencias XIV (74), XV (107), y XX (124). Caso aparte es el del Apéndice (135).

El texto se presenta lo más limpio posible de las erratas proverbiales de *El Partido Liberal*, de las que Martí solía quejarse a Mercado; esto quiere decir que no todas han podido salvarse. Hemos preferido ser fieles en este punto cuando el mal ya no pudo ser reparado. "Al acabar de leer la [correspondencia] infortunadísima de Wereschagin, se me salieron de los labios estos versos..." (*Idem*, p. 243):

> *¿Por qué, corrector, te cebas*
> *En mí, si el Sumo Hacedor*
> *Hizo hermanos, al autor*
> *Y al que corrije las pruebas?*

ERNESTO MEJÍA SÁNCHEZ

Instituto de Investigaciones
Filológicas, UNAM.

I(1). CORRESPONDENCIA PARTICULAR
PARA *EL PARTIDO LIBERAL*

SUMARIO: El alzamiento de los trabajadores en los Estados Unidos. Motivos y antecedentes del alzamiento. Aspectos originales del problema obrero en los Estados Unidos. Nacionales y extranjeros. Peligros de la inmigración. Angustia de las industrias norteamericanas. Lo que los alemanes se trajeron: Schwab, Spies, Most. Escenas de los motines de Chicago. Una bomba de dinamita: casas asaltadas, tiendas despedazadas, batallas en la calle. "¡En fila, hombres!" Métodos de Europa y métodos de Norteamérica. Los Caballeros del Orden condenan a los anarquistas. Orígenes, composición y tendencias de la Orden de los Caballeros del Trabajo. El anciano Uriah Stevens. Programa y medios legales de la Orden: cómo creció y cómo lucha. El fin del siglo.

New York, 15 de mayo de 1886

Señor Director de *El Partido Liberal*.
México.

Poner los acontecimientos de estos días en una correspondencia de periódico, es como recoger la lava de un volcán en una taza de café. Los problemas políticos, la reforma de la tarifa, la colocación de la plata, el establecimiento de un sistema nacional de instrucción, el Congreso del pueblo americano se empequeñece de repente ante la aparición sangrienta de la cólera de las masas trabajadoras. La batalla formidable de los dos grandes trágicos, Booth frío y silbante, Salvini tempestuoso; la pintura enérgica y desordenada de los impresionistas de París, que acá tienen ahora en exhibición sus cuadros de figuras bruscas y borrosas, sus campos lilas, sus montes amarillos, sus árboles azules; la indiscreción con que los diarios cuentan cómo va a casarse pronto el presidente Cleveland, ponderoso y de poco cabello, con una arrogante niña, una Miss Folson, de cabellera castaña, que arranca en ondas de la frente limpia, de dos ojos grandes y serenos que parecen dormir sobre sus cuencas, como dos huevos de paloma sobre sus nidos, todo, teatros, artes, chismes, juicio público de un general ladrón, prisión y juicio de un ayuntamiento entero sobornado, todo ante los tremendos acontecimientos de Chicago palidece. La gente trabajadora se ha puesto en pie, ha comprado pañuelos rojos, se ha metido por túneles oscuros a practicar en el blanco el modo de no errar en el tiro, y con toda la variedad de los elementos diversos que la componen, mesurada en los obreros americanos, nacidos y desarrollados en el goce de la libertad, arremetedora y frenética en los obreros europeos que traen del otro continente mucha ira amasada, ha dado esta primavera una súbita muestra de sus ímpetus, que acá contenidos, allá sueltos, se escapan de quien los quiere sujetar, como si las manos del hombre, a semejanza del pobre aprendiz de conjurado de que habla Goethe, no fueran capaces de enfrenar los monstruos que crean. Los sucesos tremendos han sido en Chicago; pero el alzamiento es en toda la nación. En los Estados Unidos, culpables de haber traído al país por falsas doctrinas económicas un número mayor de obreros del que sus industrias pueden naturalmente alimentar, se prepara desde hace años, con celeridad y firmeza, la misma contienda justa y estable que en los demás pueblos de industria disponen de obreros contra los que mantienen un sistema social que han decidido echar abajo. Las razones son las mismas. ¡Las cosas no están bien cuando un hombre honrado e inteligente que ha trabajado con tesón y humildad toda la vida, no tiene al cabo de ella un pan en que reclinar la cabeza, ni un peso ahorrado, ni el derecho de pasear tranquilo al sol, tan necesario a los viejos! Las cosas no están bien cuando el que en las ciudades "agua las acciones" de los ferrocarriles, que es como aguar el vino, haciendo aparecer más vino del que hay, vive en consideración y holganza que exasperan al minero, al cargador, al guarda-agujas, al maquinista, a tanto mísero que tiene que contentarse con sesenta y cinco centavos al día, en lo crudo del invierno, para que la compañía pueda pagar a sus accionistas dividendos pingües sobre un capital falso, mucho mayor que el que realmente emplearon. Las cosas no están bien cuando, para que una mujer desgreñada y sus chicuelos amarillos puedan vivir en un rincón de casa de vecindad fétida, tienen que salir los hombres antes del alba, con sus vestidos de hules manchados y sus capotes rotos, con su merienda de poco peso en la tinilla de lata, a cavar, a edificar, a levantar monumentos en los lugares de aire puro y hermosas cercanías, de donde emprenden su viaje al caer la noche a sus casas lejanas, hambrientos, agrios, soñolientos, a comer, a beber, a crear de prisa y en las sombras, entre vapores de cerveza y boqueadas de odio, una generación de anémicos que nace ebria.

Las razones son las mismas. La concentración rápida y visible de la riqueza pública, de tierras, de vías de comunicación, de empresas, en una casta acaudalada que legisla y gobierna, ha provocado la concentración rápida de los trabajadores, quienes sólo apretándose en liga formidable, que a un tiempo deje apagar los fuegos en los hornos y crecer yerba en las ruedas de las máquinas, puede oponer con éxito sus derechos a la altivez y descuido con que los miran los que derivan toda su riqueza de los productos del trabajo que maltratan. ¡Las tierras públicas van cayendo todas en manos de ferrocarriles y magnates, dejando poco espacio para que mañana, cuando estos globos industriales estallen, cuando la producción excesiva de las industrias se reduzca a las necesidades reales, puedan los obreros sin empleo ocupar la tierra, industria sabia que nunca se cansa! Las corporaciones, compuestas de príncipes de la Bolsa, que viven a lo monarca, hallan en su capital acumulado modo cada vez más fácil de compeler a los obreros a trabajar por la pitanza mísera que la empresa requiere, para poder repartir sendos millones a sus caballeros principales. Si eso sigue, pronto no habrá tierra en que refugiarse, ni modo de resistir a las corporaciones, que por la virtud de sus caudales sacan triunfantes en las contiendas del sufragio a los que hacen las leyes para su provecho, y las aplican en beneficio de los que los encumbran o pagan. Esto avivó en los pensadores de la clase obrera el deseo de remediar sus males.

Pero como en cada país se dan los problemas en consecuencia del carácter propio del país, de los elementos que lo forman, este problema de trabajo se da aquí con elementos originales; y por esa magnífica virtud de la Libertad, que retiene siempre al borde del abismo a sus hijos, parece presentarse en los Estados Unidos, a pesar de sus últimos alardes sangrientos, con una mano llena de heridas y otra llena de bálsamos. Pues qué ¿cien años de ejercicio libre del hombre, habían de ser perdidos?

En el actual problema del trabajo en los Estados Unidos se reflejan todos los elementos que han entrado en la formación de su clase trabajadora. Del propio fueron naciendo las injusticias y la indignación, que es la sombra de ellas, pero los obreros del país, que las sufrían, y los que han crecido en el ejercicio de los hábitos republicanos, hechos a mudar y hacer mudar cada cuatro años los oficios públicos, y a discutir a ver sucederse en paz las leyes, no pensaron en buscar fuera de ellas sino en ellas, el cambio de organización industrial que se requiere para que los obreros tengan en su pueblo la independencia y goces a que les da derecho su utilidad.

De muchas partes a un tiempo fueron surgiendo a la vez las mismas tentativas infantiles. Un maestro o pequeño capitalista, se resistía a pagar a los obreros el salario en que éstos estimaban su labor: pues todos los obreros de la fábrica se coaligaban para abandonar a una el trabajo y obligarlo por esta fuerza indirecta a lo que no lo obligaba la justicia: y si aún resistía, como que todos los obreros saben de sufrir y se sienten hermanos, rogaban a los demás obreros que no comprasen los artículos de la fábrica asediada. Así nacieron las huelgas, los gremios, los asedios que llaman *boycott* ahora, aunque ya en 1830 hubo aquí boycoteadores, que castigó la ley, por cierto. En cada ciudad se fueron agremiando los obreros de cada ejercicio contra los empresarios y fabricantes rapaces que le trataban mal en su salario o su decoro; y pronto estuvieron llenos los Estados Unidos de estos gremios, de "trade-unions". Ellos discutían, trataban, daban y oían razones, vencían o eran vencidos. Los de una ciudad se iban uniendo a la otra. La unión de fines llevaba a la comunidad de métodos. Se empezó a hacer entre los obreros una cadena de dolor. Los que tenían trabajo se complacían en ayudar a los que no lo tenían a resistir, aunque siendo pobre la condición de todos, y las batallas muchas y frecuentes, las bolsas no llegaban por lo común a donde las voluntades.

En esto se iban acentuando las condiciones más peligrosas hoy del problema. El afán de producir y la necesidad de emplear los caudales que levantaron las cosechas, las minas de oro y plata, y el crédito, habían puesto en pie en los Estados Unidos, protegidas por una tarifa alta de entradas que hace la producción cara, una muchedumbre de industria que, con un pueblo rico y envanecido a la mano, tuvo al principio, mientras fue creciendo, un mercado generoso que, como que poseía caudales de sobra, no se negaba a pagar caros artículos de fábrica americana que sin la tarifa alta de derechos hubiera podido introducir baratos de los países europeos. Con la decadencia de las minas, con la imitación y falsificación en Europa de los artículos útiles de fábrica americana, con el exceso de producción agrícola en todo el universo que trae naturalmente la baja de los precios, con el desarrollo del arte, la vanidad y el lujo, que aumenta la importación de los artículos que los satisfacen, fue poco a poco reduciéndose la industria americana al extremo que está ahora y la sofoca: al extremo de tener que producir caro, en cantidades enormes, productos inferiores o iguales a lo sumo, a los de igual clase que se hacen en los países europeos.

¿Qué hacer con estos pueblos de talleres? ¿Qué hacer con estos ejércitos de inmigrantes? ¿Qué hacer con estas vías de comunicación, creadas para transportar más productos de los que en las actuales condiciones puede vender el país naturalmente? Lo racional hubiera sido rebajar la tarifa, abaratar la vida del obrero con la introducción libre de los artículos de abrigo y alimento, ir reduciendo sin sacudidas la producción industrial a aquellos artículos y cantidades que de un modo normal y constante puede el país producir con provecho el bienestar nacional y a la conservación de las industrias permanentes, sacrificar las industrias ficticias, que son aquellas que sólo pueden mantenerse merced a leyes protectoras que imponen a toda la nación, en forma de precio alto, una contribución injusta en provecho de un ramo que al fin, como todo lo violento, tiene que dar en tierra.

Pero eso no se hizo, porque pudieron mucho, como aún pueden, los industriales coaligados. No se restringió la producción. No se procuró abaratar la vida, para poder mermar sin daño el salario del obrero, ni abrir los puertos a las materias primas, para poder producir baratos los artículos de fabricación europea. Empezó la merma de salarios. Empezó la importación de trabajadores baratos. Con muchos trabajadores habría siempre para reponer a los que se rebelasen. La depresión lenta de las industrias continuaba. Ya las ganancias antiguas no bastaban a afrontar las obligaciones presentes. El consumo no crecía y crecía el pueblo de trabajadores. No se abrían nuevas fábricas, sino que se cerraban muchas o rebajaban sus salarios o el número de sus obreros. Al malestar de los que ya estaban aquí, se venía uniendo el de los que llegaban.

¡Ay!, y los que llegaban, alemanes en su mayor parte, polacos infelices, polacos criados en miseria y trabajados en su tierra por la necesidad de sacudirla, no traían en los bolsillos de sus gabanes blancos, en sus botas de cuero negro, en sus cachuchillas, en sus pipas, aquella costumbre y fe en la libertad, aquel augusto señorío, aquella confianza de legislador que persuade y fortalece al ciudadano de las repúblicas: traían el odio del siervo, el apetito de la fortuna ajena, la furia de rebelión que se desata periódicamente en los pueblos oprimidos, en ansia desordenada de ejercitar de una vez la autoridad de hombres, en vano les comía el espíritu, buscando salida, en su tierra de gobierno despótico. Lo que allá no estallaba, venía a estallar aquí. Lo que allí se engendró, aquí está procreando. ¡Por eso puede ser que no madure aquí el fruto, porque no es de la tierra!

Esos trabajadores que venían, en su mayor parte alemanes, se trajeron esa terquedad rubia, esa cabeza cuadrada, esa barba hirsuta y revuelta que no orea el aire y en que las ideas se empastan. Se trajeron a sus anarquistas, que no quieren ley ni saben qué quieren, ni hacen más que propalar el incendio y muerte de cuanto vive y está en pie; con un desorden de medios y una confusión tal de fines que les priva de aquella consideración y respeto que son de justicia, para toda especie de doctrinas de buena fe encaminadas al mejor servicio del hombre. Se trajeron estos alemanes a Most, a Schwab, a Spies: Spies, parecido a Guiteau, un hombre chupado, un hombre mal hecho, en quien la masa no fue batida a punto para que por entre las fieras naturales saliera con toda la luz de la razón el hombre verdadero.

Most, con una lengua grandaza como su barba, gordo, fofo, mirada de sargento enamorado, orador que en días pasados habló en New York, a su auditorio con un rifle en la mano, invitando a voces a sus oyentes a que hicieran como él, y fueran a sacar de sus guaridas a todos los capitalistas, y a volar sus casas y riquezas con las bombas que él enseña en sus libros a hacer y manejar. Schwab, persona torva y enfermiza, pelo y barba al descuido, ojos temibles bajo anteojos grandes, largo y seco. Todos hoy están ya presos. Pero estos hombres tienen tras de sí miles de adeptos, y cuando Spies, que ha sido amo de tienda, sube a hablar en un wagón, sacudiendo en la mano un fajo de los *Arbeiter Zeitung* que publica, doce mil hombres se echan por donde él va, sacan estandartes y fusiles de donde los tienen escondidos, se ponen como flor de sangre en la solapa una cinta roja, asaltan tiendas, despedazan cervecerías enemigas; empeñan batallas mortales con los policías en cuerpo, y echan sobre sus líneas una bomba de dinamita que, al estallar con infernal estruendo, deja en tierra tendidos a sesenta hombres. Es ya una batalla de siete días que aún no termina. Quieren que el trabajo se reduzca a ocho horas diarias, y es su derecho quererlo, y es justo; pero no es su derecho impedir que los que se ofrecen a trabajar en su lugar, trabajen. No es su derecho apedrear a los fabricantes que cierran sus talleres, porque no pueden continuar produciendo en esta época de precios bajos, en condiciones que requerirían más gastos de producción. No es su derecho perseguir con ese odio bestial de las muchedumbres, a los infelices que se prestan un día a ocupar los lugares de algunos huelguistas: ¡infelices! los llevaban por las calles de vuelta a sus casas, dos cordones de policías: iban lívidos como sin habla: las mujeres, con pañuelos encarnados en la cabeza les enseñaban desde la ventana sus puños cerrados y les echaban encima agua hirviendo: iban como quien se siente acabar: corría un viento de muerte, que les hacía temblar las rodillas: se escondieron en sus casas, como insectos que se entran en sus agujeros.

Los amotinados no eran ya doce mil, sino veinte mil. Cuarenta mil son los trabajadores en huelga. En Milwaukee, la ciudad de la cerveza; en Cincinatti, el palacio del cerdo, también a miles están amotinados los polacos y los alemanes; también quieren como todos los obreros de los Estados Unidos, en huelga o no, que se reduzcan a ocho las horas de trabajo. Pero en Milwaukee la policía pudo refrenarlos. En Cincinatti el corregidor no se ha mostrado de paz, y anuncia que el que prive a otro hombre en su ciudad del menor de sus derechos de hombre libre, se verá, por la ley o por la fuerza, privado de los suyos. Sólo en Chicago, donde Spies y Schwab escriben, donde incitan en las plazas públicas los oradores al incendio y a las armas, donde una mulata marcha a la cabeza de las procesiones ondeando con gesto de poseída una bandera roja, donde al sol y a la luz eléctrica, flotan día y noche de las ventanas de Spies dos pabellones anarquistas, mientras que en libros y talleres ocultos aprenden sus adeptos a manejar las armas y fabricar bombas, sólo en Chicago, que es desde hace diez días un campo de batalla, se empeña a cada hora, entre la policía mermada y la muchedumbre frenética, una contienda de muerte, en que los cañones de los revólveres se disparan boca a boca, en que las mujeres ayudan desde sus ventanas a sus maridos que pelean, lanzando ladrillos, bancos, piedras, botellas, en que doce policías heroicos hacen frente, sin más cota de malla que sus blusas azules de botones dorados, a veinte mil hombres, que les disparan sin cesar, faz a faz, desde las ventanas y wagones, desde sus emboscadas, que se les echan encima y les rodean, que entran en medio de su fuego certero, que al ver llegar en los carros de patrullas cuadrillas de refuerzo, huyen espantados por las calles vecinas, los veinte mil ante los doce. Se llevan en wagones a sus heridos. Un policía queda en la acera muerto. ¡ Otra refriega a pocos pasos! Un policía muere sobre un huelguista: el huelguista le ha vaciado el revólver en el pecho: el policía con el pecho traspasado, con su enemigo por tierra le dispara en la cabeza dos tiros de revólver. Una ambulancia llega. Está llena de pólvora la calle. Tienden en la ambulancia uno al lado del otro, a los dos desventurados. En el camino chaqueta junto a blusa azul, expiran.

¡ Allá van desalados, bajo un fuego graneado de revólver, los wagones de patrulla, cargados de policías! Detienen a uno: los que van en el interior se apilan, con las cabezas bajas, para evitar los tiros, el que va en el estribo, roto un hombro, se ase con una mano de la baranda del wagón y con la otra, hasta que cae en brazos de sus compañeros, ya en pie y pistola al aire: dispara sobre los huelguistas que le atacan. Rompe a correr el carro: parece que el caballo entra en la pelea, y que el carro es su ala: los huelguistas se abaten, al verlo venir, ebrio ya el carro todo: las casas se lo tragan.

Allá lejos ¿ quién muere? Es un huelguista envenenado: otros más han llevado a casas vecinas. Se entraron a una botica a cuyo dueño acusan de haber llamado a la policía por el teléfono. Tiemblan allá arriba en un rincón el boticario y su mujer. La turba rompió a pedradas las ventanas, inundó la tienda, deshizo los mostradores, quebró y mojó los pomos, se echó sobre las ropas los perfumes, se bebió cuanto le supo a vino.

Los que mueren del tósigo quedan detrás. Hombres y mujeres ondeando al aire los pañuelos, arrebatando consigo a cuantos hallan, poniendo en fuga a un policía que les sale al paso caen sobre una cervecería que han jurado devastar. En las gorras y en el hueco de las manos se beben la cerveza. Con hachas y a pedradas han abierto los barriles y hasta secarlos tienen en ellos las bocas. Caminan sobre la espuma. Ríen. Despedazan con sus manos las alacenas y anaqueles. Todo es astilla en un minuto. Los policías llegan, y como no se les hace fuego, sólo usan de su porra, una porra que tunde. Los huelguistas huyen. Pero los policías venían de otro encuentro, muchos de ellos manchados de su sangre. "¡ En fila, hombres!" les dijo su capitán,

al arremeter contra la cervecería. Después de vencer, tres vinieron al
suelo.

Y en la noche de la bomba mortal, ¡ni uno solo se hizo atrás, ni
huyó la muerte! La explosión los ensordeció; pero no los movió. ¿Qué
sabían ellos si les arrojarían más de aquellas máquinas terribles? ¿No
vieron venirse a tierra, como si el suelo hubiese cedido bajo sus plantas, todo el centro de su línea? ¿No oían quejidos desgarradores?
"¡En fila, hombres!" Unos recogen a los muertos. Los demás, con las
pistolas a la altura del pecho, avanzan descerrajándolas. Un fuego
cerrado les responde. Guardan los revólvers vacíos y avanzan desce-
rrajando los llenos. La multitud se desbanda aterrada. Sobre el suelo
lívido aclarado por la luz eléctrica que fosforea sobre el silencio mortal,
se arrastran los policías heridos como gigantes rotos: uno cae muerto al
quererse erguir sobre un brazo, con el otro vuelto al cielo, les resplan-
decían sobre el pecho como estrellas los botones dorados.

La indignación nacional ha sido súbita. De todas partes, de los
gremios de trabajadores, de la prensa más liberal y generosa, se alza
un brazo de hierro. No quieren merced para los que no merecen gozar
de su libertad, puesto que atentan sin provocación contra la ajena. Esos
hombres no son los verdaderos trabajadores americanos que se coaligan,
que cometen errores, que ejercen presión violenta sobre las empresas
que se niegan a reconocerlos como agremiados; que en las horas de
furia allí donde el frío azota más y sus angustias son mayores, vuelcan
carros, incendian corrales, rompen las entrañas a las máquinas; pero
no se reúnen en cuevas y agujeros a estudiar la manera más módica y
sencilla de destruir al hombre por el delito de haber creado.

Sólo los que desesperan de llegar a las cumbres, quieren echar las
cumbres abajo. Las alturas son buenas y el hombre tiene de divino
lo que tiene de capaz para llegar a ellas; pero son propiedad del hombre las alturas, y debe estar abierto a todos su camino. Ese odio a
todo lo encumbrado, cuando no es la locura del dolor, es la rabia
de las bestias. Comete un delito, y tiene el alma ruin, el que ve en
paz y sin que el alma se le deshaga en piedad, la vida dolorosa del
pobre obrero moderno, de la pobre obrera en estas tierras frías: es
deber del hombre levantar al hombre; se es culpable de toda abyec-
ción que no se ayuda a remediar: sólo son indignos de lástima los
que siembran a traición incendio y muerte por odio a la prosperidad ajena.

En Alemania, bien se comprende, la vía secular, privada de vál-
vulas estalla. Allá no tiene el trabajador el voto franco, la prensa libre,
la mano en el pavés; allá no elige el trabajador, como elige acá, al
diputado, al senador, al juez, al presidente: allá no tiene camino
natural para reformar las leyes, y contrae el hábito de saltar sobre

ellas; allá la violencia es justa, porque no se permite la justicia. Las reacciones serán tremendas, allí donde las presiones han sido sumas. Las justicias se van condensando de padre a hijos, y llegan a ser en las generaciones finales cal de los huesos y vicio de la mente. Estos burdos obreros de Alemania, azuzados por espíritus de odio, o por aquellos de su casta en quienes el dolor culmina en acción o palabra, vengan siglos, en su oscuro entender, cuando echan una bomba encendida sobre los guardianes de la ley, símbolos para ellos en su tierra del inquebrantable poder que los oprime. ¡De ahí la compasión de todo espíritu justo por los extravíos de esos tristes que vienen a la vida con las manos inquietas y el juicio caldeado!

Pero acá, los obreros no se han levantado como siervos, sino como hombres, puesto que tienen la práctica de serlo. Perderían en un país por largo tiempo los caracteres que lo engendraron; y tal como las rocas ígneas, quebrando las capas menores de la superficie surgen de las entrañas del globo por entre ellas y se levantan en montes sobre la faz de la tierra, tal aquel espíritu tenaz y apostólico de los puritanos, ferviente, egoísta, armado, astuto, persiste en estos Estados Unidos en todas sus manifestaciones nacionales: él inició en John Brown, aquel loco hecho de estrellas, la guerra de abolición de la esclavitud: él produjo en un sastre de Filadelfia, en Uriah Stevens el brío evangélico con que dio comienzo ayudado de unos cuantos cortadores de oficio a la lucha inspirada que con el fuego y la pureza de una iglesia nueva, entabla para la redención de la gente obrera la Orden Americana de los Caballeros del Trabajo.

Y esta Orden ha tomado sobre sí la tarea de unir en un solo cuerpo a todos los trabajadores de los Estados Unidos, para pesar con todos ellos en el gobierno y en la ley, y como que son los más, reorganizar la nación de modo que los más puedan vivir en ella libremente, sobre la tierra pública, en la paz de la cultura y en el goce modesto de la majestad del hombre. Abominan la injusticia. Sienten amor frenético por la entereza de la persona humana. Consideran como criminales a los que la merman en sus semejantes, y sienten sobre ellos. Tienen un odio santo a los que acumulan masas enormes de riqueza pública, y a las leyes defectuosas que amparan el estancamiento en unas cuantas manos de la propiedad que debe circular entre todos, y principalmente entre los que las producen, de una manera más equitativa.

Uriah Stevens era de aquellos a quienes devora el alma, iluminándola el sagrado bochorno de ver que hay hombres humillados y hombres que humillan. Meditó en el silencio, y tenía ya canas cuando comunicó a sus amigos su proyecto para levantar a aquéllos y abolir a éstos. Rehágase, dijo, nuestro pueblo, de modo que no pueda descomponerse en castas enemigas, que no pueda envilecerse el hombre, ni siendo siervo, ni siendo señor, que aún envilece más; rehágase nuestro pueblo de manera que sea seguro el bienestar de todos, y no haya hombre que pueda abatir a hombre. Todos juntos, podremos. Es preciso comenzar por convencer a los humildes, a los débiles, a los trabajadores de que nada pueden si no están todos juntos. De una parte están los monopolios que acaparan; de otra parte tienen que estar los que sufren de ellos. Estando todos juntos, como que somos más, venceremos; pero no venceremos si no tenemos de nuestro lado la justicia, porque un solo hombre con ella es más fuerte que una muchedumbre sin ella. Para vencer en la realidad a nuestros enemigos debemos haberlos vencido moralmente. El que convence a su enemigo de que no tiene razón, ya lo tiene vencido. Nada se hace sin el dios de adentro. Seamos inexorables con los que nos niegan el producto legítimo de nuestro trabajo, y mantenga esta organización social viciosa en que un solo hombre puede tener en exceso lo que hace falta a muchos: pero seamos inexorables con nosotros mismos. El que abuse de los demás, el que negocie en los pleitos de los hombres por oficio, el que trafique con las leyes públicas, el que acumule ganancias inmorales en el cambio de manos de los productos de primera necesidad, la vil criatura que permite que el licor abuse de ella, ésos no pueden entrar en nuestra orden. Estudiemos de paso y resolvamos los problemas en que podamos hacer bien a nuestros miembros, pero, por ahora, reunámonos para pensar, para saber lo que tenemos que pedir, para estudiar el problema que hemos de resolver, para enseñar a los trabajadores ignorantes sus necesidades y remedios, para afinar y acumular ideas para que, cuando salgamos a la luz a batallar, salgamos para vencer y redimir, salgamos como una mole de justicia que se asienta; salgamos como un ejército invencible andando a pasos que resuenen en lo Eterno, ¡salgamos todos juntos! Así pensaba en su mesa de cortador el buen Uriah Stevens, que pudo ser rico y se quedó artesano. Cuando murió se notó que seguía viviendo. Queda del hombre la luz que infunde el bien que hace. Hoy hay quinientos mil hogares de trabajadores donde, en las horas de sosiego, cuando hablan del porvenir de obreros dolientes, con sus hijos sobre las rodillas, vuelven los ojos con ternura al retrato de un anciano de frente espaciosa, ojos profundos, mejillas huecas y barba firme, y dicen a sus hijos: "Mira: ¡ese es nuestro Uriah Stevens!" Hay ya alrededor de él ese nimbo de luz que circunda a los hombres permanentes.

Nació él de padres ricos y aprendió letras buenas y bellas, porque lo querían sus padres que lo notaban puro y ardiente para sacerdote; pero él quiso iglesia mayor, y meditó tanto en los tristes, que decidió pasar la vida entre ellos. Pensó sus hermosuras en Filadelfia, ciudad de casas y almas lisas, y de notable limpieza. En 1869 fundó la Orden

con una asamblea primera de los sastres sus amigos, que se reunían con'
él los domingos a pensar. La virtud de aquellas ideas ganó pronto a
otros gremios de la ciudad; pasó a otros pueblos: la aclamaron todos
los trabajadores del Estado. Stevens creía en la eficacia del misterio,
que retiene a los asociados por el placer de lo maravilloso y aterra a
los enemigos con el poder de lo desconocido. El secreto convida a la
iniciación. La Orden fue al principio como una Masonería. Las palabras todas de la Orden tenían ese vigor de látigo que distingue
el lenguaje de las grandes reformas. Cada asamblea era una escuela
de la ciencia del trabajo. Eduquémonos, organicémonos, movámonos.
Nacieron, oradores, escritores, administradores. La Orden tuvo Teso-
rero, celebró Congresos; se organizó en acuerdo con la organización
de la República, se atrajo la voluntad de los cultivadores del Oeste
por sus teorías sobre la nacionalización de la tierra, "que ha de ser
para todos como la luz y el aire", y cuando, para evitar conflictos
más que para provocarlos, terció en las diferencias de algunos de los
gremios con sus empresarios, las razonó con tanta novedad y fuerza
que en muchos casos los obreros que entraron en el trato como rebeldes, salían de él como socios de la fábrica.

Los detalles privados y los tratos con las empresas, fueron acon-
sejando a los cabeza de la Orden; soluciones prácticas nacidas de los
mismos problemas y sazonadas con aquel respeto ajeno que hace sagrado el propio. Estas victorias dieron a la Orden vasta fama. Los gremios
parciales se le unían por cientos. Todos creían llegada la hora de una
victoria general. La Orden formó su mira en educar para después:
los gremios ofendidos en casi todas partes, la miraban como el medio de
acelerar el cobro de sus ofensas. La Orden, repudia, puesto que se
tiene la razón y el modo legal de infundir en la ley todo recurso
violento, los gremios menos inteligentes que la Orden, no bien se
sentían miembros de ella se declaraban en huelga, ganosos de mostrar
su nuevo poder; las huelgas peligrosas siempre, solían ser prematuras
e injustas. Si las condenaba la Orden por completo perdían una popularidad que necesita aún para su establecimiento y eficacia. Levantados
los ánimos por los triunfos locales, por la fama creciente de la Orden
misteriosa, por el influjo visible de sus ideas en los poderes públicos,
por la recepción respetuosa que le acordaba la gente de pensamiento,
vinieron a fustigar los ánimos sedientos de justicia los preparativos
de resistencia de las empresas coaligadas, y las prédicas insidiosas de
los socialistas europeos, que olvidan que ningún triunfo se logra definitivamente fuera del buen sentido y el equilibrio de los derechos
humanos. Todavía era pequeña la casa de la Orden, una casa pobre
de ladrillos que tiene alquilada en Filadelfia, para contener las impa-
ciencias, las miserias, las iras, las demagogias abominables, las exagera-

ciones que de todas partes se entraron con ímpetu por ella; ¡y han amenazado echarla abajo antes de estar bien asentada!

Pareció por un momento que se le escapaba su obra de la mano: que tanto gremio nuevo colérico, ansioso como toda persona de poco alcance de soluciones inmediatas, daría de espaldas a la Orden prudentísima que quiere explicar bien su derecho antes de demandarlo, y juntar sus cohortes antes de marchar a su conquista. La prudencia siempre fue un pecado a los ojos del fanatismo. El odio mira como a una criminal a la cordura. Pero la Orden no ha vacilado en poner su marchamo de reprobación sobre los que avivan en los espíritus atormentados de los obreros ignorantes los juegos del crimen. Condenan las huelgas y los asedios, salvo cuando toda razón sea desoída. Quiere adelantar propagando. Quiere ir conciliando a su marcha, para que al llegar no sea necesario vencer. Quiere ir disponiendo un consorcio amigable entre los trabajadores que producen y los fabricantes que, con las ganancias acumuladas en trabajos anteriores, contribuyen a la nueva producción. Quiere anonadar con justicia e inspirar fe por su templanza. Quiere fortalecerse, de manera que no sean posibles dentro de la Orden desmanes de extraviados ni desobediencias de fanáticos. Quiere hacer ir gradualmente por los caminos de la Ley su ejército temible de quinientos mil hombres. Estos no son los del pañuelo rojo: éstos van, pecho a pecho, guiados por un maquinista sin armas, con la palabra fuerte de Uriah Stevens en los labios. Tropiezan, caen, se levantan, han vencido muchas veces; ya tienen Estados suyos; legislaturas enteras convierten en leyes algunos de sus principios; el Congreso adopta otras; el Presidente mismo acaba de recomendar en un mensaje el medio de paz que enseñó a sus amigos el sastre de Filadelfia. Si la Orden vence en su contienda con los elementos coléricos a que resiste con aplauso nacional, el siglo acaso acabará en paz en los Estados Unidos; si el gran maestro trabajador Terencio Powderly es vencido, si predominan en los Consejos de la Orden los que no la quieren fuerte para mañana, sino agresiva para hoy, se echarán de un lado con miedo todos los que no tienen que perder y conservar, y se pondrán a hervir con nueva furia en el otro los elementos de una embestida gigantesca, que volcará sobre la tierra espantada, llena de sangre la barba de oro, a este siglo sublime en que vivimos, grande como una cordillera de montañas, desde cuya cumbre celebran su persona triunfante los hombres victoriosos.

[*El Partido Liberal,* México, 29 de mayo de 1886, tomo II, núm. 376, pp. 1-2.]

II(5). CORRESPONDENCIA PARTICULAR
PARA *EL PARTIDO LIBERAL*

SUMARIO: Resumen de los últimos actos del Congreso. Antecedentes y comentarios de los últimos proyectos de ley. El Congreso y el país en junio. Convenciones de las Asociaciones. Excursiones al interior. Partidas alegres. Grandes regatas. Ardides de los diputados. Interioridades del Congreso. Mala suerte del "Tratado de México" en el Senado y en la Cámara de representantes. Derrota de Sherman y Hewitt, amigos del tratado. Los proteccionistas derrotan en la cámara el proyecto de reforma liberal de las tarifas. Estudio sobre la situación y porvenir del proteccionismo en los Estados Unidos. La plata, las industrias y las cosechas. La situación económica. Venalidad de los representantes. Las grandes empresas tienen corrompido el sufragio. Cómo se ayudan y sirven las empresas y los representantes. Se vota una ley que prohíbe a los representantes ser abogados de las empresas que requieren tierras públicas. El problema de la tierra en los Estados Unidos. Abusos de las empresas y aspiraciones de los trabajadores, sobre la tierra. Leyes recientes sobre la concesión y contribuciones de los terrenos nacionales. Ley importantísima que prohíbe a los extranjeros poseer tierra en los Estados Unidos. Antecedentes y gravedad de este problema. Manejos de las corporaciones europeas para hacerse de tierras en América. Voz de alarma a los países americanos. Cómo se están descomponiendo los partidos. Cómo adelantan en política los trabajadores. George Childs candidato de los trabajadores para la presidencia.

New York, 18 de junio de 1886

Señor Director de *El Partido Liberal*.

Junio es acá mes agitado. La vida cambia de súbito, como los árboles, y se nota una prisa nacional por darse al aire y a la luz. El Congreso acumula sus trabajos. El Presidente se prepara a ir de recreo a las Montañas. La milicia se congrega en campamentos improvisados. Los creyentes de cada secta religiosa disponen grandes reuniones de rezo al aire libre. Todas las asociaciones, abogados, sastres, libres pensadores, católicos y velocipedistas, maestros de baile, reformadores, cocineros, celebran en poblaciones pintorescas, sus congresos anuales, donde revisan la obra del año, pintan y explican al público sus argumentos, cambian ideas respecto a sus intereses y mejoras y organizan las tareas del año entrante: el hombre gusta de partir de la luz y de parar en ella: cuenta su vida de acción de julio a julio. Los colegios festejan su principio de trabajos, que en realidad no empiezan hasta octubre. Se crean escuelas ambulantes de ciencias políticas, de ciencias físicas, de idiomas, de instrucción varia, para aprender durante los tres meses de sol, en lo vivo del campo, a la sombra de los árboles. Los jóvenes viriles improvisan partidas de exploración, y con sus tiendas de campaña al hombro, sus provisiones y su rifle, se van a las comarcas despobladas a vencer dificultades, a matar fieras, a buscar aventuras entre los indios, a vivir en lo desconocido, de lo cual vuelven siempre alegres y fuertes. Es una florescencia colosal de las plantas y de los espíritus. Toda la nación es una rosa. En la bahía, como palomas enormes, tienden las velas blancas para la gran regata próxima los veleros ingleses y los norteamericanos que van a disputarse este año la copa apetecida. La ciudad ese día es un jubileo, y se va toda al mar, en vapores embanderados, en buques de pasear: se entibian los negocios el día de la gran regata: el champaña llega al cielo.

El Congreso parece siempre en esta época poseído de esa prisa de fiebre. Las votaciones se suceden. Los asuntos demorados durante el invierno, se precipitan. Cada partido se esfuerza en hacer aceptar a su contrario las medidas que le interesan. Suelen pasar en esta premura medidas que una ojeada basta para reprobar. Algunos representantes hábiles mantienen en reserva hasta estos días sus proyectos de mayor interés, por ver si puede obtener a la rebatiña un voto favorable del Congreso, poco preparado para ellos. Ambos partidos, republicanos y demócratas, van dilatando hasta el fin de las sesiones los proyectos en que no han podido convenir los bandos opuestos de cada partido —el de reforma de la tarifa, por ejemplo, en que a pesar de la decidida protección del Presidente y sus Secretarios, acaban de ser vencidos los libre-cambistas, por aquellos mismos que han estado impidiendo la reglamentación del tratado con México, que en vano trató de reanimar Sherman en el Senado, proponiendo prorrogar el tratado por cinco años. Las industrias agrícolas amenazadas, el azúcar y el tabaco; han podido más que las manufactureras, pletóricas de artículos fabriles que no tienen salida. En la Cámara de Representantes, fue también vana la energía con que Abraham Hewitt, el notable, perspicaz yerno de Cooper, trabajó porque se declararan prácticamente libres de derechos aquellos frutos mexicanos que el tratado señala como tales. Los mismos que batallan contra la reforma de la tarifa en sentido liberal, que vaya preparando con moderación las viciadas industrias nacionales para la competencia en su propio mercado con las europeas, son los que batallan contra la vigencia del tratado mexicano.

Mucho arraigo tiene todavía el proteccionismo de los Estados Unidos, aunque se dan casos tan elocuentes como la última exposición de los cuarenta mil obreros de Pennsylvania que acaban de pedir al

Congreso la abolición del derecho de entrada sobre las materias primas de la industria. Pero el proteccionismo que ha traído a la industria norteamericana a una plétora que la tiene en agonía, no podrá resistir mucho tiempo el deseo justo de un cambio de sistema, que empieza a apetecer ya imperiosamente la Nación alarmada.

De tres riquezas viven los Estados Unidos: de las minas de plata, de las industrias y de las cosechas. La plata ya se sabe como está: si el gobierno no tuviera por la ley obligación de comprar cada mes dos millones de metal a las minas del país, con que luego no sabe qué hacerse, las minas habrían parado ya en una catástrofe. Las industrias, de puro producir a precios altos cantidades enormes de artículos que no pueden vender, están hoy, salvo aquellas muy especiales y necesarias, sin mercado donde colocar lo que van produciendo, y sin manera de dar trabajo a los millones de hombres que vinieron a este país, engañados por la prosperidad transitoria de que gozaron sus industrias, mientras una serie de cosechas pasmosas estuvo trayendo a la República rendimientos tales, que podía entregarse sin pérdida a todo género de tentativas costosas, y pagar sin peligro los precios subidos a que, en virtud del sistema de protección, tenían que comprar los artículos que sin ese sistema, hubieran podido comprar a Europa mejores y más baratos. Con derechos crecidos sobre las materias primas, con los salarios altos que los obreros necesitan en un país donde este sistema de protección a las industrias nacionales hace los productos de todas ellas caros, ¿cómo han de poder producir las industrias americanas a los precios bajos a que producen los países donde las materias primas entran sin derechos, y lo barato de la vida, por la libre entrada de los artículos extranjeros, permite a los operarios vivir con un salario escaso? Resulta, pues, que afuera no pueden mandar los Estados Unidos sus artículos a competir con los de fábrica europea; y adentro, si de afuera no viene dinero en retorno de las exportaciones, ¿con qué dinero han de comprarlos? Así se llega a estar como Midas, que todo lo que palpaba era oro, pero no tenía qué comer ni qué beber. Tal, pues, como está hoy su plata despreciada y su industria recargada, los Estados Unidos no pueden vivir de ellas.

Quedan las cosechas, la riqueza magna, aquella que, como hacían los antiguos, debía celebrarse cada año con fiestas jubilosas y regocijos públicos, la riqueza de la tierra, que jamás se acaba. Los Estados Unidos venden sus algodones al Asia, y su carne a Europa, y sus industrias, ya se ve con qué trabajo las venden, y cómo andan locos buscando asociaciones, tratados y congresos para asegurarse tierra que les compren; pero hoy por hoy, su principal fuente de vida está en las cosechas. ¿Cuál será en esto la suerte del proteccionismo? Abandonado el país, como único medio de recurso, a su producción industrial, se comprende que no puede quedar un instante en pie, puesto que con él el país no puede producir lo que necesita vender en las condiciones precisas para la venta; ni puede alimentar siquiera a sus trabajadores. Dos necesidades inmediatas requieren un cambio de sistema, gradual, como todo cambio que ha de ser fructuoso: una es la necesidad de la vida, la necesidad económica de vender, para poder vivir y comprar lo de afuera con los productos de la venta; la otra es la necesidad de dar alimento a tanto millón de hombre con mujer y con hijos, que en el día en que la ira de la miseria lo enardeciese, podía echar abajo de una arremetida toda esta fábrica de fachada, que no tiene tan sólidos los cimientos como suntuosa la apariencia. La suerte del proteccionismo depende aquí de las cosechas, y de los acontecimientos extranjeros que pudieran favorecer su venta. Si hay cosechas grandes, si hay en Europa una guerra que requiera mayor consumo de ellas y paralice las cosechas europeas rivales, entonces vendrá al país en retorno tal suma de rendimientos que se continuarán pagando por algún tiempo sin murmurar los precios altos de los productos nacionales, que así tendrán al menos el mercado propio que hoy les escasea, y la ventaja de que con la prosperidad general del país, no se note el daño que éste recibe de mantener a las industrias que han de vivir de la exportación, en condiciones de no poder exportar. Si no hay grandes cosechas, o sucesos del extranjero que las consuman y levanten sus precios, el país se verá frente a frente del problema industrial, como ya se ve ahora; frente a dos millones de hombres, que ya son dos millones con casa y sin trabajo; frente a lo absurdo de un país que tiene que vivir del producto de una industria organizada de tal modo, que sus productos no se pueden vender.

El sol es claro; pero no es más claro que esto. Sin embargo, los proteccionistas de los dos partidos reunidos, demócratas y republicanos, han derrotado hoy en la Cámara de representantes el proyecto de reforma moderada y preparación juiciosa, que habían compuesto de acuerdo los libre-cambistas y los proteccionistas conciliadores. La razón es visible, puesto que acá las elecciones a Senador y Representantes se sacan a fuerza de dinero, y hay elecciones de representantes que cuestan a cada candidato ochenta mil pesos, por lo que necesitan del auxilio de los monopolios y empresas, que los ayudan a salir electos con condiciones de ser ayudados después por ellas. La reforma, por ahora, aunque está en el espíritu público, queda vencida: que acá tiene el sufragio sus llagas, como en otras partes, y suele el país pasar años pidiendo lo que sus Representantes, por intereses personales o de partido, le niegan tenazmente. Por esas causas también sucede que el Senador o Representante, pretenden sacar ventaja a las malas de sus puestos, y en acciones de empresas o en moneda aún más real reciben el pago de su voto en pro de las empresas ricas o de buen porvenir, y de su influencia en el Congreso que ha de legislarlas. Esto es ya tan sabido, que apenas hay Representante o Senador que no ande en estas culpas. Ya se susurra que tendrá al fin que abandonar su puesto de Secretario de Justicia, Garland, en cuyo departamento se accedió a establecer en nombre del gobierno una demanda de nulidad en favor de una patente de teléfonos en que Garland recibió, a cambio de su influjo, acciones por valor de medio millón de pesos, que otros probos legisladores, Hewitt entre ellos, rechazaron secamente. Y este escándalo ha llegado tan a mayores, que el Senado acaba de votar por considerable mayoría un proyecto de ley en que se prohíbe a los miembros del Congreso servir de abogados de las empresas que requieren concesión de tierras públicas.

A seguir como hasta aquí se ha ido, entre los extranjeros que acaparan terrenos, y los Representantes que por esas razones ocultas regalan la tierra de la nación a las corporaciones que les pagan el voto, se hubiera quedado la nación sin tierra.

A esto viene también otro proyecto de ley aprobado por el Senado en estos días: asombra la facilidad y largueza con que el Congreso ha dado terrenos valiosísimos a las compañías de ferrocarriles. Ya se sabe que Blaine mismo, como Presidente de la Cámara de Representantes trabaja como agente de una empresa de ferrocarril, que le pagó en acciones. Ahora ha decidido el Senado, para corregir tanta loca franquicia en alguna parte, que las compañías de ferrocarril no podrán por ninguna especie de ley, federal o local, librarse del deber de pagar el tributo al Erario por las tierras que el Congreso pueda concederles, sea cualquiera el pretexto en que la exención se envuelva. A dos objetos se dirige esta medida: uno es mostrar al país que sus Representantes atienden al clamor sostenido que está alzando en la nación esa vergonzosa entrega del caudal de tierra pública por aquellos mismos a quienes ha sido confiada en depósito: otro objeto, el principal acaso, es halagar y templar a la masa trabajadora, que sobre todas sus dificultades y yerros continúa disciplinándose y organizándose conforme al pensamiento de sus filósofos, quienes con Henry George a la cabeza piden, como estado final, que toda la tierra sea del dominio público, y, en preparación de esto, para que el tránsito al nuevo estado sea menos difícil, que se vaya desde ahora reteniendo la mayor extensión de tierra posible por el Estado, en cuyas manos debe llegar a quedar toda. Se quiere cerrar el camino, con actos oportunos de justicia, a esa masa temible, puesta en marcha, que no se detendrá sino donde se detenga su razón.

Esas mismas provisiones engendraron otro proyecto de ley que, sin un solo voto en contra, ha aprobado hace pocos días el Senado. En

Europa las grandes masas de tierra se van escapando de las manos de los aristócratas ociosos que las poseen en virtud de privilegios de familia, otorgados siglos ha sin más razón que la necesidad ya pasada de fundar un Estado en que predominasen los señores, o el hábito de premiar con títulos y tierras las gracias de las mujeres y la infamia de los hombres. Otros nobles ha creado esta época, que son las grandes empresas, en cuyas manos tampoco están seguras las tierras que han amontonado, y de las que las va echando, con el ímpetu de lo que vive y quiere puesto, la muchedumbre cada vez más apretada de la población, que no permite la acumulación en una mano, o en un pequeño grupo de manos, de una extensión de tierra en que pueden vivir muchos que no tienen hoy por esa distribución injusta los medios de vida necesarios. La organización de Rusia la tiene preparada a ese repartimiento.

Las exageraciones socialistas perderán en Alemania por ese grano de razón que la sazona y preserva. En Francia, ya se sabe que la propiedad es de muchos. Inglaterra no podrá contrastar el brío con que la población pobre está exigiendo la reforma territorial, y ya habla de comprar a los lores la tierra irlandesa, para repartirla de nuevo entre muchos terratenientes, como medio de calmar las cóleras de Irlanda. Pues toda esa cohorte de grandes propietarios, de aristócratas ociosos, de grandes empresas, ha venido cayendo en siglos, sobre la tierra norteamericana, como caerá, y en algunos lugares ya ha caído, sobre la tierra de la América española. Y eso sí que hemos de salvar, ahora que vamos siendo pueblos: nuestra tierra.

Parece mentira: pero ya casi poseen una nación en los Estados Unidos los ricos europeos. Uno solo, el marqués inglés de Tweeddale, tiene 1 750 000 acres. Una casa en Londres, Phillips, Marshall y Comp., 1 300 000. Una compañía inglesa, 1 800 000 acres en Mississippi. Otra también de Inglaterra, 2 000 000 de acres en Florida, y 3 000 000 en Texas. Una compañía alemana posee 1 000 000. Y una compañía holandesa tiene ya 4 500 000 en Nuevo México.

Y es preciso estar a la mira contra los ardides de esos compradores, porque, en la conciencia de su culpa, suelen no comprar francamente, y se valen de hábiles recursos. Ya compran en pequeños lotes. Ya hallan norteamericanos que se asocien con ellos, y amparen sus compras con los derechos que les da su nacimiento. Ya se valen de varios compradores, que entregan luego su compra a la persona que les emplea, y llega así a poseer en una sola cabeza una comarca, como el marqués de Tweeddale.

El mal es grave, y la ley votada por unanimidad en el Senado es radical. Prohíbe que, salvo en caso de herencia, cobro de deuda y provisión de tratado, puedan adquirir terrenos en los Territorios o en el

Distrito de Columbia, que es en lo que puede legislar en esto el Congreso, ningún extranjero que no haya manifestado su intención de hacerse súbdito americano, ni ninguna compañía que no esté formada en virtud de las leyes federales, de los Estados, o de los Territorios. Tampoco puede adquirir tierras ninguna compañía que tenga entre sus miembros más de una quinta parte de extranjeros. Y es tan cierto que las razones de esta ley son las mismas de las que ya llevamos apuntadas, que acaba el proyecto prohibiendo que ninguna compañía, aun cuando sea de ferrocarril, canal o calzada, salvo en caso de concesión del Congreso, posea más tierras que las que positivamente necesita para sus funciones y sus vías. La Cámara de Representantes está en riña con el Senado, que quiere para sí más autoridad de la que le da la Constitución; pero en este asunto, han obrado, por diversos proyectos, en acuerdo absoluto. Y todavía son más rudos con los extranjeros los proyectos de la Cámara que los del Senado. Están por venir tiempos grandes en la política norteamericana. Los partidos políticos actuales, incapaces de afrontar con una intención unánime los problemas vitales de la tarifa, la moneda pública y el trabajo, se están descomponiendo, y mostrando al país su egoísmo e incompetencia. El carácter personal de Cleveland, venido con pocas trabas de la naturaleza, favorece, y como que prepara el advenimiento de una política viva, que afronte y resuelva los problemas reales, y reconstruya a la nación sobre las bases nuevas que la justicia humana y sus elementos de composición demandan. Ya se habla sin asombro de nombrar candidato para la Presidencia a un hombre de peso y bondad, George Childs, director del *Ledger* de Philadelfia, que jamás ha sido republicano ni demócrata, sino amigo de los pobres. De su diario vive un pueblo. A cada mujer que va a visitar la casa de su diario, le regala una taza de china. Y cada obrero suyo, tiene en el banco una cuenta; para vivir y morir una casa. Lo ponen en ridículo porque escribe elegías y regala tazas; pero la verdad es que, como que se ve que el ejército trabajador se aprieta y viene adelantado, nadie ha tomado a burlas la posibilidad de que, cambiando de juicio los partidos políticos, elegirán los trabajadores de los Estados Unidos, con un programa de reforma social moderada a un Presidente de su propio espíritu. No será en la elección próxima. No sería extraño que fuese en la de 1892.

[*El Partido Liberal*, México, 6 de julio de 1886, tomo III, núm. 405, pp. 1 y 2.]

III(6). CORRESPONDENCIA PARTICULAR PARA *EL PARTIDO LIBERAL*

SUMARIO: Semana de Junio. El juego de pelota. El culto de la fuerza de los Colegios. Las fiestas de fin de curso. La educación antigua y la nueva. Lo científico sobre lo clásico. Predominio del espíritu de libre investigación. La educación en los colegios como medio de preparar para la vida. Los discursos de los graduados. La vida nacional anula la educación. El programa de estudios de Harvard. Conviene educarse en la patria. El peleador Sullivan. Cómo lo admiran y miman en Nueva York.

New York, 26 de junio [de 1886]

Señor Director de *El Partido Liberal*.

No cabe una cacería del Indostán, con sus príncipes, con sus elefantes, con sus pabellones, con sus bayaderas, con sus brahmanes vestidos de blanco, en la cuenca de una uña: así no cabe en una revista esta semana de fin de junio ardiente, donde con la ceremonia mayor del sol crecen el amor, la generosidad, el placer y los crímenes. Todo es regata de yachts, de caballos, de caminadores. Todo es gente que marcha, color que brilla, cinta que flota, fresa madura que convida al diente. Se mezclan las últimas palabras serias del año, dichas de prisa en el Congreso, los Colegios y los Tribunales, con esos cuchicheos de aurora con que renace en estos meses la naturaleza en los árboles, en los nidos y en las almas. Si se mira a las calles por la tarde, no se ven sino mozos robustos que andan a buen paso, para cambiar sus trajes de oficio por el vestido de paseo, con que han de lucir galas a la novia, o el del juego de pelota, que aquí es locura, en la que se congregan por parques y solares grandes muchedumbres.

Los juegos son como los pueblos en que privan: éste es golpe, rudeza, ausencia de arte: se enronquecen y embriagan con ese juego burdo, que cría la admiración funesta por los fuertes, tanto en los colegios se mira aquí como a pobre persona el que se nutre, como de estrellas que muerden, de ideas y sueños grandes: acá los prohombres de los colegios, los que se llevan las damas y mantienen corte, son el que mejor rema, el que mejor recibe la pelota, el que más sabe de hinchar ojos y desgoznar narices, el que más bebe o fuma. Niños de nuestras tierras que vienen a estas Universidades con el almita

[38]

clara y encendida, llena de sombras de héroes y de colores de bandera, se vuelven ¡ay! a los pocos años de estar entre estos boxeadores, mozos hoscos y abruptos ida toda la flor, sin fe más que en el dinero y en la fuerza. Mejorar los colegios nativos, que con ser como son ya son mejores, vale más pese a la gente novelera, que sacar a los hijos de bajo de las alas de la patria para venir a donde olvidan la suya, y no adquieren la ajena.

Este es uno de los acontecimientos de junio en los Estados Unidos: las fiestas de fin de curso. Toda una página dedica cada periódico día sobre día a las recepciones alegres con que acaban su año las escuelas públicas de niñas, donde éstas recitan, cantan, tocan, y entre pabellones y ramilletes reciben a la vez el diploma de maestras de Escuela Normal, y la rosa de los amores de la naturaleza. En las Universidades, en las Escuelas Técnicas, en los Colegios que acá mantienen, para crianza de prosélitos, las grandes sectas religiosas, estos son días de baile y premio, de palabras sabias y de regatas locas. Se cierran los cursos en Harvard y Yale, en Columbia y en Princeton, en Amherst y en Williams.

Ya acabó la bárbara costumbre de llamar con nombres latinos a los estudiantes norteamericanos, lo que hacían traduciendo al latín el nombre inglés, de modo que un John Nose venía llamándose en clase como si en español le dijésemos Juan Narices. Y ya se va acabando, acicateada por los tiempos, aquella preeminencia que los estudios meramente literarios, a que tienden sin precisión de escuela las almas finas que necesitan de ellos, tenían hasta hoy sobre los estudios de mayor cuantía que preparan para los choques y menesteres de la vida, en esta época de revuelta donde cada cual tiene que ser padre de sí, y no hay herencia segura, ni se edifican casas para siglos, ni hay forma que esté a salvo de los vuelcos sociales y de las catástrofes financieras. La casa, que ha de mantenerse tan santa como nuestra masa vil nos lo permita, debe educar el alma en el aseo y horror del fuego, de que se hacen hoy generalmente las estatuas. La escuela ha de equipar la mente para la faena de la vida.

Si la vida no es una Universidad, sino una casa llena de odios y de fatiga ¿a qué educar a los hombres que han de vivir en ella como para vivir en Universidades? Ya estos no son tiempos de toga regalada y chocolate de canónigo. Hoy se come agonía y se bebe angustia. Por eso hay tanto infeliz que no puede ser honrado, y tanto astro sin alas: porque en nuestros países, donde la cultura no se ha acumulado aún bastante para que el consumo de ella por la masa común corresponda a la fuerza de ella en las almas superiores, no puede existir mercado suficiente para la suma de Literatura y Arte que se enseña exclusivamente en las escuelas. Ármese en la escuela al niño con las armas que ha de necesitar para la vida. Otras razas, corpudas y bestiales, corren riesgo de perder con la exageración de ese sistema aquel suave y clemente espíritu femenino que trae a los pueblos la educación artística, para engendrar en el trato con los oficios briosos la gloria que los alegra y perpetúa. Nuestros pueblos, donde las rosas huelen y las mujeres aman, renuevan incesantemente en cada niño la poesía.

Estas fiestas de fin de curso, si no acabasen en regatas enconadas y en desafíos celosos de pelota, serían cosa bella, porque siempre se reúnen para cerrar el año en los salones de cada Universidad los oradores de palabra más lujosa, los funcionarios del Estado, las damas literarias, y las jóvenes con sus vestidos de Primavera. En algunos colegios, como las Universidades acá se llaman, señoritas y mancebos se educan a la vez, y suele suceder que los discursos de traje blanco y ramillete al pecho, ahondan y valen más que los discursos de levita cerrada y espejuelos.

Un príncipe de la palabra, un gran sacerdote, un candidato a la Presidencia de la República, un educador ilustre, habla solamente a los alumnos, que ya están al tomar, en los umbrales del colegio, el fusil y la mochila de la vida. Luego, entre premios y músicas, van leyendo o recitando los graduados más distinguidos sus peroraciones, que antes eran sólo sobre Lupercios y Teofrastos, y cosas de antaño que no sirven hogaño; pero ahora, como que la savia nueva ha entrado de fuerza propia en los colegios, ya no hablan solamente de latines y grecias, y de la eternidad y prepotencia de los dogmas de la secta que mantiene la Universidad, sino del buen sentido y armonía consoladora con que fue creado el mundo, de la esencial libertad de investigación que confirma al hombre en su fuerza y nobleza, y le da la majestad interior de que necesita estar poseído para vivir con fruto en marcha a lo alto. Todavía hablan los temas mucho de sequedades antiguas; pero ya se trata en gran número de ellos de la verdadera composición espiritual y material de la tierra en que vivimos, y de la formación, tendencias y vicios de los elementos vivos que batallan sobre ella.

En Harvard y en Yale, colegios venerandos y canosos, tiene ya tanto campo esta manera nueva, que no sólo se deja en amplia libertad de espíritu al alumno en cosas de doctrina religiosa, sino que se han añadido a los cursos literarios usuales, otros cursos exclusivamente científicos, y se ha puesto cátedra doble de los problemas que más afectan hoy a la Nación. Allí puede un alumno escoger, si le place, el estudio de las letras; pero no está forzado a ellas, sino que puede arreglar sus asignaturas clásicas con otras de mayor realidad y momento; y oír a la vez la cuestión de la tarifa explicada a una hora por un profesor libre-cambista, y a la hora siguiente, cátedra sobre cátedra, por un maestro del sistema prohibitivo. Así, es verdad, no ganan fanáticos las iglesias ni los partidos; pero la patria se cimienta sobre su único sostén: los hombres de pensamiento propio. ¡Ah! da envidia leer el programa de enseñanza en Harvard, donde no hay asunto digno de la mente que no tenga un buen maestro, y de donde, si se estudia con ahínco, se puede salir hombre "vivo y efectivo", como dicen las lápidas de los militares de antes en los comentarios españoles: pero ¿qué flor vive sin aire? Todas esas finezas de cátedra, todo ese lujo de materias y maestros, todo ese glorioso empeño de los educadores por ir conformando las cosas de enseñanza a los tiempos en que han de vivir los que se crían en ellas, como que se evaporan en este aire pesado para las almas, como que perecen por falta de estímulo en esta loca contienda por la simple riqueza pecuniaria, como que se extinguen en el desprecio en que tienen a las carreras sudorosas, las carreras limpias de producto lento, los hijos adementados de estos hombres de mirada gris e insegura, que sólo veneran sinceramente, por sobre humanidad y sobre patria, la capacidad de acumular súbitamente una masa estupenda de fortuna.

La pujanza los enamora y los domina. Les gusta lo que arremete, lo que violenta y lo que invade. ¡Ved cómo miman los estudiantes durante todo el año, no al poeta de frente grave que les leerá la oda de fin de cursos, no al mozo pensador que ya desde las aulas medita la manera de que los problemas sociales se vayan resolviendo sin sangre y en justicia, sino a los "nueve" ágiles que deben vencer a Yale en el juego de pelota, a los "ocho" de brazos alados que han de competir por el premio de remo con los ocho del colegio vecino, al que en las brutales peleas con que en Otoño se inauguran las clases arrancó "el bastón" de las manos ensangrentadas al que lo defendía en nombre de las clases rivales! ¡Ved con qué saña, mal contenida durante todo el año, se entregan a estas regatas y desafíos, y apuestas sobre ellas, no por aquel sano amor a los ejercicios viriles que hizo hermosos y fuertes a los primeros griegos, sino con aquella mercenaria y rencorosa rivalidad que afeaba las lidias tremendas de los gladiadores de Roma y Pompeya! ¡Ved cómo muchos de ellos, deslumbrados por la paga que aquí se da a los buenos jugadores de pelota, abandonan su carrera casi terminada, y truecan su libro augusto por la camisa azul y el pantalón corto de los histriones, en que los aplaude y venera el populacho! Pudren acá esos vicios de pueblo rudo y ambicioso el aire de los colegios. El aire deshace lo que hace la cátedra. La educación verdadera está en el coadyuvamiento y cambio de almas. Lo sórdido de la vida sofoca acá lo luminoso de la escuela. Se debe vivir entre aquellos con quienes se ha de batallar.

Acá es frenesí este amor al gladiador. Se tiene en él una gran vanidad, como si encarnara y representase al país en lo que más se estima. Ahora mismo agita el papel en que esto se escribe, el aire que entra por la ventana, lleno de la música ruidosa con que van a saludar unos mozos entusiastas al púgil Sullivan, rey de los puñetazos, que tiene ya cinco años de vida de triunfo, adorado y mimado por su fuerza. De un golpe abate a un hombre: de dos lo mata. Lleva una vida brutal. El día es para el Champagne; de noche, cerveza; un puñetazo, el cielo. Le deleita quebrar labios y leyes. No tiene una bondad ni arranque de hombre. A su mujer, la tunde. A su hijito, de ojos azules, lo echa escaleras abajo. Goza en magullar. Tiene el gusto burdo, y va todo él colgado de brillantes: lleva un puño de ellos en la pechera de la camisa: un anillo le relampaguea en la mano derecha: otro en la izquierda: usa un sombrero blanco como la leche. Pero toda esta grosería y brutalidad se le perdonan. La policía lo escuda y lo trata tiernamente. Los tribunales no le son hostiles. Se ve en él todo eso como ornamento y gracia de su majestad. Un cariño real acompaña y protege por todas partes a esa bestia.

Aquí está en un hotel que abre sus balcones sobre el aire aromado del Parque Central, preparándose para la pelea enorme con que va a celebrarse el día 4 de julio, ¡el día santo de la independencia patria!

Diez días faltan, y ya no habla New York de otra cosa. Se olvidan las carreras de caballos, los desafíos de pelota, la noticia de que la hermana del Presidente publica una novela de amores; las sentencias recaídas sobre los obreros coaligados que amenazan a los dueños la demanda de un representante para que el Congreso impida que el gobierno francés tome sobre sí la obra del canal de Panamá. Todo eso se lee como de pasada. De nada de eso se trata en las conversaciones. La primera ojeada de los que leen diarios es para el párrafo de Sullivan. Los diarios informan al público de que sus ojos están claros, vivos, buenos para la pelea. Tiene un cuidador que le amasa la piel dos veces al día, que le lleva al levantarse por las mañanas un vaso de agua, con cuatro yemas de huevo. Todo el día está en el hotel rodeado de gente. El campeón sale dos veces a tomar el aire, en un carruaje pomposo, que él quiere que sea muy grande, y de dos caballos. Si está almorzando adentro, la multitud cuchichea afuera: "¡Le han servido cuatro costillas!" "¡No toma más que té y yemas de huevo!" "¡Ya pesa cinco libras menos!" Si se acerca a la puerta para tomar el suntuoso coche, la multitud se arremolina, se siente como una unción, los policías halagüeños limpian el paso para su héroe, el héroe sale, acogido por un clamor de victoria, y cuando vuelve, pleno el pulmón de aire de flores, la gente es más, y de la plazoleta del hotel,

que es toda una cabeza, surge un vítor robusto que corean los chicuelos amontonados de todas partes de la ciudad, para respirar siquiera
el polvo del carruaje del campeón a quien admiran. Da frío, ver
criarse a un pueblo en el culto de la fiera.

JOSÉ MARTÍ

[*El Partido Liberal*, México, 13 de julio de 1886, tomo III, núm. 411, pp. 1-2.]

IV(8). CORRESPONDENCIA PARTICULAR PARA *EL PARTIDO LIBERAL*

SUMARIO: El 4 de julio. New York a media noche. Falta de espíritu patrio en las fiestas. Los días patrios. Observaciones sobre el espíritu público en los Estados Unidos. Cómo se forma este país. Efectos sociales de la inmigración y el excesivo amor a la riqueza. Las fiestas. Día de paseo. Coney Island. La fiesta de los irlandeses. La madre de Parnell. Hermosa escena en la plaza de la Unión.

New York, 6 de julio de 1886

Señor Director de *El Partido Liberal*.

Todavía está el aire rojo, y penetrado del olor de los fuegos con que se celebró ayer el 4 de julio. Anoche, al sonar las doce, cuando a los reflejos carmesíes y violetas de las últimas luces de Bengala, pasaban cual fantásticas figuras los paseantes cansados de las playas y pueblos vecinos, parecía New York como un cesto de duendes, que se acostaban entre chispazos y volteretas, saltando por sobre torres y techumbres, a la luz cárdena del cielo encendido. Camino de la eternidad parecían ir los trenes del ferrocarril elevado, como serpientes aéreas por cuya piel agujerada se escapase su espíritu de luz. Las chispas de una rueda de fuego clavada en un poste de esquina, caían sobre un niño en traje de soldado, dormido en la acera sobre su tambor. De una estación de ferrocarril bajaban, entre familias alemanas y jugadores de pelota, trece mozas en uniforme de cantineras, los trece Estados de la Unión, que hace ciento diez años declararon en estos mismos días su voluntad de ser unos y libres. Un veterano llevaba en brazos a su hijita, envuelta en una bandera nacional. Bufando, y como exhalando los últimos suspiros, vaciaban en el muelle su carga sofocada los vapores que volvían de los lugares de paseo, conciertos, baños, pugilatos, juegos y carreras. Cómo los pueblos se revelan en sus fiestas, y la alegría y la libertad desnudan las almas, es bueno observar las ciudades en los días en que el regocijo, expansivo de naturaleza, saca de ellas lo que tienen de tierno, de indiferente o de bárbaro.

Animadísimo ha sido aquí este 4 de julio; pero ¡quién lo diría! no hubo fiesta patria sino en un barrio nuevo, allá por las afueras, que quiere llamar la atención sobre sus calles y sus casas, y tener por lo pintoresco y bullanguero los atractivos que le quita la distancia. Allí hubo gran parada, con el coche redondo de Washington; hubo bandera de treinta yardas, que se izó entre vítores en un parque que lleva el nombre de uno de los firmantes de la declaración de la Independencia; hubo un general octogenario, que cantó con voz velada, ante la muchedumbre descubierta con respeto, una de las tonadas de guerra del año de 1812, cuando Inglaterra mordía las alas del águila que había espantado de su nido. Pero fuera de la procesión de Harlem, y del pabellón que al abrir la aurora iza en la Batería todos los años un nieto del que arrió la bandera británica cuando salían, mosquete a tierra, los ingleses vencidos de New York, ¡ni los nombres se pronunciaron en los discursos de los oradores en teatros y plazas, de aquellos cincuenta y seis patriarcas que en la hora de la necesidad aparecieron sobre su pueblo como hombres de mármol que daban luz!

Los días patrios no han de ser descuidados. Está en ellos el espíritu público. Están en ellos las victorias futuras. Están en ellos las artes y las letras, que levantan a los pueblos por sobre las sombras cuando se han podrido los huesos de sus hijos, y cubierto de capas de tierra sus bronces y sus mármoles. Está en ellos esa arrogante soberanía que hace a los pueblos capaces de defenderse, afuera de sus enemigos, y de salvarse adentro de sus tiranos. En esta vida, donde el hombre no vive feliz ni cumple su deber si no en un altar, el día patrio reanima el santo fuego, en las aras manchadas por las pasiones, empolvadas por la indiferencia, o pervertidas por el ocio y el lujo. ¡Se necesita de vez en cuando respirar juntos, al ruido marcial de los tambores y al reflejo de las banderas, ese aire sobrehumano que embriaga, y que pone en los que viven, para que anden y triunfen, la voluntad y el brazo de los muertos! De sí debe tener vergüenza el que se avergüence de fortalecer, con estas juntas brillantes de espíritus, esa alma compacta y robusta sin la que, al embate de los avariciosos, caerá como un montón de polvo la patria: o como la estatua de plomo del rey de Inglaterra, que derritieron los neoyorquinos hace ciento diez años, cuando supieron que estaba repicando en Filadelfia la campana sagrada, publicando al mundo que había nacido sobre una tierra nueva un pueblo libre.

Aquí da miedo ver como se disgrega el espíritu público. La brega es muy grande por el pan de cada día. Es enorme el trabajo de abrirse paso por entre esta masa arrebatada, desbordante, ciega, que sólo en sí se ocupa, y en quitar su puesto al de adelante, y en cerrar el camino al que llega. Por cada hombre del país, cincuenta extranjeros. El extranjero que desembarcó hace un año con sus botas de cuero, su gabán parduzco, su cachucha y su nariz colorada, mira de reojo como a un enemigo a cada nueva barcada de inmigrantes. Nacidos de estos padres, los nuevos americanos no traen a su patria casual aquella sutil herencia de afectos y orgullos, aquella insensata y adorable pasión por el país donde se viene al mundo, que parece que sujeta con raíces a los que ven la luz sobre él, con raíces que les orean la frente como alas cuando se la enardecen o abaten los infortunios, y que los llaman como brazos angustiosos cuando con un dolor que tuerce las entrañas, se siente resonar sobre la patria un pie extranjero.

En las luchas se acendran e inflaman los elementos que la inspiran, por lo que acá llega a ser señora única del alma el ansia de la fortuna. La nación se ha hecho de inmigrantes. Los inmigrantes se dan prisa frenética por acumular en lo que les queda de vida la riqueza que desearon en vano en la tierra materna. De esta tierra adoptiva sólo les importa lo que puede favorecer o retardar su enriquecimiento o su trabajo. No les estorban para adelantar ni las creencias religiosas, que aquí son libérrimas, ni las opiniones políticas, que caldean el corazón y turban el juicio en el país propio. Acuestan sobre la almohada por la noche la cabeza cargada de ambiciones y cifras. Nace el hijo entre un check y una factura, o en uno de esos goces sin espíritu en que buscan las mentes desasosegadas compensación física y violenta a su fatiga: No es el matrimonio aquella mutua y absoluta entrega que lo hace feliz, porque el ser humano sólo lo es completamente en darse, sino que en él continúa la preocupación abominable del bien de cada cual, sin que el hijo llegue a ser un perfume, porque jamás se unen bien el céfiro y la rosa. En este aire sin generosidad, en esta patria sin raíces, en esta persecución adelantada de la riqueza, en este horror y desdén de la falta de ella, en esta envidia y culto de los que la poseen, en esta deificación de todos los medios que llevan a su logro, en esta regata impía y nauseabunda, crecen los hombres de las generaciones nuevas sin más cuidado que el de sí, sin los consuelos y fuerzas que trae la simpatía activa con lo humano, y sin más gustos que los que pueden servir para la ostentación del caudal de que se envanecen, o los que apagan los fuegos de las bestias o la fiera que desarrolla en ellos su vida de acometimiento y avaricia. No es el hermoso trabajo, ni la prudente aspiración al bienestar, sin el que no hay honor, ni paz, ni mente seguras: es el apetito seco de acaparar riqueza, afeado por el odio y desdén a los oficios en que se la logra con honradez y lentitud. Lo que admiran es el salto, la precipitación, la habilidad para engañar, el éxito; y se fían en el que han engañado más. La mujer, criada en el mismo amor de sí, ni siente con ardor la necesidad de darse a otro, ni se presta a darse para la desdicha, ni busca en su compañero más que el modo de asegurarse su holgura y complacencia. Nacen los hijos pálidos y avarientos de este consorcio sórdido. Así, consagrado cada uno al culto de sí propio se va extinguiendo el de la patria. No endulza acá las vidas la generosidad ni el agradecimiento.

Y cuando, como en este cuatro de julio, sienten las gentes políticas el deber de celebrar la fiesta patria, se juntan, como se juntaron ayer en Tammany Hall, no para entonar alabanzas a los fundadores y afirmar sus doctrinas, sino para flagelar al Presidente porque no desaloja de sus empleos a los republicanos, y pone en ellos a aquellos mismos demócratas mercenarios sobre cuya voluntad y traición fue elegido.

La fiesta era ayer en todas partes: carreras de caballos corredores, carreras de todo paso, apuestas entre caminadores, juegos escoceses, excursiones por los ríos, regatas de remadores, partidas de pelota. Pululaban los alrededores y las playas. La ciudad se iba vaciando desde por la mañana, sobre las arboledas y campos vecinos. Sobre cada adoquín estuvo estallando del alba a la media noche un cohete. Caían las muchedumbres sobre los ferrocarriles y vapores, como los potros sobre el portillo abierto en la dehesa. No se abre un brazo en estas multitudes para hacer lugar al niño que se sofoca o al viejo que desfallece. Cada vapor lleva un ejército a las playas serenas de Coney Island, que atrae a las gentes con el fragor de sus hoteles, la algazara y chirridos de los columpios y las ventas, sus cantos de tiroleses y de minstrales, sus orquestas de mujeres descoloridas y huesudas, sus hediondos museos de elefanciacos y de enanos, su elefante de madera, que tiene en el vientre un teatro, y es como símbolo y altar monstruoso de aquella parte glotona y fea de la isla, a cuyo alrededor, como columnas de incienso, se eleva de los ventorrillos que le hormiguean a los pies el humo de las freideras de salchichas. Allá lejos, se tiende la playa, matizada de grupos de familias, reclinadas o sentadas en la arena junto a los restos del festín casero: se salen los trajes de los cuerpos canijos de los judíos; se salen de sus talles morados y pomposos las irlandesas ubérrimas; la vida se sale de algunos ojos apenados, que van allí a hablar con el mar de la honestidad y la grandeza que no se hallan en los hombres; y se observa tristemente el contraste que hacen las caras varoniles y osadas de las niñas con sus vestidos de encaje y con sus cintas de colores. En una tienda fríen maíz: en otra, bajo un toldo, comen ostras frescas en el borde de un bote: allí cerca, alquilan caballos para los niños; van y vienen, arrancando risas con sus trajes de baño, los flacos y los gordos, mostrando esa pobreza y caimiento de las formas consiguientes al ayuntamiento apresurado y huraño de tanta casta diversa y egoísta. Se pavonean entre los grupos, ojeados por damiselas de mala ocupación, los jugadores de oficio que han tenido suerte en las últimas carreras; el pecho es un brillante:

llevan el pelo al rape, como los presidiarios; ostentan sombreros blancos: van seguidos y curioseados como héroes. El mar fresco, surcado a lo lejos por botes de paseo llenos de galanes y de hermosas, echa su ola fragante sobre la vasta arena, blanca como la plata sin bruñir. Suena a lo lejos la marcha de Lohengrin.

Pero no se fue toda la ciudad a estos gozos. Tienen disciplinada a la gente de color los trabajadores del espíritu. El derecho, y toda ocasión de pedirlo, es una fiesta para los que padecen de hambre de él. Esos hombres buenos y graves que están procurando juntar en una asociación incontrolable a todos los obreros, para que vuelquen de un común empuje las leyes de distribución de los productos del trabajo y la tierra pública, llamaron a una gran fiesta en la plaza de la Unión, donde obreros de todas nacionalidades, alemanes y americanos, franceses y bohemios, y los ingleses mismos, mostraran, a la hora en que el sol está en el cenit, su simpatía por los obreros irlandeses, en cuyas bolsas no se acaba nunca el centavo para el cura, ni el peso para ayudar a la faena política de la magnífica cohorte que batalla por obtener la autonomía de Irlanda.

Había más gente que hojas en los árboles. Llegaban por una calle, un gremio de alemanes, con un esplendor de barba rubia, serio el rostro, pesado el paso; y su guía, brillándole los ojos con esa luz misteriosa e inquieta que distingue a los hombres nacidos para conducir, clava la bandera del gremio, entre cohetazos y aplausos, en el balcón de la casilla de madera donde preside rodeada de señoras, la adorable anciana que trajo al mundo a Parnell.

Allí está, con su vestido negro y su cabeza blanca, la madre del reformador irlandés. Ella es en Irlanda propietaria y noble; pero donde están sus irlandeses, allí está ella. Su hijo sienta a Irlanda, del otro lado del mar, sobre la cabeza de los ingleses; y como que se contiene, vence. Ella se muestra erguida y sobria, cada vez que los irlandeses de este lado se reúnen para mostrar simpatía o buscar ayuda a los que luchan en el Parlamento de Londres por sus libertades; y no bien la ve el público, se pone en pie frenético, como si viesen santificada en un altar a su propia madre. No perora, pero dice cosas que abofetean y que queman: parecen sus palabras, deliberadas, profundas, centellantes, breves, manojos de guantes que echa al rostro inglés. Se eleva el espíritu, y se humedecen los ojos, en la presencia de esta sublime dama que tiene involuntariamente sobre su pueblo el prestigio de las antiguas sacerdotisas.

Pasan, pasan delante de ella, todos los gremios que acuden a tomar parte en la fiesta. Unos clavan su estandarte junto al de los alemanes, y las banderas quedan allí, dando guardia a las mujeres que sufren y trabajan por los hombres. Otras dejan a sus pies ramos de flores. Otras le traen una insignia del color de su patria, para que la ostente en el pecho, y al notar la multitud que la insignia es verde, comienzan a sacudir los árboles, al ruido de las músicas, y se adornan aquellos cincuenta mil hombres los sombreros y las solapas con las hojas. Los americanos e irlandeses se agrupan junto al estrado donde están reunidos los consejos mayores del partido obrero: Henry George, con su cara benigna; Louis Post, con sus aires de pelea; John Swinton, el que trabaja frente a un grabado de John Brown flotando al aire en la horca. Los alemanes y bohemios toman puesto alrededor del estrado donde van a hablar los oradores en su propia lengua: oradores ardientes y excesivos, como son siempre, precipitados sin duda, por el dolor perpetuo de no hallarse en su pueblo, aquellos que concentran en los países lentos o duros las condiciones de poesía y palabra de que la comunidad carece, por eso han nacido de los países más recios los reformadores más violentos. En el estrado de las damas, las oradoras se van poniendo en pie, y bendicen, al acabar sus razonamientos elocuentes, a aquel hombre joven de frente de templo y de brazos cruzados que va peleando sin sangre por la libertad de Irlanda. Habla después su propia madre: ¿cómo ha de hablar, si empieza por decir que cientos de años de los dolores de Irlanda le hierven en el pecho? Ya se imagina lo que fue la fiesta: un hurra que duró tres horas. Los banderines azotaban contentos los altos mástiles del parque, coronados por una bola de oro.

[*El Partido Liberal*, México, 25 de julio de 1886, tomo III, núm. 422, p. 1.]

V(11). CORRESPONDENCIA PARTICULAR PARA *EL PARTIDO LIBERAL*

sumario: El caso "Cutting". Cambio de la opinión. Censuras unánimes al Secretario Bayard. El Congreso suspende sus sesiones sin votar la resolución hostil a México. El resumen del Secretario Bayard resulta contrario a los hechos. México es celebrado en el Congreso por su cortesía y prudencia. El republicano Hitt defiende a México. El discurso de Hitt. El Congreso da un voto silencioso por la paz. La prensa ataca a Bayard duramente. Importancia e influjo de las entrevistas del Presidente Díaz y el Sr. Romero Rubio con un miembro de la prensa americana. El *Herald* celebra al Sr. Mariscal. El *Herald* da un consejo a los texanos. Las verdaderas armas contra los Estados Unidos, y la razón de esta victoria.

New York, 6 de agosto [de 1886].

Señor Director de *El Partido Liberal*.

Dos días han bastado para alterar profundamente el estado producido por el caso de Cutting, que hoy anuncia paz, y ayer aún, sin la menor exageración, parecía un caso de guerra. Porque hace dos días no habían descubierto aún los republicanos de la Cámara de Representantes lo que hoy sabe todo el país: que el resumen violento con que el Secretario de Estado acompañó al Congreso la documentación del caso de Cutting, no presentaba este caso a su verdadera luz y en todos sus aspectos, sino que lo desfiguraba, y callaba como de propósito los esfuerzos hechos con firme prudencia por el gobierno mexicano para evitar un conflicto, sin que perdiese México un ápice de su decoro, ni el temor a una guerra inoportuna lo compeliese a sacrificar a una demanda injusta las relaciones respetuosas entre el poder federal y los Estados.

Hace dos días, se creía, sobre la fe del Secretario Bayard, que el caso era sólo como él lo exhibía, y que todo él versaba exclusivamente sobre la pretensión de México a juzgar por sus leyes en su territorio los actos de los ciudadanos americanos en el territorio de los Estados Unidos. Parecía inexplicable que la suprema discreción con que ha venido costeando la diplomacia mexicana todos los casos de roce difícil con los Estados Unidos, hubiera reducido una controversia de resultados inminentes a un extremo de que no había apenas salida; pero nadie osó dudar que ese era el único punto de la controversia, porque así lo afirmaba en su resumen al Congreso el Secretario de Estado. Esta relación inesperada, vino a avivar las llamas encendidas por los representantes de Texas, que no habían logrado aún ver aceptadas sus resoluciones belicosas por un Congreso que esta guerra venía a sorprender, y que no tiene hoy por hoy el ánimo hecho a ella. Pero cuando el Secretario de Estado sometió al Congreso en ardiente lenguaje el caso desnudo de derecho, por el que aparecía que un país extranjero pretende tener jurisdicción sobre los actos de los Estados Unidos en su propio territorio; cuando el telégrafo trasmitió por todo el país la pintura vivísima que hacía el secretario de los sufrimientos y violaciones de persona y de ley, que estaba padeciendo Cutting a manos mexicanas; cuando no aparecía de esta presentación de los sucesos que México hubiese hecho cuanto ha hecho por resolver con honra y prudencia el conflicto, y que lo mismo que el Secretario decía, o no era, o era de diferente modo, hubo instantáneamente en la Cámara de Representantes, y en la prensa toda un revertimiento grave en la opinión, no se vio más que el caso de derecho en que se ponía en duda la jurisdicción exclusiva de los Estados Unidos sobre los actos de sus hijos en su propio territorio, se dispuso de prisa por la comisión de negocios extranjeros la resolución que intimaba al Presidente una nueva demanda de la libertad de Cutting, y como la seca negativa que el secretario daba como respuesta única de México parecía indicar su decisión de no atender la demanda, se sintió indudablemente la decisión de la guerra.

Pero ayer cambió todo. Puede decirse, porque es verdad, que la justificación de México la ha hecho el mismo Congreso de los Estados Unidos. La prensa entera censura hoy ásperamente al secretario por haber reseñado las negociaciones con un espíritu diverso del que las anima, con ocultación de hechos esenciales, y con desentendimiento de las legítimas razones expuestas por México para no atender inmediatamente a la petición de libertad de Cutting. Y el Congreso, en vez de aprobar la resolución de la comisión de negocios extranjeros a que lo urgía el Representante Belmont, so pretexto de que era grata al secretario, acaba de interrumpir su período de sesiones sin tomarla en consideración, ni urgir resultado alguno, ni sancionar con su premura la que se mostraba en la secretaría de Estado. Ha sido un voto de censura silencioso y enérgico. Parece increíble, después de la agitación de antier, y del enojo que desde el primer momento viene declarando a la faz de la Cámara, dispuesta a intimar la libertad de Cutting, que la correspondencia en cuya virtud se había propuesto por la comisión de negocios extranjeros la resolución agresiva sobre la que se pedía el voto, revelaba precisamente lo contrario de lo que se desprendía del resumen del secretario de Estado, único documento conocido

a la comisión cuando redactó su propuesta. Se sorprendió la Cámara
de oír semejante revelación en boca de uno de los miembros mismos de
la comisión de extranjeros. Habló poco, y ásperamente, como quien ha
sufrido de un engaño. Declaró que en México no había habido arrogancia, sino constante espíritu de complacencia. El caso no era como
el secretario lo decía: era que en México, como en los Estados Unidos, él pintaba en los representantes lo que se les señalaba de parte de
México como desafío y audacia. Dejar de tomar resolución en un caso
que el secretario de Estado pintaba como tan grave y atentatorio al
honor nacional, ha sido decir sin palabras al secretario que el Congreso no cree en sus representaciones, o que éstas no lo convencen de
que se atente al honor de la nación.

Y es justo decir que a este aquietamiento de la opinión, han contribuido como un elemento importante y activo las nobles y tranquilas
declaraciones hechas en México a un miembro de la prensa americana
por el Presidente de la República y el Sr. Romero Rubio. Llegaron sus
palabras impregnadas —según ha parecido aquí a la prensa— de una
conmovedora dignidad, en momentos en que se oía aún el eco de las
del representante republicano Hitt, demostrando que el poder federal
no puede someter a su voluntad sumariamente los tribunales de un
Estado. Los representantes se miraban unos a otros con sorpresa. Aban-
donaron sus asientos para formar grupos. Desoyeron a los que les
argüían, que las declaraciones del republicano Hitt, que por espíritu
de partido deseaba desacreditar al Secretario de Estado, debían ser
contestadas unánimemente por el voto de los demócratas, como una
cuestión de partido. Se veía materialmente desvanecerse ante la voz
de aquel hombre sencillo la nube de guerra. Y la simpatía hacia México despertaba entre los representantes, con la vivacidad natural de
quien tiene prisa en reparar la injusticia que estuvo a punto de come-
ter, se aseguró cuando las afirmaciones de Hitt, vinieron, calientes aún
en sus labios, a ser corroboradas por la clarísima exposición y la severa
modestia con que exponía el caso en México el Presidente y el Sr. Romero Rubio. Acá ha parecido sinceramente bien ese lenguaje, que
ni teme, ni desafía.

Pero no hubo nada más brioso que la denuncia en los labios de
Hitt. "Yo voté por esa resolución en la comisión porque me aseguraron que eran ciertas las bases en que descansaba: que México estaba
maltratando a un ciudadano americano; que se resistía a entregarlo,
so pretexto de que tenía jurisdicción sobre nuestros ciudadanos en
nuestro territorio. Pero eso no es verdad. México ha tratado de hacer
con prontitud y empeño lo que le pedíamos que hiciera, y ha explicado
plenamente en esas cartas que no tiene autoridad para compeler en
sus procedimientos a un Tribunal de Estado ni a un Estado. Me

he llenado de sorpresa al ver esta mañana en prensa la correspondencia de estas negociaciones, que no dice lo que se la ha hecho decir; que dice lo que se ha callado; que en cada palabra del Secretario de Estado y el Presidente de México muestra la voluntad de atender a nuestras reclamaciones. No ha habido evasión por parte de México; no ha habido desafío: hasta exceso de complacencia, pudiera decirse, que ha habido."

—"Pero ¿no está Cutting preso?", le preguntó un representante de Georgia.

—"Sí lo está, dijo Hitt prontamente, pero porque quiere, porque ha rehusado con desdén la libertad bajo fianza que se le ofrecía. Esa fue la obra de la imprudente persona que tenemos allá de cónsul; que anda haciendo discursos por las calles, para que se vindiquen los derechos de nuestro país. Es la encarnación de la indiscreción el hombre que tenemos allí encargado de nuestros negocios nacionales. Él ha insistido en que se estuviera preso un hombre que en todo instante ha estado libre para salir de la prisión."

A otros oponentes se encaró Hitt con no menor energía.

—"¿Por qué tanta bravura con un país menos populoso y menos fuerte que el nuestro? ¿Por qué con México tan impetuosos y con Inglaterra tan mansos y complacientes?" Y los representantes que lo oían le concedieron razón: porque España ha podido con impunidad encerrar hace un año en un calabozo inmundo de cárcel de provincia a un ciudadano americano a quien quería hacer soldado; porque Inglaterra, so pretexto de que violan las leyes de pesca, un día, sobre todo, se apodera de buques y pescadores de los Estados Unidos, y les niega lo que les concede en los tratados; y en el Canadá los expulsa de sus puertos: porque ¡qué más! para libertarse de responsabilidad en las matanzas bárbaras de chinos en los Estados del Oeste, donde los tribunales no osan castigar a los asesinos, los Estados Unidos han invocado precisamente ante el Gobierno de China, la misma razón que hoy invoca el Gobierno de México ante los Estados Unidos. "Y se nos calló que el Gobierno de México nos hubiese dado esa razón legítima, como resulta que nos la ha dado. No porque lo creemos menos débil que nosotros, debemos hacer con México lo que no osamos hacer con los más fuertes. Este caso no es más que un caso común de intervención para la libertad de un preso entre los gobiernos amigos. Si hubiera ofensa de veras, no le negaríamos nuestro apoyo por cierto al Secretario. Pero está en nuestro interés, en el de nuestro propio pueblo, en el de las naciones todas que preservemos la paz con un país que no nos da ninguna razón para turbarla."

Después de este discurso, que oyeron los representantes confirmándolo con la lectura de la correspondencia que invocaba, se esparció ese unánime sentimiento que hoy censura al Secretario por las ocultaciones de su resumen, y reconoce la sinceridad y maestría con que ha llevado México este caso. "El despacho del Sr. Mariscal, dice el *Herald* de hoy, debe ruborizar a Mr. Bayard. En él, respondiendo a la demanda imperiosa de Mr. Bayard por la inmediata excarcelación de Cutting, alega el Sr. Mariscal con la mayor moderación y cortesía, que el caso está ante un tribunal de uno de los Estados de la República; que el Presidente ha ejercido su influjo en cuanto puede ejercerlo para que el proceso sea breve y justo; que ha hecho ya el gobierno mexicano cuanto cabe en sus fuerzas legítimamente; y que debe el Secretario recordar que en México, como en los Estados Unidos, el poder federal no puede dar órdenes al Tribunal de un Estado."

Tal es hoy en este asunto el sentimiento público. En los periódicos de más opuestos bandos se lee la misma censura acre y desembozada: se dice en alta voz que el Presidente no ha favorecido esas prisas, ni quiere solución violenta alguna, como lo prueba, él que es amigo de enviar mensajes particulares al Congreso, con haber remitido con simples frases de fórmula la correspondencia que pudo acompañar de indicaciones y consejos. Se desmiente al Secretario en frases como ésta: "En su desdichado resumen, Mr. Bayard hizo hincapié principal sobre el punto de que Cutting estaba siendo procesado en México por un delito cometido en Texas. Nada absolutamente hay en los despachos que pruebe esto. Eso es una simple suposición de Mr. Bayard, que no se ha tomado el trabajo de demostrar con un solo hecho de la correspondencia" —y censuras son éstas que han de llamar la atención, no sólo por lo unánimes, sino porque los diarios y representantes de su partido propio son tan severos en ellas como los del bando enemigo. No es enemigo del Gobierno el *Herald,* y he aquí lo que decía ayer con irónica amargura: "Aconsejamos a los tejanos que aprendan paciencia de nuestros pescadores del Norte, de los que hay muchos cientos que han sufrido provocaciones más graves e irritantes a manos de Inglaterra, sin que les haya aún socorrido con una palabra de consuelo nuestro Departamento de Estado. No parecen los pescadores estar tan favorecidos con la amistad de Mr. Bayard como los valerosos tejanos: pero no debe la confianza en esta predilección llevarlos muy lejos, porque la guerra desautorizada ha llevado antes de ahora en nuestro país a los hombres a la prisión y a la horca, y sería doloroso que la prisa de los tejanos por hacerse de esos viñedos de Naboth al otro lado del Río Grande, los precipitase a empresas que obligaran a los Estados Unidos a usar sus tropas, contra ellos, en vez de echarlas contra *aquellos* con quienes muestran tanta ansia de reñir."

El telégrafo habrá sin duda dado cuenta hora a hora a México de los varios aspectos de este conflicto, que parece haber salido ya de su gravedad inmediata; pero no sólo es útil, sino indispensable, sino vital, sino de tal importancia, que no se ha de sacar de esto un momento los ojos, el conocer en todas sus corrientes la opinión de los Estados Unidos sobre los asuntos de México. De una mera oportunidad, de la honradez de un hombre, acaso de un movimiento de partido celoso, ha dependido esta vez la suspensión de una medida que se consideraba generalmente como precursora de la guerra. Y es que aquí existe una especie de preparación constante para ella, favorecida por una cruda y tradicional confianza; por los recuerdos de la victoria que fuerza y traición ganaron en 1848 sobre justicia y heroísmo; por la desocupación de la gente de guerra que no sabe estar quieta una vez que ha gustado las armas, por la naturaleza penetrante e invasora del carácter del hombre en los Estados Unidos; y más que por todo, acaso, por el desconocimiento en que está la masa del país de las virtudes, de la originalidad, de la resistencia, de la inteligencia, de las dificultades, de la fuerza de trabajo que hacen respetable a México. Sólo esas armas pueden conseguir aquí una durable victoria; sólo esos escudos podrán a la larga detener la guerra. La inteligencia tiene aquí que jugar sus astas contra la fuerza. Porque no puede ser enteramente vana, en medio del apetito de riqueza y pudridor egoísmo que las vician, esta educación y práctica del hombre en la laboriosa libertad de la República; porque los que trabajan aprenden en sí propios a respetar a los trabajadores; porque ese irritante desdén que es aquí usual para las cosas nuestras, viene principalmente de que nos creen pueblos, azucarados y viciosos, sin la fuerza realmente titánica de que en luchas enormes venimos dando muestra; porque esta batalla, en suma, que acaba de ganar México, no la ha ganado por intimidación, ni por agencias peligrosas; ni por conciertos con pueblos extranjeros, sino por el respeto que ha inspirado su honradez, y por la habilidad con que sus representantes han expuesto su justicia.

JOSÉ MARTÍ

[*El Partido Liberal*, México, 20 de agosto de 1886, tomo III, núm. 444, pp. 2 y 3.]

VI(12). CORRESPONDENCIA PARTICULAR
PARA *EL PARTIDO LIBERAL*

SUMARIO: El caso de Cutting visto en los Estados Unidos. La política interior americana ha favorecido la paz. Influjo del partido republicano en las
censuras unánimes a Bayard. Interés de los republicanos en la derrota de
Bayard. Blaine: su actitud en el conflicto: su próxima campaña: sus condiciones de caudillo. México usado como instrumento político. El Sur y México. Peligros permanentes. Los capitales norteamericanos en México. *Muerte
de Samuel Tilden*: su carácter y su vida: su elección y sacrificio: su lección
final: la salvación de las repúblicas está en la propagación de la cultura.

New York, 19 de agosto

Señor Director de *El Partido Liberal.*

Ni la muerte de Tïlden, aquel sabio político a quien defraudaron de
su elección a la presidencia los republicanos; ni la revelación del modo
ignominioso con que trafican y venden entre sí los beneficios de su
empleo los más altos funcionarios de la ciudad; ni la campaña ruda
que se dispone a hacer Blaine contra el gobierno del partido democrá-
tico; ni el proceso de los anarquistas de Chicago, que tienen ya sobre
la cabeza la sombra de la horca; ni el gran Parlamento irlandés que
con el nombre de Convención celebran aquí ahora los amigos de la
autonomía de Irlanda, tienen hoy para nosotros el interés de los asuntos
de México.

Y esto no es tanto por las noticias que lleva el telégrafo antes y
no cabrían en carta, cuanto porque con el sacudimiento de opiniones
que este conflicto súbito ha traído a la superficie, ayudado por la mayor
independencia que va permitiendo a los diarios la descomposición
gradual de los partidos políticos, se están viendo las corrientes por
donde van aquí los juicios que importan tanto a México, y los peligros,
y las ambiciones, y acaso la manera de contrastarlos. Y se ven además
con mayor claridad los elementos que han ido impidiendo la termi-
nación fatal del conflicto de Cutting, cosa que se debe tener muy en
cuenta para prever conflictos posteriores, y no abrigar esperanzas
vanas sobre la facilidad de esquivarlos.

La justicia de México, y la habilísima firmeza con que la han defendido sus representantes han sido, sin duda, causa principal de la

[56]

reversión instantánea y definitiva del juicio público en el caso de Cutting. Los alegatos de México, reproducidos aquí minuciosamente con elogio, han ganado ante el público la batalla. Las contestaciones del Ministro de Relaciones de México se han opuesto como modelo de cortés raciocinio a los documentos arrogantes e impremeditados del Secretario Bayard. Nunca prestaron documentos diplomáticos servicio mayor: ellos han sido los abogados felices de este pleito grave: ellos parecían pedir cada día desde las columnas de los periódicos la justicia que no se pudo negar a su digna elocuencia y su lógica cerrada. Pero en la prisa con que los promulgaba cierta parte de la prensa, en la fruición con que daba con ellos en el rostro al Secretario aturdido y colérico, y en la falta de analogía entre los comentos especiales sobre el caso de hoy y la opinión general que continúan teniendo de México algunos diarios que lo han defendido, se observa claramente que en la guerra inclemente y unánime que se hace aquí a Bayard por su torpe e inconsiderada demanda ha habido una razón de política interior, sin cuya ayuda no hubiera podido acaso libertarse México de la guerra que tenía ya encima, cuando por su propio interés acudió a estorbarle el partido republicano.

Esa reflexión, apuntada ya a *El Partido Liberal* antes de que aquí se hubiese ni ligeramente enseñado, no sólo se confirma por la premura con que salta Blaine de nuevo a la arena política para aprovecharse de ella con su usual oportunidad y audacia, y por el implacable empeño con que ha desnudado los actos de Bayard en este conflicto el principal diario de Blaine, *The Tribune* de New York, sino por las indiscretas amenazas con que el Secretario, acorralado de todas partes y vencido, ha llegado hasta a anunciar su intento de acusar de traición a "los prohombres republicanos que han estado comunicándose con el gobierno de México en este conflicto para ayudarle a ridiculizar e impedir la política del departamento de Estado". Los mismos diarios de Blaine levantaron el guante, y revelaron que ese ataque era a Blaine y al ex ministro Foster: y aun parecía llegar la amenaza encubierta hasta el mismo Ministro de México en Washington, que ha sabido afrontarla por fortuna con decorosa entereza.

Lejos ha ido el Secretario en el desconcierto en que lo tiene su derrota; y sus palabras fueron oídas como de persona a quien se ha de compadecer, por no haber sabido borrar con una retirada cauta y un silencio discreto el yerro grave de afirmar una demanda internacional sobre el hecho seguro de la prisión ilegal de un ciudadano, para venir a parar un mes después en enviar un comisionado a inquirir si la prisión fue efectivamente ilegal.

Un penoso trastorno ha caracterizado los actos del Departamento de Estado en todo este conflicto. A la una negaba que tuviese hecho lo

que tenía determinado desde las doce, y hacía público a las dos. Ha
dado a la prensa el Departamento los más opuestos rumores. Y ha caído en descrédito mayor por pretender ocultar con declaraciones de
aparente firmeza las concesiones que se venía viendo forzado a hacer
en virtud de sus yerros y de la opinión pública, a la cual revelaba la
prensa día a día todo lo que insistía en negar el Secretario. Así fue
como se le vino a arrancar la confesión de que se había nombrado
enviado especial a Mr. Sedgwick, de quien se dijo al principio que
era general, y hombre de mucha ciencia jurídica, sin que luego haya
podido averiguarse que sea, más que un estimable caballero que ha
escrito con juicio un libro sobre contratos.

Pero si en el atolondramiento y disgusto que le ha causado su
inoportuna derrota ha ido quizá lejos en su acusación el Secretario
Bayard, ni a él que es político de oficio se le han podido escapar los
manejos y el interés de sus rivales, ni dejan de ser claras las razones
por que ha caído sobre él con tanto fuego el partido republicano.

Dirigido éste por hombre de más escrúpulos y menor viveza y ambición que Blaine, acaso hubiera creído deber contribuir, si no a ayudarle, a salir por lo menos con decoro de un lance en que no queda-
ría bien puesta la nación, si aquí no fuese tanta la libertad de los hábitos
públicos y la división de las manifestaciones de la opinión, y el gobierno
no supiese que aquélla no se cree responsable de los yerros de éste ni lo
es en realidad, como se ha visto ahora.

Pero Blaine es político felino, y tiene de su especie el salto elástico
y la garra. Él sabe que este país no tiene tiempo de ver hacia atrás ni
hacia adelante. Sabe que va tras lo que le deslumbra de presente. Tiene
el don hábil de apoderarse del asunto palpitante en la época de sus campañas, y oscurecer con él su propia historia y los asuntos más graves de
política menos ostentosa. Vienen las elecciones de candidatos a la presidencia. Él, que sólo en mil votos casuales fue vencido por Cleveland, se
presenta de nuevo candidato por el partido republicano. Ve que los demócratas van sin rumbo, y quitan a su partido con sus abusos locales y
su oposición a Cleveland el prestigio de reformador que llevó a éste de
triunfo en triunfo al poder. Ve que a Cleveland no lo siguen los demócratas. Ve que sin Cleveland y lo que él representa, no volverá a con-
fiarse a los demócratas el país. ¡Qué fortuna para él, que en su discurso
de vencido anunció el riesgo de dar el gobierno al Sur, el poder antes
de dos años presentarse a la nación denunciándole que se ha estado a
punto de envolverle en una guerra ridícula para complacer al Sur
que la desea! Blaine no pierde tiempo, no se cuida de lo que le dirán
sobre su propia manera de entenderse, cuando fue Secretario de Garfield, con nuestros países hispanoamericanos, con Colombia, con Chile,
con el mismo México. Lo que él ve es que la cabeza del partido demó-

crata le está temblando sobre los hombros, y que él puede ponerse en lugar del descabezado: y de las mismas manos de Bayard toma el hacha con que ha de echar abajo la cabeza. Percibió con su ojo de águila la importancia del instrumento que le ofrece la fortuna, y ha usado y usará de él, como medio de campaña, con esa deslumbradora rapidez que llega a dar apariencia de hombre de Estado a aquel a quien sólo falta para serlo el concepto superior de humanidad y de justicia que los produce y consagra.

Por ahí va a comenzar su campaña; por eso ha puesto tanto empeño, ya que Bayard le dio hechas las razones con sus yerros, en demostrar la ineptitud y ligereza con que ha llevado el secretario el caso de Cutting; porque de ahí sacará él su argumento principal para combatir a los demócratas más seguros: el peligro de dar el gobierno de la nación al Sur, que se ha apresurado a comprometerla en una guerra innecesaria y sin defensa. Así lo ha visto Bayard, que acaso, desconociendo la entereza y habilidad de México, creyó adecuado el caso de Cutting para hacerse sin gran riesgo de capital político en el Sur, cuyos votos corteja a fin de que le ayude a ser electo candidato a la presidencia. ¡Es tan doloroso como oportuno saber que la paz de un pueblo depende a veces de los juegos políticos de dos rivales que se disputan el mando de un pueblo extranjero!

Ni exagerarse, ni desconocerse, deben estos elementos reales de la política viva. Determinada así por el caudillo de los republicanos la campaña sobre este fracaso ostentoso del Secretario de Estado, no sólo emprende él con fe una lucha en que tiene de su lado la opinión que no quiere esta vez la guerra, y en la que a un tiempo combate con posibilidad de victoria, a un partido despedazado y a un rival terrible por su influjo político; sino que a su voz, que tantas veces los ha llevado a la victoria, le sirven con admirable disciplina sus amigos en el Congreso y en la prensa, a quienes tiene Blaine, enseñado con su ejemplo la ventaja de dar sobre el enemigo cuando está aún aturdido por el golpe.

Es digno de estudio como caudillo político este hombre tenaz: tiene siempre a sus huestes dispuestas para la pelea: inspira en ellas el mismo ardor y presteza pasmosa que a él le animan: de sus batallas de intriga con la misma precisión y rapidez con que se dan las batallas en campaña: está despierto cuando todos sus rivales duermen. Es hoy el único pretendiente activo para la candidatura de los republicanos; y toda esa ciencia y estrategia la ha empleado desde el primer instante sin descanso, para exhibir ante el país los errores del secretario Bayard en el caso de Cutting, y hacer más completa e irremediable su derrota, para dejar así a la vez anonadado al candidato y desacreditado por incapaz y riesgoso a su partido. De este modo ha venido la política interior a ser auxiliar eficaz ¡pero eventual! de la justicia y habilidad con que México ha sabido esta vez librarse de la guerra.

Ya se sabe que no es, por desdicha, amigo de la paz con México el espíritu de los Estados del Sur; y que en una nación regida principal, sino 'exclusivamente, por el apego desmedido de cada hombre a su bien propio, ha de tenerse siempre como probable la acción en que esté a la vez empeñado el interés individual de un número crecido de hombres. Ya se sabe que el Sur desea las tierras feraces y mineras de la frontera mexicana, y que, con una prisa que ha sido dignamente contestada en la otra orilla, ha mostrado esta vez disposición, y en algunos lugares, hasta ansia de la guerra.

Pero más que ese mal constante, que sólo puede prevenirse favoreciendo apresuradamente y a toda costa las poblaciones y comarcas de la frontera, y teniendo en sus ciudades un buen número de personas de prudencia exquisita, llama la atención aquí la insistencia y naturalidad con que la prensa del Oeste y el Este se refieren, con ese tono seguro de las cosas sabidas, a la posibilidad de que los intereses norteamericanos en México pudiesen producir —como dice *World* de Nueva York, no extraño a esos intereses según se presume—, "un estado de cosas en el que hubiera muchos que deseasen una guerra con México, para dar de ese modo un valor permanente a sus propiedades". "Los profetas dicen —continúa el *World*— que eso ha de suceder tarde o temprano." ¡No lo quiera Dios, y ya México sabrá evitarlo, apresurándose a explotar por sí, como medio acaso único de impedir el conflicto, las riquezas que los extraños le codician, para no tener de este modo que aceptar un capital cuyo interés es demasiado caro! O legislando eficazmente la posesión de tierras y minas en su territorio, con una ley parecida a la que ahora acaban de dictar los Estados Unidos para prohibir la absorción de su suelo por compañías extranjeras.

No esta guerra con México, que aquí está en la raíz de las gentes y hay que ir quemando día sobre día en la misma raíz, en el desconocimiento que acá se tiene de la nobleza y brío del carácter mexicano; no esta guerra con México, sino otra con Europa por el canal de Panamá es la que tenía en la mente Samuel Tilden, el anciano que acaba de morir, cuando recomendó al Congreso, desde su sillón de enfermo, viendo correr anchas y serenas como sus pensamientos las ondas del río Hudson, que procediese sin demora a fortificar las costas desamparadas de los Estados Unidos.

Le temblaban las manos al octogenario; sus criados tenían que darle de comer: su sobrina pasaba el día a su lado leyéndole filosofías y versos; pero él no podía librarse de la agonía celosa con que perseguía de lejos: las luchas de partido que le cautivaban el alma, ni

del noble deseo de dejar puesto su nombre entre los que han hecho
en su país algo de extraordinario y perdurable. Era de aquellos hombres, aquí raros, que no se satisfacen con la
mera posesión de la fortuna; famoso en los tribunales por lo sagaz,
por lo previsor en la política, en los negocios por prudente y feliz, y
en la historia de su patria por haberse negado a disputar con las
armas su derecho clarísimo a la Presidencia de los Estados Unidos, para
la cual fue electo en 1880 contra el republicano Hayes, a quien la
adjudicó una Comisión del Congreso con fraude visible.

Noble fue aquella alma. Él era varón de virtud, que desde la
mayor humildad se había levantado, sobre los puntales de su talento,
a la posesión de cuantiosísima fortuna, y a la cabeza de su gran partido. Él sentía natural pasión por el soberbio puesto que lleva de mano
de la ley a un hijo de pobres hasta el Gobierno del pueblo más numeroso de hombres libres. Él quería barrer de arriba los vicios de com-
padrazgo e interés que muerden con diente hediondo en la política
americana, tal como había barrido desde su asiento de Fiscal del Estado y de Gobernador a los bribones coaligados que con su influjo en
las votaciones venían atrincherándose en empleos que les permitían
defraudar las arcas públicas con robos estupendos. Y luego, él tenía
grande alma, que lleva con irresistible empuje a lo encumbrado y peligroso: ¡él veía en sí coronada la persona humana! —¿Qué suprema
angustia no debió sentir aquel trabajador hecho de sí, aquel espíritu
de derecho, cuando se vio burlado en la posesión del mayor premio
que es dable en la tierra apetecer a un hombre, y vio ultrajada la ley
pública en el mismo que ganó su eminencia en defenderla?

Él había sido abogado grandísimo: huroneaba en los rincones de
sus casos: penetraba en ellos como un espía de oficio, estudiaba su
parte con ojos de juez: tendía a la vista del contrario atónito el tejido
mismo de intenciones y argumentos que se guardaba callado en la
mente: manejaba sus pruebas, con el brillo y ardor con que guía y
abate un general en las batallas: tenía el placer y el vicio de la justicia.

Él veía en sí un ejemplo para la juventud que se acobarda, o se
corrompe, o se vende a un matrimonio, o se vende a un Gobierno:
de estudiante infeliz, llegó a dueño legítimo de cinco millones, sin venderse a nadie, ni al Gobierno, que fue a buscarlo a su casa por honrado, ni al matrimonio porque amó de joven a una noble criatura
que le quiso pobre y se volvió imbécil, y él le mantuvo en su desdicha
la fe que le empeñó en la hora de la razón. Deslució acaso sus primeros años, cuando la guerra de los esclavos debió llamarlo a una
carrera activa, por el afán —¡excusable en quien conoce la vida!—
de comprar con una fortuna libre el derecho de ser honrado y virtuoso: no enseñó la mano hasta que la tuvo fuerte: no hacía nego-

cios al azar, ni ponía sus ahorros en ambiciosas empresas, sino que estudiaba los elementos de cada operación como los puntos de un caso de derecho, y entraba a negociar sobre seguro con fuerza matemática.

Él tenía mente mayor, con la que consideraba que si en tiempos pasados fueron precisos aquellos patriarcas generosos y sabios que preparaban a su pueblo para la riqueza, hoy era necesario un sabio nuevo que lo redimiese de los vicios públicos a que lo ha llevado el exceso de ella.

Él veía el voto ignorante, los audaces apoderados de él, el egoísmo comiéndose al heroísmo, el amor a sí sofocando en cada hombre el amor a la patria, el amor al goce pervirtiendo en la mujer aquella majestad y dulcedumbre con que ilumina y enamora.

Él se sentía ayudado de la habilidad en la virtud.

Él rebosó de justo júbilo cuando en pago de sus honrados hechos, de su maestría mental, de su capacidad para pensar por sí y directamente, de su influjo sobre los miembros notables de su partido, con quienes se mantenía en cartas constantes sobre los asuntos públicos, se vio electo candidato de los demócratas para presidir por cuatro años su República, para limpiar los establos, para infundir idea nueva y tamaño de grandeza en la vida de la nación, para entusiasmar y estremecer a un pueblo que ha empezado a podrirse en la prosperidad.

Y ¡todo, todo vino a tierra, a la voluntad de una camarilla injusta! Se aceptó como buena la elección falsa del estado dudoso que debía darle el triunfo. Se consumó el robo del puesto sagrado. Muy a borbotones le saltó al gran viejo la sangre en el pecho. Muy amargamente vio pasar para sí y para su pueblo la ocasión de volver a ser grande. Y con mucha crueldad le llamaron cobarde sus amigos, porque no quiso hacer andar sobre sangre su derecho.

Pero él se fue a hablar con su hermana canosa, quien vive en una casa que le regaló él de su trabajo, y departió mucho con ella en sigilo en una tarde solemne; y templado en piedad salió de aquella plática con mujer, decidido a perder su derecho al honor más grande a que podía aspirar un hombre en su patria, si había de costar una sola vida el conseguirlo.

¡A esta abnegación han llamado miedo los que no son capaces de ella! ¡Los que sólo a sí ven en el mundo, y a su engrandecimiento propio! ¡Los que no aman a la patria bastante para posponerle todo amor de sí! ¡Por aquella abnegación se negó su partido a presentarlo de candidato en las elecciones siguientes, para dar ocasión de victoria sin violencia al derecho burlado!

Pero su influjo subía poco a poco: su voluntad designaba a los candidatos: su consejo dirigía al partido: sus comunicaciones interesaban a la nación: su silla de viejo era a manera de trono: su carta definitiva de renuncia a la candidatura de 1884 está escrita como por un profeta tallado en la montaña: su testamento otorga tres millones de pesos para la formación de una biblioteca pública: y este magnífico legado enseña, como resumen de su cuantiosa vida, que la suma deducción del político más práctico y agudo que vivía en este pueblo fue que la madre del decoro, la savia de la libertad, el mantenimiento de la República y el remedio de sus vicios, es, sobre todo lo demás, la propagación de la cultura.

JOSÉ MARTÍ

[*El Partido Liberal*, México, 8 de septiembre de 1886, tomo III, núm. 460, pp. 1 y 2.]

VII(16). CORRESPONDENCIA PARTICULAR
DE *EL PARTIDO LIBERAL*

SUMARIO: Estudio indispensable para comprender los acontecimientos venideros en los Estados Unidos. Análisis del movimiento social, causas que lo producen y elementos que lo impulsan. Influjo de las prácticas de la libertad política en el carácter de la guerra social. El movimiento social está ya en actividad definitiva en los Estados Unidos. Descomposición de los factores que han producido la presentación de un candidato de los obreros al Corregimiento de New York. La historia viva. La levadura de la Revolución Francesa fermenta en los Estados Unidos. Causas especiales de la desigualdad social en Norte América. La tierra y las ciudades. Límite de acción de la libertad política: su eficacia y su deficiencia. Razones del aspecto original del movimiento social en los Estados Unidos. Influjo de la inmigración en el carácter del movimiento social. ¿Será la libertad inútil? Problema nuevo en política: ¿los efectos de la educación despótica predominarán sobre los efectos de la educación liberal? La libertad suaviza al hombre y lo hace enemigo de la violencia. Aspecto presente del movimiento. Fuerza definitiva del voto. Los movimientos se concentran en los que poseen en mayor grado sus factores. Razón de la candidatura de Henry George al corregimiento de la ciudad.

New York, 15 de octubre de 1886

I

Señor Director de *El Partido Liberal.*

Se pudren las ciudades; se agrupan sus habitantes en castas endurecidas; se oponen con la continuación del tiempo masas de intereses al desenvolvimiento tranquilo y luminoso del hombre; en la morada misma de la libertad se amontonan de un lado los palacios de balcones de oro, con sus aéreas mujeres y sus caballeros mofletudos y ahítos, y ruedan de otro en el albañal, como las sanguijuelas en su greda pegajosa, los hijos enclenques y deformes de los trabajadores, en quienes por la prisa y el enojo de la hora violenta de la concepción, aparece sin dignidad ni hermosura la naturaleza. Esta contradicción inicua engendra odios que ondean bajo nuestras plantas como la fuerza misteriosa de los terremotos, vientos que caen sobre las ciudades como una colosal ave famélica, ímpetus que arrancan a las naciones de su quicio y las vuelven del revés, para que el aire oree sus raíces. Y cuando ya parece que son leyes fatales de la especie humana la desigualdad y servidumbre; cuando se ve gangrenado por su obra misma el pueblo donde se ha permitido con menos trabas su ejercicio al hombre; cuando se ve producir a la libertad política la misma descomposición, ira y abusos que crea la tiranía más irrespetuosa; cuando se llega a ver vendido por un ciudadano de la República a cambio de un barril de harina o de un par de zapatos el voto con que ha de contribuir a gobernar su pueblo y mejorar su propia condición; cuando parece que va a venirse a tierra al peso de sus vicios, con un escándalo que resonaría por los siglos como resuena el eco por los agujeros de las cavernas, la fábrica más limpia y ostentosa que ha levantado el hombre a sus derechos, ¡he aquí que surje, por la virtud de permanencia y triunfo del espíritu humano, y por la magia de la razón, una fuerza reconstructora, un ejército de creadores, que avienta a los cuatro rumbos los hombres, los métodos y las ideas podridas, y con la luz de la piedad en el corazón y el empuje de la fe en las manos, sacuden las paredes viejas, limpian de escombros el suelo eternamente bello, y levantan en los umbrales de la edad futura las tiendas de la justicia!

¡Oh, el hombre es bueno, el hombre es bello, el hombre es eterno! Está en el corazón de la naturaleza, como está la fuerza en el seno de la luz. No hay podredumbre que le llegue a la médula. Cuando todo él parece comido de gusanos, entonces brilla de súbito con mayor fulgor, tal cual la carne corrompida brilla, como para enseñar la perpetuidad de la existencia, y la inefable verdad de que las descomposiciones no son más que los obrajes de la luz.

Sí: de esta tierra misma donde el exceso del cuidado propio sofoca en los hombres el cuidado público, donde el combate febril por la subsistencia y la fortuna exije como contrapeso y estímulo el placer acre, violento y ostentoso; donde se evaporan abandonadas las vidas de ternura, idea o desinterés que no han logrado la sanción vulgar y casi siempre culpable de la riqueza; de esta tierra misma, que cría con el grandor de sus medios y la soledad espiritual de sus habitantes un egoísmo brutal y frenético, se está levantando con una fuerza y armonía de himno uno de los movimientos más sanos y vivos en que ha empeñado jamás su energía el hombre.

Es hora de estudiarlo, hoy que se manifiesta en New York con inesperado brío, sustentando un candidato ingenuo al puesto de Corregidor de la ciudad, de donde en manos de los políticos toda virtud parece haber huido. Vuelve a verse, para pasmo de intrigantes y soberbios, que en los grandes instantes de revolución y crisis, basta la voluntad de la virtud, tan tarda siempre en erguirse como segura, para acorralar a los que se disfrazan de ella. Un niño humilde, un aprendiz de imprenta, un grumete, un periodista, un mero autor de libros, ha estremecido con un volumen claro y sincero a toda la nación; y cuando los que se ven representados en él lo alzan por sobre su cabeza para que los conduzca en sus batallas, tiemblan a la simple presencia de este hombre sencillo los pecados públicos, el cohecho político, el falso sufragio, el tráfico en los empleos, el comercio en los votos, la complicidad de las castas favorecidas, la caridad interesada, la elocuencia alquilona, como viejos viciosos sorprendidos en su sueño por la luz del alba a los postres de una orgía. Se les ve por las calles despavoridos, cubriéndose las cabezas con los mantos, para que no se les descubra lo vil del rostro. Los formidables intereses ligados en paz criminal con los políticos de oficio, que prosperan con la venta y manejo del voto público, ven con estupor la aparición de un hombre honrado que les disputa el primer puesto de la ciudad, para inaugurar desde él las batallas ordenadas de votos y leyes que han de asentar la Constitución social de la República sobre nuevos cimientos de justicia.

Para ojos menores, esto que en New York sucede no es más que la candidatura de Henry George, autor de *El progreso y la pobreza*, al corregimiento de la ciudad: pero para quien tiene por oficio ver, y por hábito ir a buscar las raíces de las cosas, éste es el nacimiento, con tamaños bíblicos, de una nueva era humana. Grandes son nuestros tiempos: es grande el gozo de vivir en ellos: y como se ha extinguido justamente la fe en las religiones incompletas que en su infancia deslumbraron el juicio y lo satisficieron, como el hombre, necesitado por su naturaleza de creer, padece de esa soledad mortal en que ningún cuerpo de creencias admisible a la razón ha venido a sustituir los mitos bellos que se la tenían oscurecida, es bueno, con las dos manos llenas de flores, señalar como una causa de fe perpetua ese poder de la naturaleza humana para vibrar como una novia a los besos viriles del pensamiento, y surgir con nueva virtud de su propia degradación y podredumbre.

¿Cómo se ha de decir bien en una mera carta de periódico, escrita ahogadamente sobre la barandilla del vapor, toda la significación de un movimiento que trata de cambiar pacíficamente las condiciones desiguales en que viven los hombres, para evitar con un sistema equitativo de distribución de los productos del trabajo tremenda arremetida de los menesterosos por la igualdad social, que dejaría atrás, y que dejará donde no se la evite, la que cerró e iluminó el siglo pasado en busca de la libertad política?

La historia que vamos viviendo es más difícil de asir y contar que la que se espuma en los libros de las edades pasadas: ésta se deja coronar de rosas, como un buey manso: la otra, resbaladiza y de numerosas cabezas como el pulpo, sofoca a los que la quieren reducir a forma viva. Vale más un detalle finamente apercibido de lo que pasa ahora, vale más la pulsación sorprendida a tiempo de una fibra humana, que esos rehervimientos de hechos y generalizaciones pirotécnicas tan usadas en la prosa brillante y la oratoria. Complace más entender en sus actos al hombre vivo y acompañarlo en ellos, que redorar con mano afeminada sus hechos pasados. Pero cuando se vive en una ciudad enorme a donde el Universo entero envía sin tregua sus más alborotadas corrientes, cuando se ve adelantar a la vez contra los mismos abusos sociales las lenguas encendidas de todas las naciones, y los pechos velludos, y los brazos alzados, y no se da por la ciudad un paso sin que salten a los ojos como voces que clamen, la opulencia indiscreta de los unos, y de los otros la miseria desgarradora, cuando no es posible desviarse de las calles cuidadas de los acomodados y los ricos sin que el calor de la batalla suba al rostro, y una ola empuje el pecho, y se enrosque en la mente una sierpe encendida, al ver degradarse en el vicio forzado, en las cargas inicuas, en un trabajo sin paga ni descanso, en una vida que no da tiempo al amor ni a la luz, el espíritu de la especie y la nobleza del cuerpo que lo encarna; cuando aumentan día a día el refinamiento y provechos de los indolentes, la desesperación, la desocupación, la insuficiencia de salarios, el frío cruel, el hambre espantable de los que trabajan; cuando no hay sol sin boda de oro en catedral de mármol ni suicidio de un padre o una madre que por librarse de la miseria se dan muerte con todos sus hijos, cuando se habla mano a mano en las plazas con el desocupado hambriento, en los ómnibus con el cochero menesteroso, en los talleres finos con el obrero joven, en sus mesas fétidas con los cigarreros bohemios y polacos; cuando no se tiene el alma vendida a la ambición y el bienestar, ni se sufre del miedo infame a la desdicha, entonces vuelven a entreverse con realidad terrible las escenas de horror fecundo de la revolución francesa, y se aprende que en New York, en Chicago, en San Luis, en Milwaukee, en San Francisco, fermenta hoy la sombría levadura que sazonó con sangre el pan de Francia.

II

La libertad política no ha podido servir de consuelo a los que no ven beneficio alguno inmediato en ejercerla, ni conservan siempre su independencia de los empleadores que exigen el voto de los obreros en atención al salario que les pagan, ni tienen en su existencia acerba tiempo para entender, ni ocasión o voluntad de gozar, el placer viril que produce la participación en los negocios de la patria.

Pudiera haber influido suave e indirectamente la libertad política en las masas demasiado afligidas o ignorantes para ejercitarla, si el goce de ella hubiese creado en los Estados Unidos condiciones generales de seguridad y bienestar ignorados en los países donde impera una libertad incompleta o un gobierno tiránico. Pero la libertad política, considerada erróneamente, aun en nuestros días, como remate de las aspiraciones de los pueblos y condición única para su felicidad, no es más que el medio indispensable para procurar sin convulsiones el bienestar social: y siendo tal que sin ella no es apreciable la vida, para asegurar la dicha pública, no basta.

La libertad política, que cría sin duda y asegura la dignidad del hombre, no trajo a su establecimiento, ni crió aquí en su desarrollo, un sistema económico que garantizase a lo menos una forma de distribución equitativa de la riqueza; en que sin llegar a nivelaciones ilusorias e injustas, pudiese el trabajador vivir con decoro y sosiego, educar en honor a su familia, y ahorrar para su ancianidad como el legítimo interés de labor de toda su existencia, una suma bastante para librarlo del hambre, o de ese triste trabajo de los viejos que de veras es una ignominia para cuantos no hemos imaginado aún el modo de evitarlo: ¡los viejos son sagrados! cambiaron en detalles de importancia las leyes civiles con el advenimiento de las libertades públicas, pero no se alteraron las relaciones entre los medios y objetos de posesión y los que habían de disfrutarla. Luego, hubo que tomar la selva del Oeste, que fecundar los desiertos del Centro, que desnudar de árboles los montes para tender sobre ellos los ferrocarriles, que emplear para el sometimiento del país medios que por la importancia del objeto y el costo de lograrlo excluían la pequeña propiedad personal y requerían la acumulación de los recursos y la propiedad de muchos: todo tuvo que ser gigantesco, en acuerdo con los fines pasmosos de esta nueva epopeya, escrita por las locomotoras triunfantes en las entrañas de los cerros, sobre criptas, abismos, llanos y abras, escrita con las balas de los rifles sobre el testuz de los búfalos y el pecho de los indios.

La tierra, madre de todo bien y universal sustento, fue repartiéndose en forma y cantidades proporcionadas a los desembolsos y esfuerzos empleados en vencerla. Y a la raíz misma de aquella batalla de las familias con el suelo que se retorcía bajo sus pies en el estío, que en invierno quedaba sepulto bajo silbantes y tormentosas nevadas, comenzó la desigual competencia de la propiedad personal del colono con la propiedad combinada. La tierra pública fue distribuida, con razón o pretexto de empresas de utilidad general, a compañías privadas. Si la seca, los hielos o la competencia arruinaban al colono, lo arruinaban por entero, en tanto que en las compañías sólo comprometían los asociados el capital sobrante o parte de su capital. Así, con otras causas menores, fue en los campos quedando la propiedad en manos de asociaciones omnipotentes y el colono glorioso reduciéndose a agonizante arrendatario.

En las ciudades también caía el peso de la grandeza pública sobre los humildes, porque fuera de aquellos raros casos en que el genio individual se sobrepone a los obstáculos que impiden su desarrollo, exigía el consumo extraordinario de la nación empresas que lo abastaciesen, y no podía levantar frente a ellas las suyas infelices el obrero recién venido y solo que, a más de ganar en apariencia un salario mayor que el de su país nativo, entraba con tal júbilo en el ejercicio de su ser de hombre, que no hubo en mucho tiempo espacio en su mente más que para la satisfacción y la alabanza.

¡A esta embriagadora golosina de la libertad política acudieron, más que a las minas de California y a las próvidas tierras del Oeste, los hombres de todas partes del mundo, y no los menos estimables e impetuosos, sino aquellos que aunque criados en aldeas oscuras en la humildad y en el miedo de lo desconocido, tienen en sí brío suficiente para abandonar el terruño que es toda su existencia, y desafiar el mar y el extranjero, más feroz y temible que el mar!

Pero con ser tantos los que llegaban de todas las aspas de la rosa de los vientos, los noruegos pelirrojos y espaldudos, los alemanes tenaces y tundentes, los italianos brillantes y mansos, los irlandeses caninos, todavía sobraba espacio para contenerlos en las ciudades en que vaciaba sus ubres la tierra recién cubierta, en las fábricas que no producían aún todo lo que la población necesitaba, en las abras y montes argentíferos, y en los llanos que no se cansaban de dar trigo y maíz. Y afanados los hombres en asegurar su prosperidad, fueron abandonando poco a poco la dirección de su libertad política a los que halagaban sus pasiones, o se hacían voceros y patronos de sus intereses, hasta que con el hábito de venderlo todo, y de no dar valor sino a lo que tiene precio, llegó a ser costumbre en los Estados enteros, aun entre la gente acomodada, vender al mejor postor el voto al que no veían un provecho palpable e inmediato. Los que no lo vendían, sin tiempo ni afición para educarse en los asuntos públicos, lo cedían a los más hábiles o locuaces.

Mientras el espacio excedió en las ciudades y en los campos a la muchedumbre que se aglomeraba en ellos, no hubo ocasión de notar la desproporción inconsiderada con que se había distribuido el territorio nacional, ni las condiciones falsas en que se estaban creando las industrias. Pero cuando las fábricas llegaron a producir más de lo que el país necesitaba; cuando la tierra que pedía el colono para trabajar en ella pertenecía de antemano a empresas que no la trabajaban; cuando el valor enorme dado al terreno de las ciudades por la obra común de los habitantes reunidos en ellas se volvía en daño de los mismos que lo producían, obligándoles a pagar por estrechas e inmundas habitaciones sofocantes rentas; cuando ni en la tierra ni en las industrias, poseídas por corporaciones privilegiadas o por herederos dichosos, podían abrirse camino los trabajadores compelidos a recibir como un favor el derecho de trabajar en condiciones impías a cambio de un salario insuficiente para su alimento y abrigo; cuando en los mismos campos vírgenes, sólo el genio y el crimen podían abrirse paso, a tal punto que se volvían contritos a las repúblicas del Plata los emigrantes que retornaron de ellas para aumentar en su patria la fortuna adquirida en la ajena; cuando se palpó que los inventos más útiles, puestos en ejercicio con abundancia ilimitada en el país más libre de la tierra, reproducen en pocos años la misma penuria, la misma desigualdad, las mismas acumulaciones de riqueza y de odio, los mismos sobresaltos y riesgos que en los pueblos de gobierno despótico o libertad inquieta se han acumulado con el concurso de los siglos; cuando se observó definitivamente que la maravilla de la mecánica, la exuberancia del suelo, la masa de población, la enseñanza pública, la tolerancia religiosa y la libertad política, combinadas en el sistema más amplio y viril imaginado por los hombres, crean un nuevo feudalismo en la tierra y en la industria, con todos los elementos de una guerra social, entonces se vio que la libertad política no basta a hacer a los hombres felices, y que hay un vicio de esencia en el sistema que con los elementos más favorables de libertad, población, tierra y trabajo, trae a los que viven en él a un estado de odio y desconfianza constante y creciente, y a la vez que permite la acumulación ilimitada en unas cuantas manos de la riqueza de carácter público, priva a la mayoría trabajadora de las condiciones de salud, fortuna y sosiego indispensables para sobrellevar la vida.

III

Ese es en los Estados Unidos el mal nacional. En otras tierras de menor pujanza, de más tradiciones, de más espíritu de familia, de más apego al suelo, las verdades balbucean largo tiempo antes de convertirse en fórmulas y en actos, cuando la pelea por ellas ha de acarrear trastornos públicos, de adelantarse contra hermanos, de lastimar costumbres venerandas: porque el hombre se ama tanto, que convierte en objeto de adoración y orgullo las faltas mismas del suelo en que ha nacido. Pero en los Estados Unidos, abandonado cada cual a sus esfuerzos propios, batallando los hombres en su mayoría en una tierra que no es suya o sólo lo es desde una generación, habituados a poner en práctica, por lo fácil de los medios y lo apremiante de las necesidades, las soluciones que les parecen urgentes y útiles, las ideas arrollan a poco de nacer, arrollan, sin que las enfrene la tradición, que no existe en este pueblo de recién llegados, ni las suavice la bondad, apagada en el combate angustioso por la vida. Por fortuna, la lentitud forzosa en las determinaciones de las grandes masas de población, esparcida en territorios extensos, reemplaza aquí la paciencia, indispensable para preparar los cambios públicos con probabilidades de victoria. Pero este conflicto social, que con sólo enseñarse en su primer estado de organización ha purificado las relaciones políticas y empequeñecido las cuestiones transitorias que venían pareciendo principales, no es como aquellas ideas redentoras que bajan sobre los pueblos lentamente desde un senado de almas escogidas: no es despacioso, como todos los movimientos expansivos, imaginados por los espíritus de caridad para el bien común, sino batallados y violentos, como todos los movimientos egoístas, producidos por la masa ofendida en beneficio propio. Como este conflicto viene de un estado común a las regiones más apartadas de la República; como este pueblo es en su mayoría de hombres de trabajo, que ya se cansan de luchar en desorden por mejoras locales, en que los vencen casi siempre las empresas poderosas, por la privación, la fuerza o la astucia; como a esas causas generales se une la especial y grave de que los errores del sistema prohibitivo obliga a los empresarios a rebajar el salario de los obreros o el número de ellos en sus fábricas: como su mal es presente y agudo, es la renta del mes, es la ropa empeñada, es el pan que no alcanza; como ha entrado en su mente, devastándola por su misma fuerza de luz, la idea impaciente de que existe un medio de vivir sin tanta zozobra e ignominia; como con hilos de fuego están atando los reformadores de un cabo a otro de la República las almas que estallan, parece ¡infelices! que la paloma anunciadora ha bajado de veras del cielo y que a todos les ha deslizado en el oído el mensaje que hace ponerse en pie, iluminarse el rostro y vestirse de fiesta, para recibir dignamente la bienaventuranza.

Los que no han respirado desde su niñez el aire sano de los pueblos libres; los que vienen febriscitantes y torvos de los pueblos donde se persigue como un crimen la fatiga natural del hombre por asegurar su dignidad y bienestar; los que traen viciado el juicio con las ideas violentas que cría en los espíritu humillados y enérgicos la presión insensata del pensamiento y del derecho incontrastable a investigar las causas de la desdicha y buscar su mejora; los obreros que vienen de Europa sin la práctica de los hábitos de la República, con desconfianza en la utilidad y justicia de las leyes, con el conocimiento indigesto de teorías sociales en que la fantasía generosa, o cierto callado despotismo deslucen los más brillantes planes, ésos, ansiosos de echar afuera su persona comprimida, condensados por la larga espera de su derecho y las agregaciones de la herencia en seres angélicos sedientos de martirio, o en criaturas de venganza, apremian a los obreros norteamericanos o a los que se han hecho ya a los hábitos libres del país, para que intenten por recursos violentos, como los únicos eficaces, la reforma inmediata de las condiciones sociales que producen ese fenómeno vergonzoso e inhumano: la miseria. La miseria no es una desgracia personal: es un delito público. ¿Será ley para el hombre en la naturaleza lo que no lo es para los animales?

Resulta, pues, que la mayoría necesitada del país se ha dado cuenta del malestar que la rebaja y agobia: que palpando en sí misma sus efectos inquiere naturalmente sus causas: que como el hambre y el decoro no son tan pacientes como la filosofía, aun antes de conocer bien las causas se ha determinado a buscar su remedio: que la inmigración incesante de obreros coléricos incita a la mayoría inquieta de trabajadores a que vuelque la fábrica social edificada con tanta injusticia, que el hombre que más duramente trabaja en ella viene a ser reducido a una condición en que no tiene todo el alimento que necesita, ni lo tiene seguro, ni puede criar en honradez la familia que la naturaleza le permite engendrar, ni goza de la libertad y reposo necesarios para impedir que su espíritu, en vez de cumplir la ley universal de aumento y elevación, baje a los lindes mismos de apetito e instinto de la bestia. Estas masas crecen. Crece la inmigración que las azuza. Los salarios no alcanzan a las necesidades. Aumenta la renta y el precio de los artículos de vida. El desarrollo de los grandes inventos sólo aprovecha a las corporaciones que los explotan. Faltan los medios de desenvolver en paz y con éxito la persona del hombre. Faltan los medios de ahorrar y competir. Falta el trabajo. Falta la tierra. Los que padecen, se lo dicen. Los que vienen de afuera, avivan. Los que poseen, resisten. ¿Por dónde echará este mar de fuego? ¿Se aquietará en la paz, o se desbordará en la guerra? ¿Ni en los Estados Unidos siquiera podrá evitarse la guerra social?

¿Será la libertad inútil? ¿No hay virtud de paz, fuerza de amor, adelanto del hombre en la libertad? ¿Produce la libertad los mismos resultados que el despotismo? ¿Un siglo entero de ejercicio pleno de la razón no labra siquiera alguna mejora en los métodos de progreso de nuestra naturaleza? ¿No hacen menos feroz y más inteligente al hombre los hábitos republicanos?

El hombre, en verdad, no es más, cuando más es, que una fiera educada. Eternamente igual a sí propio, ya siga desnudo a Caín, ya asista con casaca galoneada a la inauguración de la estatua de la Libertad, si en lo esencial suyo no cambia, cambia y mejora en el conocimiento de los objetos de la vida y de sus relaciones. Todo el anhelo de la civilización está en volver a la sencillez y justicia de los repartimientos primitivos. Todo el problema social consiste acaso en eliminar los defectos y abusos de relación creados en la época rudimentaria de la acumulación de la especie, en que todavía vivimos, y restablecer en la población acumulada las relaciones puras y justas de las sociedades patriarcales. Pero si en lo esencial no cambia el hombre, no puede ser que produzcan en él igual resultado el despotismo que lo retiene dentro de sí, mordido por su actividad, abochornado por su deshonra, impaciente porque oye de su interior la voz que le dice que falta a su deber humano con no ser por entero quien es y ayudar a los demás a ser, y este otro dulcísimo sistema de la libertad racional del acto y el pensamiento, que no amontona la voluntad presa, ni estruja las sienes con ideas sin salida, sino que tiene al hombre en quietud armoniosa, en el decoro y contento de su ser entero y en el equilibrio saludable entre su actividad y los modos de satisfacerla. No del mismo modo emprenden a correr por el llano los potros sujetos dentro de la cerca que los acostumbrados a pacer libremente. El espíritu desahogado no obra con tanta violencia como el espíritu ahogado. El hombre habituado a ejercitar su fuerza no es tan impaciente, cegable y llevadizo como el que tiene hambre de emplearla. Es esencialmente distinta la disposición amigable y respetuosa de los hombres hechos a su soberanía, de la acción agresiva y turbulenta de los que padecen de sed de ella. El delirio no puede obrar con la hermosura y fecundidad de la salud.

No: no parece que haya sido vano en los Estados Unidos el siglo de República: parece al contrario que será posible, combinando lo interesado de nuestra naturaleza y lo benéfico de las prácticas de la libertad, ir acomodando sobre quicios nuevos sin amalgama de sangre los elementos desiguales y hostiles creados por un sistema que no resulta, después de la prueba, armonioso ni grato a los hombres. Parece que la organización, aconsejada por la inteligencia y servida sin ira por la voluntad, suple con ventaja a la revolución, producto impaciente de la razón mal educada, u ordena la revolución, para el caso en que la provocación inicua la haga imprescindible, de modo que construya cada uno de los actos en que derribe; y no comprometa la suerte pública con los arrebatos de una cólera o los consejos de una venganza a que no tienen derecho los redentores. Parece que el hábito ordenado y constante de la libertad da a los hombres una confianza en su poder que hace innecesaria la violencia.

Obsérvese lo nuevo. Aquí se ofrece ahora un caso original en la vida de los pueblos: están frente a frente los resultados de la educación libre de la República en América, y los de la educación tradicional o intermitente de los pueblos de Europa. Cada uno de estos espíritus pugna por prevalecer, y aconseja medios radicalmente opuestos para llegar al fin que ambos anhelan. La infusión constante de inmigrantes europeos y los violentos hábitos que importan, no ha permitido al

espíritu directo de los Estados Unidos desenvolverse en toda la entereza y extensión de su originalidad, que hubiera hecho más patente
y decisivo el conflicto, y más pura su enseñanza histórica; mas ya se
alcanza a ver que el hábito del éxito y la afirmación de la persona
que vienen del ejercicio constante de la libertad política, no bastan a
impedir las desigualdades consiguientes a una organización social im-
perfecta, pero suavizan dentro de ella los espíritus, crean el miramiento
y respeto comunes, inspiran repulsión a la violencia innecesaria, y
proporcionan los medios precisos para proponer y conseguir en paz
las pruebas y cambios que allí donde no hay libertad política efectiva
sólo obtienen a medias la cólera y la sangre.

¡Oh, sí! De la libertad como de la virtud, está casi vedado hablar,
por ser tantos los que las profanan que quien las ama de veras tiene
miedo de ser confundido con ellos: ¡y hasta de mal gusto está ya pareciendo ser honrado! Pero es cierto que la libertad favorece sin peligros
la expansión y expresión de las cualidades más nobles del hombre, y
más necesarias para la grandeza y paz de los Estados: lo cual debe
decirse, por haber muchos que hacen argumento, para demostrar
su ineficacia, de su aparente fracaso allí donde no se la ha aplicado
con la sinceridad y tolerante espíritu que son su esencia; y porque en
los mismos Estados Unidos, por causas nacionales ajenas a ella, han
ido endureciéndose los caracteres, y avillanándose y perdiéndose las
prácticas cívicas, a tal extremo que los que sólo miran a la superficie
pueden asegurar que las costumbres de la República engendran los
mismos vicios de las monarquías privilegiadas y ociosas, sin mantener
en cambio el ímpetu heroico y la deslumbrante brillantez que suelen
éstas inspirar a sus vasallos.

Pero no. En verdad que en los Estados Unidos el afán exclusivo
por la riqueza pervierte el carácter, hace a los hombres indiferentes a
las cuestiones públicas en que no tienen interés marcado, y no les deja
tiempo ni voluntad para cumplir con su parte de deber en la elaboración y gobierno del país, que abandonan a los que hacen oficio de la
cosa pública, por ver en ella desocupación desahogada y lucrativa.
Mas la justicia irrepresible bulle en el espíritu de los hombres, de alma
apostólica, y en los caracteres sencillos, que padecen y ven padecer
por la falta de ella; y dondequiera que los hombres se juntan crecen
los fariseos y se comen las ciudades, pero por encima de todos ellos,
como criaturas de eterna luz que ningún suplicio agobia, surgen Jesús
y su séquito de pescadores. Aquí han brotado, se han ungido, han
abandonado oficios pingües para servir con más desembarazo a los
menesterosos, han puesto en orden las razones descompuestas de los des-
dichados: y ese mismo espíritu de caridad que en los países oprimidos

lleva por el calor de su fuerza divina a la batalla, aquí, por la fuerza más segura que viene al hombre del empleo constante de su razón, le conduce a buscar la mejora de sus males, la distribución equitativa de los productos del trabajo, por la agresión incontrastable de la palabra justa, por el uso inteligente y terco del voto, gigante que deben criar con apasionado esmero los pueblos que acaso lo desdeñan porque no estudian su poder y no se toman el trabajo de educarlo. Pues bien: después de verlo surgir, temblar, dormir, comerciarse, equivocarse, violarse, venderse, corromperse; después de ver acarnerados los votantes, sitiadas las casillas, volcadas las urnas, falsificados los recuentos, hurtados los más altos oficios, es preciso proclamar, porque es verdad, que el voto es una arma aterradora, incontrastable y solemne, que el voto es el instrumento más eficaz y piadoso que han imaginado para su conducción los hombres.

Esa es la novedad considerable que el ejercicio de la libertad política parece haber traído a la resolución del problema social que se anunció al mundo con tamaños tremendos a fines del siglo pasado, y ha venido naturalmente a plantearse en la plenitud de sus elementos al país donde se reúnen con menos trabas y mejores condiciones los hombres.

Pero con ser tanta esa novedad en la forma del problema, más importante es el modo original con que lo han entendido en los Estados Unidos los hombres acostumbrados a dominar los sucesos y los elementos. Si en cuanto a los métodos no pudo ser inútil el hábito firme de las libertades públicas, tampoco pudo serlo en cuanto a la concepción del problema la costumbre dichosa del norteamericano de resolver prácticamente cada dificultad que va palpando, sin que el afán de cada día le dé tiempo para ofuscar su juicio de antemano con teorías confusas que a la vez rechazan su cuerpo fatigado del combate y su espíritu acostumbrado a lo directo.

Esa paz en el método, y esa genuinidad en la concepción del problema, han sido el servicio peculiar e inestimable de la libertad política, y la sana vida nacional que produce, a la causa del mejoramiento de la sociedad humana. Casi simultáneamente se produjeron en los Estados Unidos los efectos del malestar social, y los apóstoles, los estadistas, los organizadores, los agentes encargados de remediarlo. El hábito de oírlo todo aseguró desde el primer instante el respeto público a los que estudiaron el problema con más cariño para los humildes que miramiento para los poderosos. Y los hombres todos, hechos aquí a serlo, dieron muestra de sentir un legítimo orgullo de especie cuando otro hombre se ejerce y determina, aun cuando la preocupación o la propiedad misma le sean amenazadas.

Método, formas, corporación, lenguaje, todo es en este movimiento social de los Estados Unidos propio y diverso de como es en otras tierras. Los mismos sistemas han producido aquí y allá los mismos efectos; pero la diversa preparación política ha dispuesto a los hombres de diferente manera para remediarlos. Las masas, más educadas, no esperaron a que les marcasen el camino los pensadores generosos que en otros países han revelado a los obreros los males que éstos sentían confusamente; sino que de sí mismas, por brote espontáneo y unánime, se concertaron para buscar el modo de extirpar el mal, mientras que los meditadores esclarecían sus orígenes para ir sobre seguro a curarlo en ellos, y los espíritus de caridad ardiente, previendo el desorden natural en población obrera de tan varios elementos y cultura, se ponen amorosamente de su lado para aconsejarles la acción acordada y pacífica que ha de acabar porque cada boca tenga un pan, y cada viejo ahorre para el fin de su vida una camisa limpia y una almohada blanda.

Un hombre hay en New York en quien dichosamente se reúnen los elementos de trabajo, juicio y amor que producen en los Estados Unidos, en robusto arranque, el combate social más bello, numeroso y breve que hayan visto los siglos: ¡así es, aunque los hombres se resisten, por soberbia y efecto de visión, a dar proporciones grandiosas a lo que ven con sus ojos! Y ese hombre junta a esas condiciones, para tener en sí todas las de la pelea que simboliza la sosegada costumbre de las prácticas de libertad que dan carácter original y modo pacífico de éxito a la reforma social a que la mayoría de la nación parece determinada.

Enseña el estudio hondo de los movimientos humanos que éstos tienden a concentrarse en quien reúne en sí los factores que los impulsan y que el éxito de los caudillos depende del grado e intensidad en que posean los caracteres del movimiento que encabezan. Rápido crece el movimiento obrero, en acuerdo lógico con las demás manifestaciones de la vida en este país de la acumulación maravillosa y la existencia directa. Anda confuso, como todo lo que nace, aunque, para confirmar con esto la virtud de la libertad, más se han esclarecido aquí en cinco años los orígenes del mal social que en un siglo entero de planes europeos. Determinado, sin embargo, el movimiento obrero a intentar en paz sus proyectos de reforma, con la urgencia impuesta por la naturaleza y verdad de los males palpables y crecientes que lo producen, resulta que al presentarse en New York la primer ocasión de exhibir su poder y voluntad en una seria contienda política, se precipita rápido en sus actos y confuso en sus fines a pelear con ímpetu apostólico, con ala de águila, con júbilo de fe, por establecer su decisión e influjo, poniendo en la silla de Corregidor de la ciudad al hombre de armoniosa cabeza y espíritu apacible que por su origen de trabajador, por la fuerza de su piedad, por lo directo y primario de su pensamiento, por el carácter agresivo de su meditación, por su hábito arraigado de las libertades públicas, reúne en su augusta sencillez, hasta en lo osado y discutible de sus planes, los elementos de fondo y forma de la revolución pacífica que representa.

Así ha venido, juntándose como en toda hora crítica la virtud y los que necesitan de ella, a ser Henry George, antes de un libro de fuerza bíblica, el candidato de los obreros de New York para el oficio de Corregidor de la ciudad. Y de allí, al porvenir.

JOSÉ MARTÍ

[*El Partido Liberal*, México, 4, 5 y 6 de noviembre de 1886, tomo III, núms. 506, 507 y 508, pp. 2, 2, 1 y 2, respectivamente.]

SUMARIO: La mujer norteamericana. La "mulata" Lucy Parsons, mestiza de mexicano e indio. Lucy Parsons recorre los Estados Unidos hablando en defensa de su marido, condenado a muerte entre los anarquistas de Chicago. La sentencia no ha amedrentado a las asociaciones de anarquistas. Lucy Parsons en Nueva York. Su elocuencia. Escena memorable en Clarendon Hall. Carácter viril de la mujer norteamericana y su razón. Una mujer decide el debate en una convención política. La mujer como organizadora y empresaria. La mujer en los teatros: Helen Dauvray: Lilian Olcot y la *Fédora* de Sardou. Mrs. Langtry.

New York, 17 de octubre de 1886

Señor Director de *El Partido Liberal*.

"Santo es el mismo crimen, cuando nace de una semilla de justicia. El horror de los medios no basta en los delitos de carácter público a sofocar la simpatía que inspira la humanidad de la intención. El verdadero culpable de un delito no es el que lo comete, sino el que provoca a cometerlo": eso parecía decir ayer a los que la observaban de cerca la reunión de los anarquistas en New York. ¿Y se creía que la sentencia a muerte de los siete anarquistas de Chicago, los convictos en el proceso de la bomba, los había hecho enmudecer? ¡Como una condecoración llevan al pecho desde entonces hombres y mujeres la rosa encarnada! Ahora parecen más que antes: se reúnen con más frecuencia: afirman con más atrevimiento sus ideas: se ven injustamente miserables; desesperan de la posibilidad de reducir al mundo por la ley a un sistema equitativo; se sienten como purificados y glorificados por el espíritu humanitario de sus dogmas; se convencen de que la civilización que usa la pólvora para hacer cumplir su concepto de la ley, no es más legal ante el alma del hombre que la reforma que, para hacer cumplir la ley tal como la concibe, usa la dinamita, que no es más que pólvora concentrada. Y como cualquiera que sea el extravío de sus medios y la locura de su propaganda, es verdad que ésta y aquéllos arrancan de un espíritu de justicia ofendido en las clases humildes siglo sobre siglo, y de una compasión febril por los dolores del linaje humano, resulta, hoy como siempre, que el mundo se dispone a olvidar las manchas rojas que deshonran la mano, atraído por el rayo de luz que brota de la frente: y que un grano de piedad basta a excusar una tonelada de crimen.

En la certeza de sus móviles humanitarios toman fuerza para arrostrar el martirio estas criaturas de juicio desequilibrado, ya por la viveza e intensidad de sus penas, ya porque no es la fetidez de los agujeros de los artesanos buen lugar de cría para la divina paciencia con que soportan el ultraje los redentores. Si a duras penas concibe cada civilización un Jesús, ¿cómo se pretende que sea un Jesús cada uno de estos pobres trabajadores? Así al ver próximos a morir a siete de sus compañeros en la horca, no se paran a pensar en que de sus manos salió un proyectil de muerte, porque no ven su proyectil más criminal que la bala de un soldado, que también sale a matar en la batalla sin saber adónde: sólo ven que van a morir sus siete amigos por el delito de buscar sinceramente el que ellos miran como modo de hacer feliz al hombre; y los arrebata, esa es la verdad, la misma voluptuosidad de sacrificio que poseyó cuando la iglesia virgen a los mártires cristianos. ¡Ah, no: no es en la rama donde debe matarse el crimen, sino en la raíz! No es en los anarquistas donde debe ahorcarse el anarquismo, sino en la injusta desigualdad social que los produce.

Aquí el aire está cargado de estos problemas: no hay otra cosa en el aire: se oye el ruido cercano de la cólera: en New York los trabajadores, partidarios de la nacionalización de la tierra, están a punto de sacar a su apóstol Henry George Mayor de la ciudad: en Richmond hay un Congreso de Caballeros del Trabajo, que hace alarde de simpatía a la raza negra: en todos los Estados los gremios de obreros entran en masa en la política, y en algunos triunfan de lleno y eligen casi sin obstáculos a la legislatura y al gobernador: todavía funcionan por encima, como actores segundones que entretienen la escena, los partidos y personajes que han perdido con el uso su eficacia y pureza; pero de todas partes se asiste a la elaboración de una fuerza tremenda: nadie se oculta la importancia de los nuevos sucesos: es preciso hablar de esto.

Sí: los anarquistas no temen al sacrificio, y aun lo provocan, como los héroes cristianos. Sus sufrimientos explican su violencia; pero esta misma parece menos repugnante por la generosa pasión que los inspira. Y se ve aquí, como en aquellos tiempos de almas, que esa exuberancia de amor al hombre crea lazos más fuertes entre los que la sienten en común, y da al cariño de los amantes y a los deberes de familia una poesía e intensidad que les visten de flores el martirio.

Ayer mismo se asistió en New York a una escena de interés penetrante y extraordinario. En ninguna iglesia de la ciudad hubo ayer domingo un sacerdote más ferviente; ni una congregación más atribulada, que en Clarendon Hall, el salón de los desterrados y los pobres. Pugnaba en vano la concurrencia de afuera por entrar en la sala atestada, donde hablaba a los anarquistas de New York, alemanes en su mayor parte, la Lucy Parsons, la "mulata" elocuente: Lucy Parsons, la esposa de uno de los anarquistas condenados en Chicago a la horca.

El sábado llegó. Anda hablando de ciudad en ciudad para levantar la opinión pública contra la ejecución de la sentencia a muerte. En la estación la esperaban un centenar de personas, y entre ellas muchas mujeres y niños. Todas las mujeres la besaron: lloraban casi todas: dos niñas le ofrecieron un ramo de rosas rojas: "La bandera roja, dice ella, no significa sangre: significa que las grandes fábricas donde hoy se asesina el alma y cuerpo de los niños, se convertirán pronto en verdaderos kinder gartens." Sabe de evolución y revolución, y de fuerzas medias, de todo lo cual habla con capacidad de economista lo mismo en inglés que en castellano. "La anarquía está, según ella, en su estado de evolución: luego vendrá la revolución, si es imprescindible: y luego la justicia." "La anarquía no es desorden, sino un nuevo orden." He aquí cómo ella misma la describe, con sus propias palabras: "Pedimos la descentralización del poder en grupos o clases. Los agricultores proveerán a la comunidad con un tanto de los productos de la tierra, con otro tanto de zapatos los zapateros, los sombrereros con otro tanto de sombreros, y así cada uno de los grupos, de modo que quede cubierto el consumo nacional; del que se publicará una cuidadosa estadística. La tierra será poseída en común, y no habrá por consiguiente renta, ni intereses, ni ganancias, ni corporaciones, ni el poder del dinero acumulado. No pesará sobre los trabajadores la tarea brutal que hoy pesa. Los niños no se corromperán en las fábricas, que es lo mismo que corromper a la nación; sino irán a los museos y a las escuelas. No se trabajará desde el alba hasta el crepúsculo y los obreros tendrán tiempo de cultivar su mente y salir de la condición de bestia en que vive ahora. El que trabaje comerá, dentro de nuestro sistema, y el que no, perecerá, lo mismo que hoy: pero no se amontonarán capitales locos, que tientan a todos los abusos: no habrá dinero de sobra con que corromper a los legisladores y a los jueces: no habrá la miseria que viene del exceso de la producción, porque sólo se producirá en cada ramo lo necesario para la vida nacional."

De todo esto, por supuesto, sólo se puede considerar el buen deseo, y la verdad de los dolores punzantes que por serlo tanto llevan los planes de reforma a tal exceso. En esos planes falta el espacio preciso para el crecimiento irrepresible de la naturaleza humana, que es la base de todo sistema social posible; porque un conjunto de hombres, sólo por transición y descanso puede ser distinto de como el hombre es: lo innatural, aun cuando sea lo perfecto, no vive largo tiempo. El hombre tratará de satisfacer siempre en lo tangible del mundo su ansia de lo desconocido e inmenso. A Lucy Parsons le dicen mulata por su color cobrizo. Es mestiza de indio y mexicano. Tiene el pelo ondeado y sedoso: la frente clara, y alta por las cejas: los ojos grandes, apartados y relucientes; los labios llenos; las manos finas y de linda forma. Viste toda de brocado negro: usa largos pendientes: habla con una voz suave y sonora, que parece nacerle de las entrañas, y conmueve las de los que la escuchan. ¿Por qué no ha de decirse? Esa mujer habló ayer con todo el brío de los grandes oradores. Rebosaba la pena, es verdad, en los corazones de los que la oían: y auditorio conmovido quiere decir orador triunfante; pero a ella, más que del arte natural con que gradúa y acumula sus efectos, le viene su poder de elocuencia de donde viene siempre, de la intensidad de la convicción. A veces su palabra levanta ampollas, como un látigo; de pronto rompe en un arranque cómico, que parece roído con labios de hueso, por lo frío y lo duro; sin transición, porque lo vasto de su pena y creencia no la necesitan, se levanta con extraño poder a lo patético, y arranca a su voluntad sollozos y lágrimas. Momentos hubo en que no se percibía más ruido en la asamblea que su voz inspirada, que fluía lentamente de sus labios, como globos de fuego, y la respiración anhelosa de los que retenían por oírla los sollozos en la garganta. Cuando acabó de hablar esta mestiza de mexicano e indio, todas las cabezas estaban inclinadas, como cuando se ora sobre los bancos de la iglesia, y parecía la sala henchida, un campo de espigas encorvadas por el viento.

No desenvuelve la palabra graciosamente, sino la emite con la violencia de la catapulta. Los ojos ora le relampaguean, ora se le llenan de llanto: adelanta el brazo con lentitud, como si lo retuviese al extenderlo: todo en ella parece invitar a creer y subir. Su discurso, de puro sincero, resulta literario. Ondea sus doctrinas, como una bandera: no pide merced para los condenados a muerte, para su propio marido, sino denuncia las causas y cómplices de la miseria que lleva los hombres a la desesperación: dice que en la reunión en que estalló la bomba, la policía se echó encima de los hombres y mujeres con el revólver en la mano y el asesinato en los ojos: los anarquistas llevaron allí la bomba, para resistir, como la policía llevó el revólver, para atacar: "¡Miente, exclama, el que diga que Spies y Fischer arrojaron la bomba!" No se abochorna de confesar sus hábitos llanos: "Fischer, dice, estaba entonces tomando cerveza conmigo en un salón cercano. ¿Quién ha dicho en el proceso que vio tirar la bomba, a ninguno de los condenados? ¿Acaso los que van a matar llevan a ver el crimen, como llevó mi marido, a su mujer y a sus hijos? ¡Ah, la prensa, las clases ricas, el miedo a este levantamiento formidable de nuestra justicia ha falseado la verdad en ese proceso ridículo e inicuo! Alguno, indignado por el asalto de los policías, lanzó la bomba que causó las muertes: ¿qué culpa tiene el dolor humano de que la ciencia haya puesto a su alcance la dinamita?"

Cuando habla de la miseria de los obreros, halla frases como ésta: "Oigo vibrar y palpitar las fábricas inmensas; pero sé que hay mujeres que tienen que andar quince millas al día para ganar una miserable pitanza." "Decid que no es verdad, a los que os dicen que aquí se adelanta. Cuando a mis propios ojos andaban en Chicago descalzos diez mil hijos de obreros, en Washington se presentaba en un baile una señora con todo el vestido lleno de diamantes, que valían $850 000: y otra llevaba en el pelo $75 000, ¡y el pelo después de todo no era suyo! ¡No! ¡no es bueno que los ojos de nuestros hijos pierdan su luz puliendo esos diamantes!" "¡Oh, pobre niño de las fábricas —seguía diciendo con el cuerpo inclinado hacia adelante, con la voz convulsa, con las manos tendidas a su auditorio en gesto de plegaria—, oh pobre niño de las fábricas: las lágrimas que ahora hacen correr por tus mejillas la avaricia y la brutalidad, se trasformarán pronto en caricias y en besos. Los hombres que las ven correr las secarán con sus robustos brazos. No los detendrá en su camino de justicia el hambre, la mentira ni la horca, sino se erguirán y padecerán como sus padres bravamente, y salvarán por sobre sus cabezas, si es preciso a sus hijos!"

En este instante, la concurrencia que se apretaba a las puertas, aprovechando el silencio de emoción que acogió estas palabras, braceó por entrar en la sala. No podían. "¡Hurrah, gritó una voz, hurrah por los anarquistas de Chicago!" Por un impulso unánime saltó sobre sus pies la concurrencia. Dicen que temblaban las mejillas de ver aquella escena. Les corrían las lágrimas a los hombres barbados. Las mujeres, de pie sobre los asientos, movían sus pañuelos. Las niñas gritaban "hurrah" alzando sus manecitas, subidas sobre los hombros de sus padres. ¡Hay tanto triste en el mundo que de recordar estas cosas se aprieta involuntariamente la garganta! La Marsellesa unió a ese arrebato sus notas eternas.

Singular espectáculo, el de esa mujer que recorre los Estados Unidos pidiendo desde los escenarios, desde las aceras, desde las plazas públicas, justicia para su propio esposo condenado a muerte. Pero no parece tan raro si se observa la prominencia curiosísima de la mujer en la vida norteamericana. No se trata sólo de aquel rudo desembarazo y libertad afeadora de que aquí la mujer goza; sino de la condensación de ellas, con el curso del tiempo, en una fuerza viril que en sus efectos y métodos se confunde con la fuerza del hombre. Esta condición, útil para el individuo y funesta para la especie, viene de la frecuencia con que la mujer se ve aquí abandonada a sí misma, de lo mudable de la fortuna en este país de atrevimiento, y de lo inseguro de las relaciones conyugales. Aquella encantadora dependencia de la mujer nuestra, que da tanto señorío a la que la sufre, y estimula tanto al hombre a hacerla grata, aquí se convierte en lo general por lo interesado de los espíritus en una relación hostil, en que evaporada el alba de la boda, el hombre no ve más que la obligación, y la mujer más que su comodidad y su derecho. Ni cede la mujer tan dulce y ampliamente a su misión de darse, como se da a la noche la luz de las estrellas; sino que, por lo áspero e independiente de la existencia, el amor va quedando en ellas, cuando no muerto, amenguado hasta su expresión fea de sentido: y como sólo se aperciben de él en esta forma tediosa e intermitente, tiénenlo en mucho menos que la independencia que conviene a sus espíritus sin cariño. En otros casos desenvuelve la persona de la mujer su larga soledad, las pruebas de una vida sin simpatía ni apoyo, o el disgusto de un brutal marido. Y así se ve vencer a muchas mujeres en la lucha de la vida por su intrepidez y su talento, no sólo en los gratos oficios de arte y letras que requieren delicadeza e imaginación; sino en la creación y manejo de empresas complicadas, en el desempeño trabajoso de empleos nacionales, y en la fatiga de los combates políticos. Pero esta victoria es genuina y absoluta, independiente de todo encanto de sexo y de la extravagancia y ridiculez con que aquí mismo se distinguían hasta hace poco las tentativas de la mujer por emplearse en los oficios del hombre.

No hay día en verdad, sin caso notable. Hace unas dos semanas luchaban con escándalo los partidarios de una Convención política, y fueron vanos durante días enteros los empeños de calmarla, hasta que una señora que disfruta de buen nombre de abogado expuso con tal lucidez las quejas de una y otra parte, y los llamó a razón en un discurson tan lógico, que la Convención votó con ella, y hoy la miran como árbitro de la política del Estado, sin que la acuse nadie de "media azul", como llaman aquí a las marisabidillas, antes dicen que lleva su triunfo con sencillez y modestia.

En New York crece a ojos vistas la fortuna de una bella señora que se vio caer en un día de lo más alto de la riqueza a la miseria en su palacio vacío: le quedaban sus muebles inútiles, sus hijos sin pan, su puerta sin amigos y su marido en fuga. Sabía que en una tienda de objetos de arte apreciaban mucho el gusto fino de que había dado muestras cuando compraba en su hora de abundancia las lindas chucherías de que tiene aún llena su casa: y la aristocrática mujer que tenía fama en las mayores ciudades de Estados Unidos, de rica y hermosa, ofreció sus servicios como vendedora a la tienda de objetos artísticos. Llamaron pronto la atención a los parroquianos el tino de sus consejos, y la gracia con que disponía las compras en sus casas. Empezaron a comisionarla para que alhajase casas enteras. Se puso al oficio con una bravura de domadora. Con sus primeros ahorros imprimió circulares. Y en tres años apenas ha levantado con su industria tan amplio modo de vivir que ya puede habitar su casa propia, a donde ha vuelto por camino más seguro a manos de la mujer el lujo que se perdió en ella a manos del esposo.

Y hoy mismo se lee en los diarios otra curiosa noticia. Acá se ha zurcido una compañía de Ópera americana, compuesta de alemanes, franceses, suecos, italianos, y una bailarina de Boston: y la verdad es que el año pasado no cantaron mal, y está en vías de formarse permanentemente con sus productos un Conservatorio de música, donde de veras aprendan arte los aficionados americanos. En un año se puso en pie la empresa, contrató gran número de artistas, creó un cuerpo de baile; representó en los teatros mejores de los Estados Unidos, ganó lindamente ciento cincuenta mil pesos. Porque sólo por ser americana, se llenaban los teatros de gente. ¿Y quién sacó sobre sus hombros toda esta obra? Una señora rica, que la concibió y puso en práctica; que reunió entre amigos la primera suma, que organizó a su modo la administración, y que ahora, dejando sin pena su casa de New York, está en San Luis agenciando la colecta de unos cincuenta mil pesos que necesita para llevar a término su empresa favorita.

En los teatros, no sólo triunfan las damas como actrices, sino como organizadoras y dueñas. Helen Daubray, que es americana a pesar de lo francés del nombre, ha establecido por primera vez, en un teatro en bancarrota, el drama nativo: un drama que dicen bello, aunque las escenas de más vida suceden en una estación de telégrafos, y descarrilamientos y telegramas figuran entre los recursos de la trama: dos trenes chocan en la escena: la heroína se decide en su deber de telegrafista a poner un despacho que ha de costarle su propia ventura. En otro teatro, Lilian Olcot, una actriz sin talento, compra a Sardou mismo en París e introduce aquí con pompa, esa rapsodia desconocida y brillante que morirá con Sarah Bernhardt y sus decoraciones, a quienes debe la majestad e interés aparente que la salvan, porque fuera de la habilidad de zurcidos que en algunas escenas maravilla, es *Fédora* una desmayadísima invención, en que no vibra la humanidad, ni el interés cubre los huecos de la armadura, ni se levanta un carácter. Y Mrs. Langtry, con su talle de flor, tiene lleno de aromas, y de música maga y sutil el teatro de la Quinta Avenida donde, realzando con un talento verdadero su exquisita hermosura, representa con la compañía de que es cabeza esa finísima comedia de Sardou *Nos intîmes*, que en inglés se llama *El peligro de una esposa*. No parece mujer, sino lira, o jazmín que anda.

JOSÉ MARTÍ

[*El Partido Liberal*, México, 7 de noviembre de 1886, tomo III, núm. 509, p. 2.]

IX(18). CORRESPONDENCIA PARTICULAR DE *EL PARTIDO LIBERAL*

SUMARIO: El millonario Stewart y su mujer. Henry George. El libro *Progress and poverty.* "El movimiento obrero." Lucy Parsons en Orange. Muerte de la viuda de Stewart. El carácter de Stewart. Vida sombría de su viuda. Un rico abominable. Su palacio. Sus cuadros: el "Napoleón" de Meissonier y la "Playa de Portici" de Fortuny. Henry George. Cómo se pagan los gastos de las elecciones. El libro de George: *Progress and poverty.* Sumario de sus teorías sobre la nacionalización de la tierra. Su programa social. Espíritu del libro. El hombre. Su apariencia. Entusiasmo de los obreros. Carros vestidos de flores.

New York, 27 de octubre de 1886

Señor Director de *El Partido Liberal.*

Se amontonan los sucesos. Están en la ciudad los delegados para la fiesta de la estatua de la Libertad. Como una curiosa, no como una entusiasta, se prepara la ciudad para la fiesta. Con actividad deslumbrante, con palabra moisiaca, con popularidad espléndida continúa Henry George su campaña de elecciones para Corregidor de New York, contra Roosevelt, el joven millonario a quien han sacado candidato los republicanos ricos, y Hewitt, el yerno opulento de Peter Cooper, hombre benévolo y respetable que se ha prestado por comidillas de partido a representar en su candidatura a las dos alas podridas del partido demócrata en New York, "Jammany Hall" y la "Democracia del Condado", asociaciones de políticos de oficio. Pero todavía hallan espacio los periódicos para reseñar con detención y asombro la campaña anarquista de la mulata Lucy Parsons.

Sigue de pueblo en pueblo exhalando las quejas de su clase, en discursos inspirados y dramáticos, abriendo de un empellón la puerta de la sala que tenía alquilada y le cerraba luego el dueño, haciendo caer con sus razones el fusil de las manos del centinela que acude a poner la bayoneta al pecho de los que querían entrar en el salón. En Orange fue todo eso. Lucy Parsons hablaba de pie sobre un banco, en una esquina oscura de la sala: las manos le temblaban todavía, las manos con que acababa de hacer caer el fusil de la centinela avergonzada: unos doscientos curiosos habría en el salón, pero lejos de ella, para no

confundirse con el grupo de anarquistas que la rodeaban: ella se desta-
caba sobre el grupo, el busto todo negro, el rostro encendido, el gesto
ardiente y rápido: a sus pies, a un extremo del banco, estaba sentado
un alemán de lívida palidez y pelo rojo, que la envolvía con la mirada
adoradora: al otro lado estaba el banco lleno de rosas encarnadas. Así
habló; habló hora y media: "¡Nuestra bandera roja, decía, es el símbolo de la sangre que corre igual en todas las venas de la especie
humana!"

A esas mismas horas moría en Nueva York, en su palacio de mármol, una mujer también singular, pero por su soledad y sordidez: la
mujer de aquel rico abominable y duro, que jamás secó una lágrima,
de Stewart, el "príncipe mercader", el que levantó en Broadway una
colosal casa de hierro para vender bajo una augusta rotonda sus tercio-
pelos y sus cintas, el que de una vara de medir hizo florecer ochenta
millones. Se secaba todo lo que Stewart veía. Le obedecía el dinero,
como si fuera su perro. Pagaba sus cuentas puntualmente, como tanto
hombre honrado, y tantos que no lo son. Jamás faltaba a sus contratos:
pero aunque se muriese a sus pies —eso fue verdad—, aunque se muriese a sus pies cubierto de llanto un infeliz que no podía cumplirle el
suyo, se lo exigía con frialdad satánica. Por donde quiera que se le to-
case, era de piedra. ¡Debe estar pereciendo de sed, donde quiera que
esté ahora!

Momificó a su mujer, que ha vivido y muerto como una prisio-
nera. Ella parece haber sido como él, de alma hirsuta. Su mano, que
sabía escoger colores, no sabía tenderse. La desgracia hallaba cerrado
el camino de su corazón. Con su mano de hierro le había ido quitando su marido de la frente todas las gracias de la juventud. Corne-
lia Clinch no fue fea, ni pobre, ni mal educada, ni de escasa inteligencia: hija de un comerciante rico, parecía haberse concentrado en
ella los hábitos de rapacidad y previsión que suele desarrollar el ejercicio del comercio, y ella adivinó y sirvió en la naturaleza buitral de
su marido. Él, comido por la pasión de la riqueza, desenvolvió con la
posesión de ella una brutalidad fría, que junto a su poder de organización y su firmeza de cálculo, constituyó una persona pujante y
extraña, a quien el éxito gigantesco dio apariencia de genio. ¡Ay!
millones corrían diariamente sobre sus mostradores; manzanas de
palacios eran suyas; suyos teatros y jardines suntuosos; suya la casa
de mármol y oro donde su mujer ha muerto; suya la soberana colección de cuadros, de Meissoniers, de Munkaczys, de Rosa Bonheurs, de
Madrazos, pobres cuadros presos que parece que se quejan en su galería desierta, donde la avaricia de los amos apenas deja penetrar mirada
viva; ochenta millones tenía Stewart a su muerte hace diez años; pero
cuando de su sepulcro robaron ladrones desconocidos su cadáver, dicen

que en New York mucha gente reía como de un chiste, y era común oír por las calles aquel día: "¡le dieron su merecido!"

Algo de espectro va unido a su memoria. Recogía del suelo los alfileres que encontraba al paso; pero dar, jamás dio un alfiler a nadie. Todavía tienen cara de esclavos los dependientes que sirven en su tienda. Y cuando concibió la construcción de un edificio monumental para habitaciones de trabajadoras —un edificio de hierro como él— imaginó para las infelices inquilinas de su lóbrego palacio un reglamento tan impío, que las pobres criaturas huyeron de la jaula, espantadas de aquella grandeza de ataúd.

Por su mujer tenía un rudo respeto, y unos como estallidos de complacencia, que su áspero sentido de justicia le movía a mostrar en donaciones o caprichos ricos a la que le ayudó con el consejo y el trabajo en su juventud difícil: cuando él vendía sus lienzos sobre el mostrador, ella, en lo alto de la casa, sacaba al aire los colchones, cocinaba, barría, bruñía con su puño de mujer sana los muebles. ¡En ella respetaba él las cualidades que aplaudía en sí y se amaba a sí propio en ella, como en todo lo que le pertenecía, por lo cual gustó de engrandecer, de iluminar, de decorar, de buir de oro todas sus pertenencias, su mujer como su casa! Lo agudo de su deseo se pinta en su decisión de que todos sus edificios fuesen del más puro blanco. Y como en la soberbia adoración de su persona en que vivía aquel gran patán, su mujer era entre sus propiedades vivas la que tenía más de él, y la ojeaba el mundo como a él mismo, construyó para ella una casa que parece un ara, toda cuadrada y blanca, los suelos de mosaico, las escaleras del mármol más fino, las alfombras con los mismos frisos que bordaban los techos, las paredes vestidas de lienzos de los pintores más famosos. Y allí vivió y ha muerto la solitaria señora, cautiva en su riqueza como en una red, defendida como un fuerte por los canes que esperan el bocado, subida en las alturas de su palacio como un alma montada viva, por arte de fantástico joyero, sobre una sortija negra. Una colosal mano secante parecía estar perpetuamente posada sobre esa casa blanca que parece oscura. Por donde quiera que se acercase uno a la casa o a los que la guardaban, salía a recibirlo un erizo.

Como por entre púas de ellos era necesario pasar para conseguir ver de soslayo los pobres cuadros presos. El ujier vigilaba al privilegiado visitante como si se fuese a llevar con la mirada las figuras. Allí está el Napoleón de 1807, la más bella y humana persona del pincel duro y perfecto de Meissonier, allí está, en un lienzo incomparable, hermoso el Napoleón como un Júpiter joven, arrebatados y heroicos a su alrededor en grupos magníficos sus capitanes: el color mismo de aquella atmósfera triunfante, el caldeado azul, el luminoso vapor, están hablando de imperio y victoria: por la yerba se ve correr la savia: todo el ardiente poema está en la retina de cada caballo.

Y allí están de Fortuny esos dos pasmos de la perspectiva: su "Aquietador de serpientes" echado en medio de ellas sobre una alfombra al aire oscuro y tibio, por el que sube de la esbelta figura el pensamiento profundo, como surgiría un espíritu de esfinge de un cáliz de rosa: y su "Playa de Portici", su cuadro gozoso, su cuadro fresco y libre, el cuadro de su alma, en el que se acercó tanto a la luz que cayó de ella para morir, como caen las mariposas, con las alas abrasadas. Murió sin acabarla. Su familia misma es la que pintó en el cuadro, su mujer cosiendo, su cuñada herborizando, sus hijas retozando, en un cantero abierto no lejos de la playa. Allá, en lo hondo del cuadro, una puerta que da a la ciudad, que por aquel agujero se adivina entera. Creciendo con soberbio atrevimiento viene de la puerta por un lado del lienzo un muro blanco, apenas interrumpido por un rosal en flor: y el cochero dormilón y coche y jaco que reposan a la espera, son todos juntos más pequeños que la flor amarilla que se abre a los pies de la linda señora en lo bajo del cuadro. Del otro lado, lleno de bañistas menudos como hormigas, se extiende el agua límpida, azul, fosforescente; pero la maravilla está en el modo, allí visible, con que Fortuny tendía y mezclaba sobre el lienzo las capas de color que, rebujadas y bruñidas luego con arte suavísimo, dan a sus telas aquel claror sereno y caliente en que parece que van a abrirse las rosas y a volar los pájaros: tal es como si se asistiera en una nube al nacimiento de la luz.

Entre esos tesoros languidecía oscuramente la desdichada señora. Mujer fue también, mujer de alas de fuego, Teresa de Jesús, la que dijo aquella sentencia sublime: "desgraciado el que no puede amar".

Un grupo de trabajadores salía ayer por la tarde de colgar de negro las ventanas del Palacio, y un curioso que tiene por oficio ir a ver por sí toda cosa o persona típica en algún modo de los países en que vive, para sorprender a los pueblos en su hora de horror, notó que todos ellos llevaban colgando de una cinta blanca en la solapa una medalla de Henry George; Henry George pasó poco después por las cercanías de la casa, en su camino a una junta de cigarreros, a quienes había prometido ir a hablar a la salida del trabajo.

Y eso es diario, desde que comenzó la campaña de las elecciones, e improvisaron los obreros de New York su partido político. Antes, diez mil pesos por lo menos tenía que pagar cada aspirante a un puesto en el Congreso, a la asociación de su partido que lo escogía para la candidatura; y si la elección era para Corregidor de la ciudad u otro oficio magno, de los que recaman de oro a los que los disfrutan, dicen que hasta cien mil pesos ha solido pagar el candidato a la Asociación;

para las expensas de la campaña, en que se hace gran tráfico, porque
por naturaleza son secretas: y lo más no es para los pagos lícitos —propagandas de ideas, impresión de boletos, alquiler de salones, trasparentes, paradas, banderines—, sino para comprar votos: aunque la
verdad es que sólo para lo lícito se necesita una fortuna, porque
durante todo un mes hay que tener a la ciudad atenta y viva en todos
sus Distritos con reuniones diarias, que improvisar periódicos, que distribuir folletos, que pagar en cada Distrito una sala propia, que abejear
día y noche por toda la ciudad, que mover un millar de hombres por
carros y ferrocarriles para que exciten simpatías, domen rebeldes y
acallen dudas en los doscientos mil votantes que se disputan diente
a diente los partidos en liza. Y ahora, ¡oh entusiasmo que engendra
montañas! todo eso lo está haciendo el partido del trabajo, el temidísimo *"Labor party"*, sin que desembolse miles ni cientos su candidato
honrado, que a duras penas se ha hecho con sus libros, sobre todo con
Progress and poverty, un mediano pasar: ¿quién no sabe que *Progress
and poverty* es una obra admirable, un examen hondísimo de los males
humanos y sus causas, un libro vivo, con carne y con hueso, en que se
estudian con bíblico espíritu las relaciones actuales de los hombres,
y la razón innatural del divorcio en que, para la mayoría de los hombres útiles, andan el bienestar privado y el progreso público? Ya está
la obra traducida a toda lengua viva; y ha recibido más encomio, y
causado más sorpresa, que lo que en estos últimos tiempos haya publicado pensador alguno. Aquí está en todas las manos, y los trabajadores lo han hecho su libro de bolsillo. Ya desde hace años era libro
de estudio para todo hombre de importancial pensamiento. Como que
tiene una idea nueva, que parece a pesar de su osadía surgir naturalmente del examen cerrado que la precede; como que no esquiva faz
alguna del problema social en los pueblos prósperos, y después de conocerlo en todas sus fases y raíces, procura remediar en paz las agonías
que ya se echan encima con gritos de guerra: como que luego de
exponer la triste manera en que el bienestar y el decoro de la masa
de los hombres va reduciéndose aun en los pueblos libres, a medida
que progresa y aumenta la Nación, llega a asentar que todo el mal
viene de la acumulación de la tierra en manos privadas, y sostiene
que el problema de la pobreza no tiene en estos pueblos grandes más
remedio que ir convirtiendo pacíficamente por una reforma en la tarifa
toda la tierra, que la naturaleza creó para todos los hombres, en propiedad nacional, por cuyo uso pague el ocupante a la comunidad,
explótelo o no, el alquiler de la tierra que ocupa, el cual irá como
contribución única, a pagar las legítimas expensas del Erario, quien
no tendrá de esa manera que agravar los costos de la vida con los
derechos de Aduanas, y aún podrá, con lo que ha de sobrarle, reunir

en sus manos y gobernar por sí todos los medios de comunicación necesaria para la felicidad humana, que por no poder existir sin el elemento nacional de la tierra, pertenecen de derecho a la Nación para el beneficio de sus habitantes.

Y así va, de lógica en lógica, engranándose y ensanchándose el sistema. Es todo médula y no cabe en extracto. Así, dice Henry George, no se crearía, sino por la misma nación que ha de beneficiarse de ella, esa acumulación de propiedad de naturaleza pública que priva al hombre, nacido con derecho a vivir, de condiciones naturales e iguales de lucha y existencia. Así, teniendo que pagar al Erario alquiler por la tierra que retuviesen, no mantendrían los especuladores en ocio la tierra porque otros hombres gimen, hasta que estos hombres, en virtud precisamente de los adelantos traídos al suelo con su propio trabajo, tengan que pagar a mayor precio la tierra que mientras más la adelantan ellos, más va convirtiéndose en su azote. Así no se aprovecharían inmoralmente, creando cóleras enormes y justas los propietarios del suelo de la labor de la comunidad que le da más valor, y a la que obligan a pagar en renta por la tierra el mismo aumento de precio que la comunidad produce. Así todo el que pudiese compensar al Erario el uso del terreno, levantaría sobre él su casa, y habría muchas casas, y a precio llano, y no tendrían que amontonarse como ahora los obreros a millares en esas cuevas gigantes y hediondas, porque lo alto del alquiler no les deja tener un rincón limpio, y el mantenimiento del suelo en pocas manos les priva de terreno donde fabricar lo propio. Así, resolviendo el problema social sin catástrofe ni violencia, se resolvería el industrial, que está en la raíz de él, porque bastando con la renta de la tierra para todos los gastos del Erario, los artículos de uso podrían entrar sin los gravámenes de aduana que los hacen caros y reducen el valor real del salario, y con el abaratamiento consiguiente de éste en virtud del abaratamiento de la vida, sería dable, unido a la entrada libre de las materias de producción, producir para el comercio del mundo los precios bajos a que no es posible producir ahora. Así, en una nación de propietarios bien proporcionados y de trabajadores satisfechos, cada hombre gozaría en seguridad, sin ira ni envidia, de todo lo que es legítimamente suyo, porque lo puede producir con su mente o sus brazos, dejando sólo de poseer aquello que desde Santo Tomás de Aquino hasta Hebert Spencer vienen reconociendo en principio los filósofos que no puede ser propiedad privada, por lo mismo que no es el aire, la tierra pública.

Bien se ve que el que propaga esas ideas, con tal mesura que hasta hoy que empiezan a hacerse sentir sólo hubo para él plácemes, no está hecho en los tiempos corrientes para agregar fortuna. También George paga renta, y vive de lo que le da la pluma que en él parece ser de paloma entrada en edad, por lo amoroso y tierno de su juicio; y más parece que ha de ser de paloma por lo apretado y puro del color, y porque como las plumas de ella es suave su argumento en forma y en sentido, sólo que es paloma misteriosa, que trae en el seno a una águila. Porque pequeño de cuerpo como es, es tan robusto de pensamiento que le sale ciceroniana la elocuencia; y tan crecido en lo interior, que cuando habla de verdad los oponentes se le achican, y van desapareciendo por ensalmo, sin que haga él más que irse con cierto paso ligero sobre ellos, y apretar bien las dos manos por detrás de la cintura.

Ya le llaman de apodo "el pequeño gigante", *the little giant*. Todo él es de buen marco, y hecho como para quedar. En la fornida espalda le encaja enérgicamente la cabeza: la barba larga y entera es de un rojo castaño, y de ella hasta la nuca todo es claridad, porque el pensar deja pocos cabellos: las facciones son vivas y correctas, y firmes cuando la hostilidad las entusiasma: la frente, vista de perfil, se levanta como un hermoso domo: y los dos ojos claros y pequeños, preñados de cariño, acentúan el color y centellean cuando le ponen en duda su nobleza, o desconocen y ofenden el dolor del hombre.

Así aparece este ídolo de los obreros en la medalla que miles de ellos ostentan al pecho, y se acuñó para ayudar con su producto a los gastos de esta elección improvisada. De eso vienen los fondos para la compañía del partido nuevo del Trabajo; que comenzó por asegurar a su candidato treinta mil votos en declaraciones firmadas y juradas: vienen de la venta de medallas y retratos, de colectas espontáneas en los talleres, de óbolos voluntarios de los que simpatizan con la determinación de los obreros de asomar en cuerpo a la vida política, luchando por colocar a su mejor amigo y consejero, a un reformador serio y pacífico, en el puesto de corregidor de una ciudad, gobernada hasta hoy con abuso escandaloso por los representantes de los partidos meramente políticos, en cuyas manos ha venido a ser el sufragio un pantano, y el voto una franquicia inútil o un artículo de comercio vil.

Ya cuando hablemos a principios de noviembre de esta elección, la veremos en detalle, por su aspecto social y político. Lo que ahora hay que ver es lo brioso y unido de los artesanos, lo viril y mesurado de sus métodos, lo mucho que interesa a la gente de idea y bondad este movimiento de raíz, lo eficaz de la acción unánime de las masas dirigidas sin miedo ni exceso para un fin humano y justo, lo vivo de esta campaña que mueve de veras la inteligencia y los corazones, y lo impetuoso del candidato que más parece destinado a preparar una victoria futura que a obtenerla ahora: porque cada día, a más de la faena privada de la campaña electoral, habla en cinco o seis reuniones diversas, habla ideas, habla de improviso en diálogo con sus oponentes: y donde no hay tribuna ni salón, habla en la calle desde un carro de carga; que ayer era blanco, adornado por los obreros de luces y flores.

JOSÉ MARTÍ

[*El Partido Liberal*, México, 12 de noviembre de 1886, tomo III, núm. 513, pp. 1 y 2.]

X(23). CORRESPONDENCIA PARTICULAR DE *EL PARTIDO LIBERAL*

SUMARIO: Asuntos varios. Los indios ciudadanos. Indecisiones del Congreso. La plata. El sobrante anual de cien millones. Librecambistas y proteccionistas. Política de mujeres. La mujer en las elecciones de Massachusetts. Las mujeres contra las cantinas. La política de cantinas. Influjo de las cantinas en el gobierno de la ciudad. Estudio de baja política. "El Gordito Walsh". Un jugador alcaide. Vicios de la política norteamericana.

Nueva York, 22 de diciembre de 1886

Señor Director de *El Partido Liberal*.

La alegría de Pascuas es acá tan viva que todo lo penetra y hermosea. El Congreso interrumpe sus sesiones: las calles, del alba a media noche son un jubileo: es una lujo de compras, generosidades y regalos: ya contaremos las Pascuas de New York, que son bellas porque en esos días se deja ver la nobleza de las almas, y se sufre de no tener que dar. Los indios son los que estarán contentos estas Pascuas, porque antes de levantar sus sesiones para las fiestas de fin de año los hizo ciudadanos el Congreso —ciudadanos con tierra propia y voto. Tal como el hombre que teme llegar a hablar de un asunto espinoso e indispensable procura agotar antes toda materia de conversación de menos interés, como para retardar el asunto ingrato, tal el Congreso, incapaz en la situación actual de sus partidos para determinar sobre las cuestiones más vivas y urgentes de la política y economía del país, se entretiene en problemas menores, muy justos en sí, pero tenidos por la opinión como bocados de poco peso con que sus administradores apurados le quieren engañar el hambre.

Se ansía el voto definitivo del Congreso sobre la suspensión del acuñamiento de la moneda de plata, acumulada sin empleo esa cantidad temible en el Tesoro, pero los productores de plata, valiéndose de lo confuso del juicio público sobre esta materia compleja, hallan modo de impedir que el Congreso tome acuerdo alguno en favor o en contra de los consejos que acaba de dar en su Mensaje el Presidente.

No se ansía menos, sino más acaso, la rebaja del exceso anual de cien millones que paga el país por contribuciones innecesarias al Tesoro Nacional; pero como los librecambistas, conducidos por Morrison, proponen un modo de cortar el sobrante que entraña el abandono gradual del sistema de derechos altos, los proteccionistas capitaneados por Randall, presentan planes diversos para suprimir el exceso sin tener que rebajar los derechos subidísimos que se recaudan hoy, o en mero provecho de los fabricantes, so pretexto de favorecer las industrias del país: y Morrison, como en la sesión pasada, ha sido vencido: verdad que sólo lo fue por unos cuantos votos, tanto que su mujer, que sabe de política, tan pronto como supo por Morrison la derrota del proyecto, le envió a decir por telegrama: "¡Pues vuelve a presentarlo!"

De la naturaleza humana, saben más las mujeres que los hombres. Precisamente lo que en ellas seduce las incapacita, no para la comprensión pero sí para el ejercicio constante, de las pascuas públicas; mas ellas saben lo que nosotros no sabemos sobre el mejor modo de vencer al hombre: y bien puede ser que las mismas artes que triunfan en lo privado, empleadas en la política triunfasen en lo público.

El hablar de esto hace pensar en las últimas elecciones de Springfield, en Massachusetts.

Allí hay guerra entre las mujeres del lugar y los cerveceros. Contra la virtud van muchos y vencen; pero en lo general, es necesario, aun para prosperar en el vicio, vestirse de virtuoso. Y eso se acaba de ver en Springfield. La propaganda de las mujeres, que ven que en las cantinas se crían la brutalidad y la desgracia, consiguió que la ley prohibiera el tráfico en bebidas, que era en aquel lugar descarado y excesivo; pero los bebedores, hechos ya a dejar solo en las noches el hogar, sin ver que la casa de noche es muy triste sin su jefe, hallaron manera de reunirse a beber en privado, y con la práctica que acá se tiene de la asociación, estimulada por el vicio que es ingenioso y activo, pronto fundaron sociedades de beber, donde privadamente satisfacen amparados por ley de los clubs, el gusto por los estimulantes que prohíbe satisfacer la ley contra los establecimientos de bebidas. Los clubs, por supuesto, no son más que bebederías disfrazadas. Pero como con este disfraz el vicio no sale tan al rostro de las ciudades pudibundas de Massachusetts, todo el trabajo activo de las mujeres no ha bastado a triunfar de los cerveceros encubiertos con esta apariencia hipócrita.

Era sin embargo, interesante el día de la elección. Estaban llenas de mujeres las cercanías de las casillas. No eran las "blumeristas" ridículas de antaño, ni las "medias azules" de literatura y pretensiones, ni las que abogan por derechos viriles que riñen con el dulce sexo, hecho para menos doloroso e ingrato poder que el del sufragio: las madres eran, las esposas, las hermanas de los mismos que, con la insignia del club bribón clavada en el chaleco, marchaban sobre las urnas a pelear por la botella, como si fuesen de veras a una pelea digna de hombres.

Las casillas parecían una feria. Sedas y casimires alternaban con calicoes y paños pobres. Todas luchaban por "cerrar a sus maridos las puertas del infierno". Junto a cada casilla levantaron al aire libre improvisados fogones donde hervían el té y el café, cerca de la mesita llena de nueces y de emparedados. Las "amigas de la temperancia" ofrecían a cada ciudadano el tente-en-pie y el té o café humeante, mientras a su alrededor mariposeaban todas como tenaces duendes, convenciéndoles de que era vil abandonar en esta campaña honrada a las mujeres, y votar por las "infames bebederías". Los votantes oían a las hadas, saboreaban el tente-en-pie y el café o té aromoso, se iban sobre las urnas y votaban por las bebederías.

Incalculable es en estas ciudades el poder de esa inmunda política de cantina. No se puede en una mera carta de periódico ir hasta las raíces de este mal que está socavando la seguridad de las ciudades. Acá, en las clases obreras, el dinero se va todo de la mano a la boca: ni lo que queda de los gastos de la familia es bastante para el teatro, ni hay baratos en número suficiente para la población, ni lo sórdido burdo de la vida estimula la inteligencia de la gente llana a los entretenimientos del espíritu. El taller rudo y la casa miserable echan al obrero fatigado y torpe a buscar un estimulante en la cervecería. Allí engaña la noche, intima con el cervecero, le toma fiado, y le paga en las elecciones con su voto.

El cervecero no pierde, porque le pagan de arriba los que del voto se aprovechan; lo cual puede acabar en que el dueño de la cervecería se vea con influjo y lo ejerza en su beneficio, ya para subirse él mismo a un puesto de regidor, donde se hacen negocios excelentes, ya para vender lo que él pueda a un camarada que se obliga a darle parte en las ganancias del puesto a que le encumbra.

Esas cervecerías son la escuela verdadera de la política de la ciudad, y han venido en mal hora a sustituir a aquellas casas de madera casi santas, y parecidas a templos, donde en los primitivos tiempos de la nación se reunían los ciudadanos a debatir las cosas públicas y preparar las elecciones. Crecen en las cervecerías los personajes de los barrios, como los hongos fangosos en los maderos corrompidos; y allí, como en las sociedades elementales, triunfa el más corpulento, porque deslumbra y aporrea a sus comensales; el más dadivoso, porque les satisface y mantiene agradecida la garganta, y el de menos escrúpulos, porque sin ellos se obtiene pronto la bolsa llena, que es acá entre los miserables como en los poderosos el certificado de superioridad y poder.

Así se ve que van subiendo de elección en elección a los puestos más encumbrados de la ciudad, y a veces a los del Estado y la República, esos hombres rollizos y brijagos de mano pródiga y llena de sortijas que hablan su propia lengua bestialmente, sólo saben del gobierno el modo de escalarlo y vender como granja propia la autoridad que gozan por él.

Así está compuesto de esos héroes de barrio el Ayuntamiento de New York, y el cuerpo entero de empleados de la ciudad, que apenas tiene en puesto de prominencia a un hombre honrado, porque acá todo poder emana del voto, y esos rufianes que disponen de él se coaligan para hacerlo ir por donde a todos conviene para viles fines, y lo niegan a los candidatos que de antemano no se prestan a atraérselo con dinero contante, y a obligarse a cederles parte del poder a que le llevan.

Así se viene a parar en que un pillero de oficio, un propietario de casas de juego, un dueño de un circuito de cervecerías, un rufián acusado de delitos contra la ciudad, un amigo tierno y encubridor solícito de roleteros y ladrones, haya sido nombrado, a petición de jueces y altos políticos, Alcaide de la cárcel de las Tumbas, cuyo nombramiento, que es acá de mucha consideración por su sueldo e importancia política, se ha celebrado con público regocijo en las bebederías y los garitos. Pues ¿no es *Fatty Walsh*, el *Gordito Walsh*, el fiador de todo jugadorzuelo, heridor o ratero que cae preso en su barrio? Pues ¿no son suyas todas las cervecerías? Pues ¿no dispone de miles de votos, y tiene entrada de derecho propio en los Tribunales de Justicia, en el Ayuntamiento, en las Estaciones de Policía? Pues ¿no es uno de los reyes de la ciudad de New York, con su vasallaje de desorejados y gritones, este pez-sol humeante y reluciente, con la camisa toda empedrada como morcilla ornada de diamantes? Pues el Alcaide de las Tumbas es, y lo ha recomendado, a pesar de sus garitos abiertos y sus cervecerías, el Fiscal de la ciudad. ¡En Roma y Grecia no llegó a esta miseria la democracia, porque allí el arte, el teatro y la oratoria tenían constantemente levantado el espíritu público!

No hay que decir que el *Gordito* es generoso, y padre de su barrio, y libra de contribuciones a un frutero italiano, y de cárcel a un chino; dar es sembrar, y no hay jugador que no sea pródigo, ni popularidad en la plebe que se mantenga sin frecuentes dádivas.

Son de ver los festejos con que admira a sus barrianos el Gordito; porque dos veces al año les pone barco para que paseen en verano por el río, y les da gran banquete con carneros y toros de una pieza en medio de la plaza, y a cada hombre por silla un barril lleno. ¡El día de la elección, no falta un voto! La cerveza no se paga: el tente-en-pie es homérico; el "Gordito" mismo, como mucho Senador en día de votos, sirve de beber en mangas de camisa; al caer la noche, la calle es río de espuma, uno que otro puñal duerme en un muerto, el suelo de las cervecerías está alfombrado de votantes, de las cuevas de los chinos sale con brío de fiesta el hedor de opio, y el "Gordito" es electo Regidor. ¿Y quién sabe? Si en el hombre hubiese capa de cultura ¿por qué no, como otros, diputado, intendente, juez, senador? ¡Y todos los Walsh juntos, cuando se juntan los barrios en las elecciones nacionales, eligen o pesan en la manera de elegir, a los primeros magistrados de la nación! Debía negarse el voto a los hombres que no tuvieran reconocidamente una ocupación honrada. Y debe, sobre todo, cuidarse de reducir la brutalidad y cultivar el espíritu en las Repúblicas.

JOSÉ MARTÍ

[*El Partido Liberal*, México, 11 de enero de 1887, tomo IV, núm. 560, pp. 1 y 2.]

X bis (25). CORRESPONDENCIA PARTICULAR
DE *EL PARTIDO LIBERAL*

SUMARIO: "México en los Estados Unidos." Prórroga para la ratificación del tratado. El Senado autoriza al Ejecutivo para tratar con Nicaragua sobre la construcción del canal. Tres libros sobre México. *Los aztecas* de Lucien Biart, *The Mexico of to-day, A study of Mexico*, de Wells. El libro de Wells. Necesidad de constante vigilancia. Importancia del libro en la opinión. Todo el libro es hostil. Lo que dice de México. Los capitales norteamericanos en México. La República Argentina. El historiador George Bancroft. Su aspecto actual. Su ancianidad. Sus costumbres. Su método de trabajo. Sus amigos en Europa. Goethe, Byron, Scheiermacher. Macaulay. Espíritu de su obra.

Nueva York, 8 de enero de 1887

Señor Directo de *El Partido Liberal.*

México ha estado estos días muy presente en los diarios norteamericanos. El Senado ratificará hoy el protocolo levantado entre los gobiernos de México y los Estados Unidos para prorrogar hasta mayo de 1888 el período de ratificación del tratado de reciprocidad, de que los librecambistas son muy enemigos, porque temen que las obligaciones especiales que con él se contrajeran, disminuirían las probabilidades de una rebaja general y equitativa en los derechos de importación. Se ha hablado de México, sin haber porqué, a propósito del informe favorable que es seguro va a dar el Senado sobre el Canal de Nicaragua, autorizando al gobierno de los Estados Unidos a entrar en negociaciones con el nicaragüense sobre lo que éste haya de conceder para la construcción del canal. Se han recordado en Washington los malhadados tiempos de la guerra, con motivo de recordar los hechos notables del historiador George Bancroft, que llamó la atención en la Casa Blanca el día de año nuevo, por la ligereza con que ponía a los pies de las damas sus laboriosos ochenta años. La nobleza de la casta mexicana ha sido sacada de relieve en *Teresa Itasca*, novela de una señora McAlpine, que pinta una mujer llana de nuestras tierras, de mente inculta y poco nutrida, pero de tan natural y poética virtud que sin ser más que una criatura humilde y común, parece al acabarse el libro, un alma superior. Y tres libros se han publicado sobre México. Uno es traducido del francés, con láminas muy ricas, y estimable por su ciencia y juicio: *Los aztecas* de Lucien Biart. Otro, principalmente descriptivo, y sin mucho nuevo, es el *México de hoy, The Mexico of to-day*. Otro, que yerra voluntariamente, y revela la ignorancia y prevención, es *Un estudio de México, A study of Mexico* de David A. Wells.

No hay que esconder que las razas corpulentas y vigorosas miran con cólera, como a un estorbo, a las razas de cuerpo menor y vida difícil que la historia les pone en el camino. Hay que estar perennemente dentro de la raza corpulenta, e irla convenciendo. Acá, entre otras razones principales, se suele desdeñar a México porque se le envidia, o porque no se le conoce. En los Estados Unidos se crean a la vez, combatiéndose y equilibrándose, un elemento irrespetuoso y rapante, de que hay que temerlo todo, y por el norte y por el sur quiere extender el ala del águila —y un elemento de humanidad y justicia, que necesariamente viene del ejercicio de la razón, y sujeta a aquél en sus apetitos y demasías. Dada la dificultad de oponer fuerzas iguales en caso de conflicto a este país pujante y numeroso, es útil irle enfrenando con sus propios elementos y procurar con el sutil ejercicio de una habilidad activa, que aquella parte de justicia y virtud que se cría en el país tenga tal conocimiento y concepto del pueblo mexicano, que con la autoridad y certidumbre de ellos contraste los planes malignos de aquella otra parte brutal de la población, que constantemente se elabora por la seguridad de la fuerza y el espectáculo del éxito: a un informe falso, un informe verídico: a un artículo avieso, un artículo en que se exhibiesen las razones de él, o se denunciaran sus errores. A diarios hostiles, un diario defensor. A libros enemigos, libros justos. Todo en la lengua hostil, con prudencia a la par que viveza. En suma, un estandarte permanente, clavado en el campo que pudiera convertirse en enemigo. ¿No es lástima que la labor menuda de los diarios socave la obra de paz de los gobiernos? En países de opinión es de arena todo edificio que no se levanta sobre la opinión.

El libro de Wells es la colección de artículos publicados por el autor estos últimos meses, en una notable revista de ciencia amena: *The Popular Science Monthly*. Y precisamente se debe la publicación en forma de libro de estos artículos, al éxito que obtuvieron cuando iban apareciendo en la revista popular; tanto que, aunque el libro mismo de Biart responde al de Wells en los errores de su parte histórica, y México entero le contradice en lo que afirma sobre lo actual, puede decirse que el libro de Wells ha sido saludado como la expresión oportuna del juicio común sobre México, y comienza a ser visto como autoridad muy atendible en cosas mexicanas: acaso porque la ignorancia y prevención públicas, incapaces de entender nuestros méritos en la historia misma de nuestras luchas y debilidades, estaba involuntariamente dispuesta a recibir con aplauso un libro semejante. Tal disposición pública arguye en favor de la necesidad urgente de tratar de cambiarla.

A los tiempos el decir, y a los prudentes el penetrar, si será o no saludable tratar de llevar a México mucho capital del norte, o si valdrá más, en vista de lo azaroso e impaciente del capital norteamericano, crear, como ha hecho patrióticamente la Argentina, el crédito doméstico, y sobre un Erario de papel moneda, aceptado por acuerdo común en la nación decidida a crecer, levantar un pueblo sólido y grandioso, sin más base cierta en un principio, que el consentimiento unánime de tomar como moneda real la moneda de papel. Tal riqueza se desarrolló por esta disposición patriótica, ayudada del trabajo adentro y la natural confianza afuera, que hoy el papel es oro, y la República Argentina crece con mayor rapidez relativa que los Estados Unidos. Y quien ayudó a la Argentina, tiene interés en ayudar a toda la América: Inglaterra. Los tiempos y los prudentes, analizarán los caracteres peculiares del capital norteamericano —su inquietud, su hábito de crecimiento inmoderado y súbito, su costumbre de servirse de las leyes y de los legisladores, el peligro que pudiera haber en ir acercando empresas lentas por naturaleza a capitales poco enseñados y dispuestos a la lentitud.

¡Pero lo que en eso haya de cierto del lado mexicano, y la razón que aquí puedan tener los capitalistas para negar sus cajas a las empresas de México, no bastan a explicar la publicación de un libro en que México aparece desprovisto, no sólo de su visible capacidad de adelantar, sino de su riqueza natural y su hermosura histórica! Y poco fuera que el escritor negase a México la solidez necesaria para inspirar confianza a los capitalistas de los Estados Unidos, si eso no lo dedujese, ¡con una historia hecha de naipes!, de insinuaciones o afirmaciones respecto a las raíces del carácter del país que fortificarán, en vez de desvanecer, el concepto injusto, el temible concepto de pueblo incapaz y débil, en que mucha gente norteamericana tiene a México. No explica nuestros males, ni quiere entender que debemos padecer de ellos por razones históricas, y aún padecemos menos de lo que debiéramos. No se para a considerar con cuánta dificultad ha de ir creciendo en un territorio desigual y vastísimo una minoría educada a lo universitario y europeo, que adelanta, armada sólo de libros y alteza de espíritu, contra una raza negada a vivir, estancada, petrificada. No mira la lucha religiosa, que la dominación de España le dejó a México clavada en el costado.

No atiende a que, medidos con los obstáculos que ha tenido que domar el adelanto de México, contra los extraños y ¡ay! contra los propios, corre parejas con el de cualquiera otro pueblo rápido de nuestros tiempos. ¡Sólo quiere saber que el camino a Acapulco es un "camino de pájaros", que vale menos a sus ojos, después de haber pasado por él los héroes de la independencia, que cuando lo hollaban las mulas cargadas con los tesoros que el indio infeliz mandaba a la corona de España!

Dice cosas que parecen ciertas; pero dejando en silencio ominoso las causas que las justifican o atenúan. Donde ve un hecho desfavorable, que nada dice en desfavor si se le analiza, cuenta el hecho desnudo: "En cuanto a facilidades de comunicación, muchas partes de la República están más atrasadas que ningún país de la Europa Oriental o Central en el siglo quince." "Hay cientos de millas cuadradas en la parte meridional de México, en Michoacán y Guerrero sobre todo, que sólo se ven en el mapa por la nota de 'Terreno desconocido' ": pues ¿qué tiempo ha habido aún, con tanta lucha interna irremediable, con el conflicto entre las prácticas rancias de la colonia y las aspiraciones sublimes de los constituyentes, para revivir la raza nativa, que sería lo más cuerdo y posible, ni para asegurar la paz y grado de riqueza necesarios al desarrollo de la inmigración, que es la que ha de abrir las comarcas nuevas en los países poco poblados, como las abrió y está hoy abriendo en los Estados Unidos? Apenas hay línea en el libro que no excite a semejantes comentarios. "La falta casi total de caminos, la completa inseguridad de la hacienda y de la vida, la interposición de vastas comarcas estériles y áridas, y la inhospitalidad y casi salvajismo de no pequeña parte de los habitantes", tales son las causas que señala Wells a lo infrecuente de las exploraciones. ¡Inhospitalario México!

Pero, ¿qué mucho? ¿No dice el libro de Wells que "México es uno de los más pobres y miserables países del globo, susceptible de mejorar su actual condición, pero —nótese bien, y nótese la autoridad que se concede al libro— pero incapaz de llegar a ser una nación rica, poderosa y enteramente culta"? ¡Que no tiene ríos, que no tiene pozos, que sólo Arabia es más árida que México, que los instrumentos y artefactos de los aztecas, aquellos que fueron codicia de los conquistadores y pasmo de los joyeros y lapidarios de Madrid, aquellos que Prescott mismo describe con enamorada pluma, no son mejores, sino en algunos sentidos más bajos, que las cabezas de arcos y lanzas que elaboran hoy con arte infantil los indios de las orillas del Columbia y el Culebra! ¿Y aquellas curiosísimas fundiciones, aquellos platos, pescados y figuras de metales diversos, aquellos peces de oro con lengua movible de plata, aquellos juguetes ingeniosos que no pudieron imitar los plateros de España, y se vendían en el hermoso mercado que pinta Cortés a Carlos V, con sus calles limpísimas, sus jueces como en Grecia, sus gremios inspectores; y aquel lindo bullicio de "las sesenta mil ánimas"? Así pretende probar el libro aviesamente que de Río Grande abajo, ni la tierra da flores, ni los hombres caracteres. ¡Bien se alcanza que un pueblo desdeñoso, inquieto y acometedor, no leerá esa clase de libros en vano!

Más duraderos son, aunque no tan artísticos ni levantados como los de Motley, los libros famosos de ese anciano a quien todo el mundo se detenía a saludar en la Casa Blanca el día del año nuevo, de George Bancroft, el autor de la *Historia de los Estados Unidos,* que ahora poda y revisa, y de la *Historia de la Constitución,* que acaso enseña más, y tiene puesto de derecho en toda biblioteca de hombre público.

Parecía Bancroft el día de año nuevo la viva encarnación del Tiempo. Es hombre de singular energía y salud. Va para el siglo, y todos los días pasea a caballo. A las cinco se levanta, y comienza a disponer el trabajo cotidiano. Como vive feliz en un pueblo hecho, tiene la capacidad de distribuir con método sus horas, cosa excelente para los cráneos bien criados. Odia la prisa, y tiene la vida en compartimentos, como sus datos. A las ocho de la mañana ya ha almorzado, y dicta, compagina o relee con su secretario hasta las dos de la tarde, en que con lluvia, nieve o sol monta a caballo, y vuelve luego a la alegría de la casa o a los goces sociales, a que es muy dado hasta las diez de la noche, en que les pone inflexiblemente punto.

Este orden se le ve en el rostro sano. La frente no muy espaciosa y redondeada en lo alto de las sienes, se le levanta por las cejas. Brillan bajo las cejas los dos ojos, astutos y vivaces como los de las codornices. La nariz dantesca le cae al labio raso. La barba nívea le cuelga sobre el pecho. No tiene el rostro expansivo y piadoso, como de quien ha vivido más para otros que para sí; pero por su ancianidad y gloria se le ama, por su obra formidable, por sus amigos célebres e históricos, porque es el siglo vivo.

Todo lo grande de estos tiempos le ha tratado de cerca. Él confirmó en Alemania la simpatía temible por la fuerza, que afea el carácter norteamericano. Allí estudió filosofía, lenguas y poetas. Dante, Milton y Bacon eran sus libros favoritos. Con el metódico y elocuente Heeren se apasionó de la Historia. Asistió como familiar a las tardes filosóficas de Scheiermacher, aquel floretista de la razón, enemigo de Hegel. Creyó en Kant y en su mundo a priori, en el que las corrientes históricas se desenvuelven como fuerzas fijas, a que obedece el hombre en vez de guiarlas.

Conoció a Goethe, estirado, formal, vano, robusto, un Narciso de mármol, que le dijo que Byron había tomado de su *Fausto* a Manfredo. Conoció a Byron, ofendido, generoso, ardiente, que le habló de Goethe con cariño y asombro, y le aseguró que no había leído el

Fausto. Vio demudarse a Byron cuando, al poner el pie en un buque, creyó verse enfrente de mujeres inglesas: ¡así ponen las urracas a los ruiseñores! Viajó por las tierras madres.

En Inglaterra tuvo a Macaulay por amigo.

Semejante hombre creyó deber ser Administrador de Aduana, singularidad perdonable, porque merced a ella pudo aliviar con un empleo pingüe la pobreza de Hawthorne, aquel que bajó al espíritu, y escribió luego *La letra encarnada*. Y los que se burlan —como hay grandísimos bellacos que se burlan— de las capacidades prácticas de los caballeros de letras, deben saber que Bancroft fue un admirable Administrador, y Hawthorne un puntilloso empleado.

Lo que a los hombres de letras suele suceder es que su amor y hábito mental de lo relativamente perfecto, les produce el dolor de no hallarlo en todo, y una noble pereza de trabajar en las cosas fútiles que no llevan en sí grandeza y trascendencia.

No así George Bancroft, que es de esas mentes claras y tranquilas, en que el placer justo de sí y la soberbia de la raza quitan espacio al deseo, que engendra penas.

¿A qué repetir lo que el anciano ha hecho? Ha contado su pueblo. Su lenguaje es ameno, caliente y un tanto pomposo. Estudia la historia por días, y en sus cuadernos borradores, cada día tiene aparte un buen número de páginas. Interesa lo que cuenta; pero le falta ese calor de humanidad que liga al lector con el autor del libro, y hace a los caracteres perdurables. Mas ¿quién no envidia esa obra imponente, y esa salud asegurada en la vejez por la paz del alma y el gozo del trabajo?

¡Ah! ¿por qué ese anciano fue aquel mismo Ministro de Marina que ayudó con pretexto inicuo a despojar de California a México? La libertad propia se ha hecho sangre en estos hijos de casta puritana; pero, ingleses al fin, sólo para violarla les parece bien la libertad ajena. En la nariz excesivamente aguileña, se le ve la rapacidad de la casta. En un mero soldado la rapiña puede ser natural, pero todo atentado contra el derecho, en tierra propia o ajena, es crimen en un hombre de pensamiento.

JOSÉ MARTÍ

[*El Partido Liberal*, México, 28 de enero de 1887, tomo IV, núm. 575, p. 2; y *OC*, t. 13, pp. 309-311.]

XI(36). CORRESPONDENCIA PARTICULAR
DE *EL PARTIDO LIBERAL*

SUMARIO: Una parada militar en New York. El Día de las Tumbas: "Decoration Day". Visita al Cementerio de los Soldados. Entusiasmo público. Escenas. Concurrencia. Las calles. Trajes. El 7º Regimiento. El Gran Ejército de la República. Los negros. La gran parada en la Quinta Avenida.

Nueva York, junio 1º de 1887

Señor Director de *El Partido Liberal*.

No pasearemos hoy por lo escondido de las montañas, donde anda pescando truchas, acompañado de su esposa, el Presidente. No contaremos hoy, sino mañana, cómo es el ancho globo que el periódico *The World* ha construido para que, so pretexto de un viaje aéreo sobre el Atlántico, esté fija en él la atención del público variable, que gusta del atrevimiento y la sorpresa. No adelantaremos el fallo, que ha de merecer estudio minucioso, del proceso que ahora se sigue por jurado al empresario de tranvías que compró para la línea de Broadway el voto de aquel Jachne y compañeros viles del Ayuntamiento, que están penando el delito de haber vendido los derechos públicos en el extranjero o en la Penitenciaría. No fijaremos los ojos en las torturas de una infeliz italiana sentenciada a morir en la horca, por haber dado muerte a su marido. No describiremos las estúpidas diversiones, los peloteos brutales, las rufianescas carreras de caballos en que pervierten el carácter los jóvenes, y se habitúan por su desdicha a los lances acres y la fortuna súbita del juego. No asistiremos a la muerte solitaria de William Wheeler, que ahora acaba en la oscuridad, y llegó a ser por sus mañas políticas Vice-Presidente, cuando Hayes, de la República. No trataremos de pasada, porque requieren más estudio, la reelección de Cleveland, que unos anhelan y condenan otros, ni las divisiones del partido obrero, ni las ovaciones con que recibe la ciudad católica de Baltimore a su Arzobispo Gibbons, que quiere que la Iglesia marche con los tiempos, y fue a Roma a decir que, al menos en América, la Iglesia ha de ser liberal, si quiere vivir. Hoy todo es músicas, uniformes, recuerdo respetuoso, triunfante bandera: hoy iremos con la milicia a decorar las tumbas donde, en la amable cuesta de Greenwood reposan los soldados: hoy es el día de recordar con festejos solemnes el valor de los que cayeron por la patria: es el día de los muertos.

Todos los años es; pero cada año se les quiere más. Todos los pueblos debían tener esta fiesta. Los pobres hoy olvidan que lo son: el que anda caído, hoy anda erecto: los corazones sacan afuera sus flores; en este día del honor y de la primavera: los padres más tristes y huraños compran una bandera para sus hijos, y un ramo de botones o de claveles para sus esposas. Hay gran parada de la milicia nacional, que va a visitar las tumbas de los héroes al Campo Santo. Las aceras rebosan desde el alba, de gente que ha acudido a tomar puesto: bullen las calles: se escapan de los instrumentos las notas impacientes: allá pasa un caballo orgulloso, de la mano de un negro gigantesco: allí, como ruedos de cinta desatados, corren de una acera a otra grupos de niños en trajes de colores: llevan unos en hombros un cojín de clavel, con una muleta hecha de rosas: despréndese de la esquina una turba de chicuelos mal vestidos, que se esparcen y mezclan entre el gentío endomingado de la acera, como granos de uva en un cesto de flores: las casas, llenas de banderas, con el gentío hacinado en los peldaños de la entrada, parecen altares: ¡oh! ¿qué importa que no haya salido el sol, si de todos modos brilla?

No veamos la parada junto al estrado del gobernador, donde está la pompa, la ceremonia, acaso la intriga: veámosla al nacer, que es como se deben ver las cosas. En cada bocacalle una compañía, con sus tambores y pífanos a la cabeza, aguarda por turno a que le llegue el instante de incorporarse al séquito. Conversan en desfile mientras tocan llamada. Los milicianos, como que no han tenido ocasión de probar su valor, lo afectan. Los veteranos llevan en la solapa un ramo de pensamientos, y al brazo una corona de siemprevivas. Un tambor lleva al hombro un haz de banderas, que se clavarán al llegar sobre la tierra húmeda de las tumbas. A un veterano le cae la barba blanca sobre las flores del pecho. Se oye en la multitud, en esta multitud libre, el ruido de la dicha, no el de esa alegría armada, desgarradora e imprudente de los pueblos decapitados cuando les parece ver que asoma por el horizonte de tormenta el sol de libertad, sino un rumor de abejas satisfechas que celebran en la paz de su colmena a los que la aseguraron en el árbol. Cuelga sobre los cascos, a pocos pasos de nosotros, un sauce corpulento, y se destacan sobre el cielo gris, como guardando la procesión, una hilera de espiras, cubiertas de enredaderas verdes, de la cruz a abajo.

Y ¿ha de emplearse la palabra humana en celebrar los instrumentos vivos de la muerte, en despertar cariño hacia el soldado? ¡En nada mejor puede emplearse la palabra humana, cuando el soldado lo ha sido del derecho, y los muertos se han levantado, como un muro que nada podrá derribar luego, entre la infamia y la patria! Maravilla el poder de los muertos, que hermosean hasta la misma tiranía, cuanto

más si han caído clavando en tierra con las manos crispadas el asta
de la libertad. ¡Podrán venir turbiones, los cielos cerrarse, las playas
ensoberbecerse y abatir los campos, pero árbol que crece del pecho
de un muerto, no hay hacha que lo abata!

Empieza la procesión. Abren la marcha los policías de a caballo
y de a pie, policías que parecen fortalezas. Van detrás en carruajes
los jefes: y ¿en seguida? ¡ah! en seguida, van los jefes de mañana,
cuatro pilluelos, con su bandera cada uno, uno descalzo y otro sin
sombrero, a paso marcial, con espadas de palo; nadie piensa en echar-
los del séquito: el que hace de capitán tiene algo de augusto, con su
mirada ansiosa y sus cabellos pálidos. Luego la primera música, vestida ricamente, con peludos morriones. Luego el orgullo de la ciudad,
el 7º Regimiento de milicia, el regimiento de los jóvenes ricos que,
cuando lo mandó la patria, salieron a tomar parte en la guerra, abandonando negocios y palacios. Merecen su uniforme, digno y bello: es
blanco el pantalón, la casaca gris, blancas las correas, el casco blanco
y oro: se mueven a anchas ondas, entre los aplausos que estallan y los
pañuelos que se agitan en su honor: ¿quién ha dicho al caballo del
coronel lo que lleva tras de sí, que va a paso soberbio y contenido,
en casi sobrenatural belleza? Eso parece un himno. Pasan, pasan los
ríos de cascos blancos.

A cada nuevo regimiento precede una música vistosa, que el gentío, familiarizado con sus héroes, recibe a palmadas. La música no
cesa, y no bien se amortigua en los que han pasado, rompe con nuevos
bríos en los que llegan, como festones de guirnalda enorme: ya es
acometedora, ya pizpireta, ya grave, ya hiende y taja como una hoja
de sable: júntanse en victorioso ruido los gritos de mando, los
acordes de las fanfarrias, el caer de los fusiles, el susurro del gentío.
Ahora pasa el 69, el regimiento de los irlandeses, con su uniforme de
pelear, de levita corta azul y casco que brilla como la plata. Allá va
el 22, con sus músicos de pantalón rojo: ¿qué aire tocan, que la mano
busca por instinto la espada en la cintura?, el alma crece, y aletea como
águila gigante: ¡oh, si apareciesen ahora por esa esquina las leyes
que oprimen a los pueblos y las maldades que avergüenzan el mundo!
Sigue el 71 de milicia que ha visto pelear, con el paso seguro de los
valientes que tienen probado su coraje. Sigue el 11, con sus mochilas
grises y su azul pendón. Sigue el 9, de cascos negros: una madre se
agita en un portal, saludando a su hijo que va en el regimiento, y no
ve a su madre: ¡a nada se ve, cuando se va en el regimiento! Como
esos que vienen, como la marina, debieran vestirse los soldados moder-
nos: ¿qué tiene el mar, que todo lo que lo trata o nace de él resplandece de sabiduría?: no llevan relumbrones ni colorines, sino el vestido
serio y holgado de los exploradores, paño azul, casco útil, polainas

de cuero: ¡cuesta trabajo no ir a pedir puesto en sus filas!: ¿no es el deber de todo hombre descubrir y marchar?

Viene la caballería, azul y amarilla, con su sombrero de fieltro, de cordoncillo de oro. Viene la artillería, con sus cañones lucientes, con sus mozos pujantes de bota negra y casco de pendón encarnado. Viene por fin, con el paso militar coreado por los vítores, el gran ejército de la República, el que ascendió a las alturas de Chattanooga, que tronaba desde las nubes; el que abonó los cerros de Gettysburg, donde se oyeron de labios de Lincoln palabras que honran la humanidad; el que cayó en masas pasmosas en la temida lobreguez del Wildernes; y, para que pasase la libertad, hizo a los ríos fuentes en sus pechos: ¡ese es el Gran Ejército, con su traje de trabajador y su sombrero negro de trenza de oro, con sus mancos, con sus flores para los compañeros de las tumbas, con sus banderas rotas! Ya el aire no lo es, sino aplauso. Enloquece al gentío la aparición de los pabellones desgarrados. ¡No cargan armas los del Gran Ejército!: ¿para qué, si ya aseguraron el derecho?: sólo cargan coronas. Los de una compañía llevan al hombro, a modo de fusil, las banderas nacionales. Los negros fornidos, justamente orgullosos de su probado valor, cierran el séquito, en sus trajes azules, con manojos de lirios en las manos.

A este punto, cuando rompía la última música en un himno fúnebre, al destacarse el postrer grupo del pie de una alta torre, y seguir tras él la concurrencia, con sus ciudadanos contentos, con sus padres que llevaban de mano a sus hijos, con sus desterrados llorosos y torvos, salió el sol, inundando de luz la gran escena, de entre el celaje amenazante y oscuro.

JOSÉ MARTÍ

[*El Partido Liberal*, México, 23 de junio de 1887, tomo IV, núm. 692, p. 1.]

XII(51). ESTADOS UNIDOS

[SUMARIO: Apertura del Congreso. El mensaje de Cleveland al Congreso. El trastorno obrero y la inmigración. Los impuestos. La lana. Las industrias.]

Nueva York, diciembre 7 de 1887

Señor Director de *El Partido Liberal*.

¿Es insignificante y duro el cuadro nuevo de Munkaczy, "Cristo en el Calvario"? ¿Es pasmosa la novedad de un diario del Sur, *The Constitution* de Atlanta, cuyos directores adversarios en las elecciones, abogaban en el día a la vez, en pro el uno del tráfico de licores y el otro en contra? ¿Es verdad que so pretexto de huelga, los blancos de un pueblo del Sur atacaron a caballo las viviendas de los negros y mataron sesenta y dos? ¿Es cierto que se anima entre los obreros del Este la cruzada contra los chinos; que el vocero de los anarquistas, el ex diputado alemán Most, acaba de ser sentenciado a un año de penitenciaría, contra el testimonio de sus oyentes, por excitar a la rebelión en una oración fúnebre, en memoria de los ahorcados de Chicago; que un Congreso de Metodistas reunido en Washington con asistencia de prohombres de la política, el culto y las letras, denuncia unánimemente la emigración excesiva como causa principal del desmoronamiento y desorden visibles del Estado? Todo eso es; pero hoy sólo se habla del Congreso que reanuda sus sesiones, y de la bravura con que, desdeñando habilidades de hombre menor —como que ve que la única cuestión viva hoy en el país es la del sistema económico—, sobre ella, aunque le cueste su reelección, dice todo lo que piensa el Presidente en su Mensaje.

Ayer se abrió el Congreso. Las galerías rebosaban: la esposa del Presidente, rodeada de sus amigas, sonreía desde su asiento privilegiado: de codos en la baranda de la tribuna diplomática, miraba la escena brillante en sus togas de seda amarilla y azul, la embajada china: por sobre ellos, escondida bajo la máscara del rostro la ambición voraz, asomaba la cabeza fría Joseph Chamberlain, que lleva en el costado el golpe de cachete con que creyó acabar a su jefe Gladstone: frente al asiento de cada senador hay cestos de rosas, almohadas de siemprevivas en atriles de clavel, escudos de los Estados, hechos de mirto y flor, sillas curules de magnolia y miosotys, arpas de Ir-

landa, de yedra y margarita: presentes de amistad que llevan atada
con cinta crema o roja la tarjeta. Grupos: encuentros: saludos: las
conversaciones, como pájaros en jaula apretada, se ahogan, barbullen,
cecean: por las puertas entreabiertas de los corredores, vienen ecos
de risas y bufadas de humo, en que cabalgan con sus colas rojas los
cuentos picarescos: los senadores nuevos pasean pálidos: en la Cámara
de Representantes, un paje vendado va sacando de una caja de caoba
las bolas de marfil, cuyos números corresponden en la lista de la casa
a los nombres de los miembros, ansiosos de que les caiga un número
temprano en suerte, para escoger mejor asiento: un representante
creyendo desocupado su puesto de la legislatura anterior, oculto tras
herradura colosal de flores, oye su número, avalánzase al sitio querido
y allá detrás de la herradura dos piernas de Tennessee, impertubables y
cruzadas: entra con el ojo izquierdo pintado, el representante a quien
en el calor de la reunión preparatoria se lo desfiguró de un puñetazo un compañero: una dama de la galería manda una rosa de té
a un representante calvo.

¿Y de qué tratará en su mensaje el Presidente? Carlile, el libre-
cambista, ha sido reelecto Presidente de la Casa. Dicen que Randall,
el caudillo de los demócratas proteccionistas, anda murrio y alicaído.
Carlile y Cleveland se han visto mucho estos últimos días. ¿Y qué?
aunque el libre cambio triunfe en la Casa de Representantes, el Senado, que es republicano, le cerrará el paso a la ley. La verdad es
que Cleveland, con aquella carta de veinte líneas en favor del candidato de los demócratas disidentes, ha asegurado su reelección. Sí: pero
si toca la tarifa, lo abandonarán los demócratas proteccionistas. Y si
no la toca ¿sobre qué punto interesante va a librar la nueva campaña
presidencial? La verdad es que este Cleveland es todo un florete, certero y sutil, en un estuche de piel de oso. ¿Y ese modo de bufar que
tiene limpia de pretendientes la Casa Blanca en cuatro leguas a la
redonda? Yo no sé cómo se puede sostener un Presidente que no reparte
los beneficios del poder entre los aspirantes de su partido. Y desde que
se casó se le ha puesto el paso más firme al Presidente, y tiene los
ojos más azules. De veras: parece como si se sintiera con más y ambi-
cionara menos. . .

A tales conversaciones puso hoy asombro y coto Cleveland, en-
viando al Congreso un mensaje contundente y viril, y abotonado hasta
el cuello como su propia persona, en que demuestra que la ansiedad y
desórdenes del país provienen del culpable empeño de favorecer a un
número limitado de empresas con una tarifa de importación que,
so capa de proteger las industrias nacientes, mantiene a alto costo los
artículos indispensables para la subsistencia, acumula en el tesoro un
sobrante enorme que a la industria hace falta y al Congreso tienta

al despilfarro, priva a las manufacturas de la materia prima libre y salarios bajos que le son menester para competir con sus rivales en los mercados extranjeros, y anulando por el poco poder comprador de la moneda el aumento aparente del salario del obrero, sin empleo ya en el país pletórico, cría el descontento formidable que ha de acallarse, si no cesar, con una revisión de la tarifa en cuya virtud sea la subsistencia más barata, las industrias viables y numerosas, y los salarios nivelados con las necesidades.

El Mensaje dice lo que *El Partido Liberal* muchas veces desde antes ha dicho. ¿De qué viene el trastorno obrero, que ya ha parado en sangre, sino del extremo de la angustia en que tiene al país una tarifa que so pretexto de proteger a industrias vivideras, parte mínima de las cuatro mil industrias nacionales, agrava el costo de la vida de la nación toda, aglomera en el Tesoro $140 000 000 sobrantes, mientras ciudades de artesanos buscan en balde empleo, y a la vez que exaspera las masas abatidas o desocupadas, impide por lo caro de los productos el desarrollo legítimo de las industrias naturales en los mercados de donde las echan competidores más baratos?

La inmigración continúa llegando, y el trabajo disminuyendo. Las fábricas se cierran y el Tesoro tiene que ayudar por medios extraordinarios la circulación escasa, mientras sobran en el Tesoro por exceso de derechos de importación $140 000 000. ¿A qué viene alardear de que el Gobierno está rico, cuando lo está en virtud de un sistema que empobrece la nación, paraliza su comercio y engendra el odio entre sus habitantes? Este país industrial no puede vender sus industrias. Puesto que no las puede vender, a no ser aquellas que le son muy peculiares, por el precio excesivo del producto, consecuencia de los altos derechos que suben el costo de la materia prima y el de la vida, y con el de ésta los salarios, hay que redimir la materia prima, hay que abaratar la vida, hay que reducir sin perjuicio del obrero los salarios, hay que crear una condición nueva en que las industrias puedan vender lo que fabrican. Y en un país industrial, que lleva en su seno los gérmenes de un tremendo conflicto, hay que sacrificar el provecho desordenado de unos pocos a la necesidad de salvar la nación, por un sistema de tributos módicos y naturales de la vía de la masa obrera.

En virtud de esos altos impuestos, los salarios son altos para todos, la vida es cara para todos, la producción, más o menos barata según lo sea la vida, es cara y poco remunerativa para todos: pues ¿qué derecho hay para imponer a 17 392 000 habitantes empleados en las varias faenas de la producción un orden económico preñado de amenazas, que sólo aprovecha, si aprovecha de veras, a los 2 683 089 empleados en las industrias protegidas?

"Nuesto deber claro y sencillo —dice el Presidente— es reducir los impuestos a los gastos necesarios para atender con economía al gobierno de la República, y devolver a los negocios el dinero que hemos acumulado en el Tesoro por el abuso del poder gubernamental. Esto se puede y debe hacer con seguridad para todas las industrias, sin riesgo de que el obrero pierda la remuneración de su trabajo, y con beneficio de los obreros y de toda la nación, por el abaratamiento del costo de la vida y el desarrollo de sus comodidades. Las teorías nada tienen que hacer aquí. Este es un estado peligroso a que hay que atender, no una u otra teoría. A esto se ha de mirar, no con los ojos del economista pagado de un nombre, sea protección o libre cambio, no con el interés estrecho del partido, sino a la luz de aquel deber patriótico que debe resplandecer en los actos de los hombres escogidos para procurar el bien de un pueblo que puso en ellos su confianza."

Y el Presidente va diciendo, o dando a entender, todo lo que es verdad. "Es una cobardía, es una traición, esquivar por intereses de partido un debate de que depende la suerte de la República. ¿Qué me importa a mí que mi partido no me elija candidato a la nueva presidencia, por miedo a perder el voto proteccionista, si el país se está desangrando en medio de sus aparentes montes de oro, si por un mal sistema de tributos se está provocando la ruina e invitando un horrendo conflicto social? Tranquilice yo a mi pueblo, dígale yo la verdad, compela yo a los políticos interesados a resolver esta cuestión de vida pública, aunque me cueste este acto de valor la nueva presidencia que mi tacto con los disidentes de mi partido parecía tenerme asegurada."

¿Pero correrá de veras Cleveland ese peligro? En política, la única fuerza definitiva e incontrastable es la honradez. No lo parece así; pero así es. Lo que daña no es ser honrado, sino serlo a medias. Precisamente el más desinteresado es el que sirve mejor su interés. El poder, como un perro faldero, se acurruca a los pies del que sabe desdeñarlo. Si el problema es como Cleveland lo pinta, hay que librar a la nación de sus convulsiones internas: hay que abrir salida a sus frutos, y empleo a sus hijos coléricos: hay que dar a la prosperidad del país bases constantes y naturales: hay que devolver a la nación los cien millones de pesos que se acumulan anualmente en el tesoro, en virtud de un sistema de protección falsa a las industrias que el obrero no aprovecha, porque le escasea el trabajo y en el costo alto de la vida gasta la aparente ventaja de su salario sobre el del obrero europeo, ni al fabricante aprovechará mañana, cuando en consecuencia de esta organización ficticia cese de producir, porque el país no necesite ya lo que tampoco en el extranjero puede vender, cuando llegue, según dice el Mensaje, aquel pánico o catástrofe a que el estado actual de cosas tiende, y no tendrá en su día más respeto a los intereses manufactureros que los demás intereses: ahora se nos presenta la oportunidad para una reforma segura, cuidadosa y deliberada; y ninguno de entre nosotros debe dejar de prever una época en que el pueblo engañado e iracundo, saltando por sobre los que le negaron el alivio racional cuando aún era tiempo, insista en que de una vez y de raíz le sean remediados todos sus males.

Ese es el problema, enunciado con fuerza profética. Ni un argumento han podido levantarle los republicanos más apegados a la tarifa prohibitiva, ni los demócratas más medrosos, que acatan gruñendo a este hombre que los obliga a ir tras él, porque dice las cosas de manera que el que se las dispute confiesa por ello que no es honrado. ¿Por qué ha de correr riesgo la reelección de Cleveland? Su partido no osa abandonarlo, y va por donde él marca, porque él cuida de ir por donde marca el país: y ¿qué importa tener el partido en contra, cuando se tiene en pro al país? Si los demócratas proteccionistas lo abandonasen, los republicanos librecambistas se le juntarían. Si los 2 623 089 interesados en la aparente protección votan contra él, acaso voten con él los empleados de todas las demás industrias: si el que cría ovejas vota por el derecho alto sobre la lana, sin ver que cuando compra sus vestidos paga en ellos el mismo exceso de precio que por su lana le pagaron, votarán contra el derecho alto todos los que tengan que comprar vestidos, que son más que los que crían ovejas: y si no vota con él nadie ¿no ha hecho él lo que manda la divisa de Borgoña: "Haz lo que debas, suceda lo que quiera"?

Precisamente a este capítulo de la lana pone especial atención el Presidente en el mensaje. En tres interesantísimos párrafos lo discute. Dice eso: que el hombre de campo padece con que la lana tenga derecho alto, y el mismo criador de ovejas: que acá lo común es criar de veinticinco a cincuenta ovejas, cuya lana, a seis libras vellón, se vende, por el derecho de 10 a 12 centavos que paga la extranjera, a unos $36 más de lo que sin él se vendería: que como cuando la lana sale de las manos del vendedor vaya cargada con ese aumento de precio, al volver a él en forma de vestidos o piezas de abrigo, no sólo desembolsa el aumento que cobró por ella, sino el que, en virtud del sistema protector a que para favorecer su lana ayuda, le añade el fabricante que paga altos derechos y salarios: que por el precio excesivo de los vestidos o piezas de abrigo indispensables al uso de la casa, pierde el criador de ovejas los mismos $36, si no más, que creyó puro provecho cuando vendió su lana.

Y ¿qué importa, dice al fin el Presidente, que perdieran ese mínimo beneficio, aunque fuera real, unos cuantos criadores, si por perderlo ellos puede la nación entera abrigarse mejor, y reduciendo los salarios en la proporción en que los gastos se reducen, habilitar a las industrias nacionales a competir en los mercados del mundo con las extranjeras, fomentando así el comercio que hoy decae, contentando la masa obrera que hoy ruge, asegurando el trabajo que hoy le falta con el sistema de salarios altos? ¿Ni quién debe sacrificarse, si sacrificarse debiera alguien, en este conflicto de una nación de trabajadores puesta en vías de quedarse sin trabajo? Redúzcanse los derechos de manera que el salario real del obrero no sufra, aunque se le rebaje en apariencia, y que las industrias queden beneficiadas por la introducción libre de materias primas y la merma que el abaratamiento de la vida produciría en los salarios, en lo mismo, o en más, en que hoy los favorece, con daño nacional, el derecho de protección, más que de importación, sobre las industrias similares extranjeras.

Si alguna industria hubiese de padecer por lo que calma y abre nuevos caminos a la nación alarmada ¡padezca!—que en los cuerpos sociales el interés de uno no ha de imperar sobre el interés de todos. No se diga que la protección asegura al obrero un salario crecido, pues o ¿qué le vale cobrar como aumento de paga en el artículo que trabaja, que es un solo artículo, el 35% con que ese producto está protegido en la tarifa, si por el sistema general establecido para esa protección tiene que pagar 35% en todos los artículos que consume, aun en los más necesarios? ¿Si en virtud del sistema que invocan los manufactureros para abonarle un salario mayor, mantienen los productos domésticos (que para la exportación venden con veinte, a veces con sesenta por ciento de descuento) al mismo precio de los productos extranjeros? Y no es verdad que la competencia disminuya los precios; porque los manufactureros rivales se coaligan para vender a un tipo marcado y caprichoso sus artículos: y cuando la competencia disminuya el precio, como se suele alegar, a menos del artículo importado, eso demuestra que el artículo se puede producir sin necesidad de la tarifa protectora que está causando tal plétora de industrias, tal carestía de la vida, tal desocupación de los trabajadores airados.

Sí: hay que reducir los derechos, no dejando entrar libres en el país edificado conforme a la tarifa alta los productos baratos de pueblos donde se requiere menos para vivir, sino deduciendo de los derechos de protección la ganancia inmoderada de las industrias protegidas; y poniéndolas, por la entrada libre de las materias primas, en condición de luchar con éxito en las plazas del mundo, que hoy les están cerradas. "Esta no es novedad mía, dice el Mensaje, sino ofrecimiento hecho al país en programas y leyes previas por demócratas y republicanos. La única duda está en la fuente donde deba hacerse la reducción —si en el tabaco y los licores, de cuyo impuesto justo y moral nadie se queja, o en los derechos protectores, perniciosos para el país, e inútiles a la larga a la misma minoría de las industrias que protegen. Ni como patriotas, ni como políticos, se muestran por cierto muy dispuestos nuestros conciudadanos a condonar la violación deliberada de este compromiso."

Y ¿qué haremos con este sobrante de cien millones anuales, descaradamente acumulado, en el Tesoro, cuando la ansiedad de los capitalistas, la timidez de los negocios de crédito, el número creciente de artesanos sin empleo, demuestra que falta de la circulación el numerario preciso para la salud de las fábricas y del comercio? Ya hemos recogidos todos los bonos del tres por ciento, los bonos de los capitalistas; pero de eso los mismos capitalistas se quejan, porque no tienen donde colocar sus fondos a igual interés: ni es lícito distribuir entre la clase que menos lo necesita, el sobrante cobrado indirectamente en el costo de los artículos de uso a la masa que con más dificultad puede pagarlo: ni es honroso ver en cada legislatura a los representantes caer famélicos con proyectos innecesarios e inmorales sobre ese enorme sobrante de cien millones que los tienta. El gobierno sólo debe recabar del trabajo del ciudadano la suma que estrictamente necesite para protegerlo.

Pide, pues, el Mensaje, que se rebajen los derechos de protección, con el menor daño posible de las industrias favorecidas y de los obreros: que se declaren libres las materias primas: que se conserve el impuesto doméstico sobre el tabaco y los licores: que se reduzca la tarifa de modo que desaparezca el sobrante anual; y no se cobre al país más de lo que necesita para sus gastos legítimos el gobierno.

Y con tal habilidad levanta este hombre obeso su prueba; con tal arte establece, como pudieran sus propios adversarios, las verdades de hecho de que se vale en seguida para combatirlos sin encono; con tal moderación deduce de una avalancha de pruebas la necesidad de una concesión siempre menor que lo que las pruebas ameritan; con tal desdén por todo interés bajo, recuerda a hostiles y a secuaces la obligación de trabajar puramente para el bien del país, encaminado a la sangre y a la ruina, que republicanos y demócratas, deslumbrados y aturdidos, como bajo el látigo, se pliegan ante el flagelo de este florete envuelto en piel de oso.

JOSÉ MARTÍ

[*El Partido Liberal*, México, 11 de enero de 1888, tomo v, núm. 855, pp. 1 y 2.]

XIII(71). CORRESPONDENCIA PARTICULAR
DE *EL PARTIDO LIBERAL*:
CALORES DE AGOSTO

SUMARIO: La "bola de Harrison". Llegada de Blaine. Regata de vapores.
Los fidómanos: Muerte de la hermana Wade. "¡La fe lo cura todo!" El mercader en el templo. "El voto para las mujeres": Belva Lockwood, propuesta
por su partido para la Presidencia. Su empleo. Lo que espera. Treinta
esqueletos prehistóricos. El sorbete mexicano.

Nueva York, agosto 18 de 1888

Señor Director de *El Partido Liberal.*

Esta ha sido semana de calores asesinos, entierros extraordinarios y
llegadas triunfantes. Enorme era en la procesión con que se festejó
la vuelta de Blaine, la "bola" de madera, embanderada y cubierta de
dísticos y motes, con que los moradores de Cumberland han querido
imitar lo que en el mismo pueblo hicieron los federalistas de hace
cincuenta años, para ayudar con aquella novedad la elección del abuelo
de este Harrison, el hombre humilde de la "casa de madera, y la cidra
a la hora de comer", que fue por cierto el mismo que en una carta
famosa rogó a Bolívar que no se dejase nombrar Dictador, siendo
Ministro norteamericano en Caracas.

Pero por muchas vueltas que diese "la bola de Harrison" en la procesión de treinta mil portaluces entre entusiastas y alquilones, que
pasearon las calles en festejo de la llegada de Blaine, más vueltas da
en un día la vida de la ciudad, ya deslumbrante, ya feliz, ya hedionda,
ya enrojecida por el resplandor del incendio del Convento de los jesuitas, quemado de raíz, ya embullada, lo mismo que una aldea, para ver
salir en gran regata los colosales vapores que van costado contra costado, a Francia y a Inglaterra, ya inclinada ante el féretro de Sheridan,
que pasó con un crucifio de bronce al pecho, y sobre el ataúd la espada
y el tricornio, ya de rodillas junto al río, desmelenadas las mujeres y
hundido el rostro en la arena los hombres, mientras sube al cielo "a los
brazos de Jesús que esta vez no la dejará volver" la hermana Wade,
la santa hermana Wade, que vio a Jesús en este mundo cada vez que
quiso, y acaso lo vio de veras, y creyó sin duda recibir de él el mandato
de creer en el poder de la oración para curar, por ser propio de la

soberbia de nuestro natural tener por cierto aquello en que cree, y por aquel esfuerzo de la fantasía que hace al poeta considerar como vivos los seres que ha creado, o los que por la virtud acumuladora del genio representan definitivamente una cualidad o pasión del alma humana. Quién creyera que en esta tierra, llamada por sus mismos hijos la tierra del "peso todopoderoso", persistiese con tal fuerza, y prosperase en estos días heréticos con tal vigor, la secta que, cada verano con ímpetu nuevo, sostiene con la autoridad de cien versículos bíblicos que Dios manda al hombre creer para curarse, que para remendarse una pierna no hay más que pedírselo a Dios con fe, lo mismo que para sacar del pulmón las telas y tubérculos que lo entorpecen, o para echar de los tejidos envenenados la podredumbre del tifus; o para que no se le muera la esposa al varón justo o para que obtenga colocación el pobre obrero que la busca en vano, hasta que la santa hermana Wade le dice que se arrodille en un rinconcito de su casa a pedir sólo de veras al Señor, y al día siguiente ¿quién nega que por debajo de la puerta le ha echado el cartero nada menos que cuatro cartas, ofreciéndole cuatro colocaciones?

Por cada diez fidómanos del año pasado hay este año cien: un tabernáculo había junto al río el otro agosto, y ya hay tres tabernáculos: los fidómanos se congregan en la orilla, para los bautizos, y luego en su templo, a leer juntos la Biblia, que es libro ancho, y como tienda abierta, donde halla cada cual, fidómano o mormón, el versículo que conviene a su doctrina, y en la que el hermano Hancox toma pie para su plática amenísima, que acaba siempre anunciando que se va a pasar entre los concurrentes el plato eclesiástico, después de haber contado cómo, cuando unos treinta jayanes forzudos pretendían en vano mover de la arena un casco de buque, él puso el hombro, invocando al señor, y ¡hosanna! allá va el casco, ligero como un estudiante, sin pesarle sobre los hombros más que si fuese de pluma. "¡Y los hermanos pueden venir a verme el hombro, para que vean que no lo tengo lastimado! ¡Tened fe, hermanas y hermanos míos, en el poder del Señor!" En la puerta del templo, un fidómano de la congregación vende, por su tanto más cuanto, unas botellas de "agua santa" que —¡como que está llena de *penny royal*!— no deja vivo un mosquito. Y la puerta del templo parece una feria, llena de mujeres que compran el menjurje. Y el gran hermano Hancox viene y va entre ellas, y se ve pasear por sobre los gorros de mujer la barba.

Dinero, nunca falta en esta tierra de las donaciones para cualquier empresa que, por tener raíz en las virtudes o defectos del hombre, o nacer de causa real aunque poco visible y transitoria, sea aquí sacada a luz por los truhanes o fanáticos enérgicos, que hallan siempre edecanes entre los desocupados y ambiciosos, y arcas en los bolsillos

de ricachos vanos o torpes, que son pródigos sobre todo en las cosas
que llevan mezclado el nombre de Dios, por cuanto así pueden hallarse, en la hora temida de la sombra, con el perdón de haber hecho
crecer de prisa su caudal con aguas turbias. Ahora mismo acaba de
recibir el partido del sufragio femenil un regalo de veinticinco mil
pesos de un entusiasta de Iowa, que ya se están gastando en retratos
de la pretendiente al sillón presidencial, y en pagar viajes y sueldos de
oradoras ambulantes, y en colgar de pared a pared en las ciudades
grandes redes, con el nombre de Belva Lockwood, la predilecta del
partido, en letras rojas, azules y blancas.

Seis partidos han entrado en liza, por más que de afuera no se
vean más que dos, y pueda creerse, como por esta vez será aún, que
el combate va a empeñarse sólo entre los demócratas de una parte,
con Cleveland y la reforma de la tarifa, y los republicanos, con los
derechos prohibitivos y con Blaine de otra: con Blaine, que no parece
dispuesto a aceptar el debate oratorio sobre la tarifa a que lo reta
el Presidente de la Casa, el reformista Carlile, lampiño, de nariz y
ojos aguileños, de frente alta por delante y chata por las sienes, de
barba cuadrada. Además de los republicanos y demócratas, hay los
"anti-licoristas", poderosos en el Oeste, y por lo común en el campo,
donde el hogar levanta estandarte contra la taberna; los obreros
del "Trabajo Unido", con su candidato Cowdrey, y los del partido
rival de "La Unión Obrera", con otro candidato; los "anti-inmigrantes", de allá de California, que creen bueno cerrar las puertas a la
inmigración, aunque ellos mismos vinieron ayer de las casuchas de
Irlanda o de las cumbres desvalidas de Escocia; los "indígenas",
como podría llamarse al partido americano, que viene a ser como el
de los "anti-inmigrantes" del Este, y los de "Derechos Iguales", con
que dan a entender lo principal de su programa los que quieren que
se dé voto y entrada en los empleos públicos a las mujeres, y trabajan
porque sea electa a la Presidencia la anciana pura y elocuente que ha
sabido mantener su familia numerosa y ganar fama de abogado en el
mismo corazón del país, en Washington: ¿Quién no la ha visto, en
las mañanas de frío, yendo al tribunal, con su vestido negro y su gorra
de mujer de años, sentada en su triciclo? Ella escribe en los diarios,
perora en las reuniones, aboga ante los jueces, saca —ayudada de su
hija y sobrina— pensiones y privilegios, admira de veras por la conci-
sión y elocuencia de sus discursos, y cuando un corresponsal curioso
la va a ver, en la casa amiga que la hospeda en New York mientras
propaga su candidatura, no sale a recibir al visitante una maría-en-
latines, con gafas de oro lustroso y chal de flecos fúnebres, sino una
buena abuela, con un cerquillo que deja ver lo noble de la frente,
a cuya luz natural añaden encanto la de la mirada y la sonrisa: lleva

saya negra y jaique de muselina, prendido al cuello por seis brillantes, montados en cuadro. Habla de lo que quiere a su hija, que "prepara muy bien un caso", y gusta mucho de hacer cocina fina; habla de lo que gana, que es tres mil pesos al año, en comisiones y pleitos; habla del programa de su partido, que no sólo pide el voto para la mujer, sino la prohibición absoluta del tráfico en licores, la creación de un tribunal de arbitramento entre las naciones, la reforma del sistema de salarios, y la entrega de todos los ferrocarriles y telégrafos al gobierno, que los ha de dirigir en pro del pueblo, su único amo. Habla de su nieta, que ya camina, y de que no espera ser electa en toda la República; pero sí en el Estado de Iowa, donde no hay caserío, ¡qué, donde no hay casa! que no tenga el retrato de Belva Lockwood en su bandera.

Y en Iowa tienen ahora, sin embargo, mucho que hacer, por ser allí tanto el fuego del sol que se encienden las mieses y caen los hombres sin sentido sobre los arados, y echan llamas los ojos de las bestias. "La tierra me quemaba" dice el antropólogo que anda por allí desenterrando esqueletos, cuando ayudé a mi gente a sacar del montículo los treinta hombres viejos que encontré sepultados allí, con la cara al Este: "No había restos de carne, ni de ropas, ni de envolturas con plumas y cuentas, ni útiles de piedra o metal, como en las huacas del Perú; pero los esqueletos estaban sentados, con la barba en las rodillas, las manos sobre el suelo, los dos pies juntos: y la cabeza como en cono, echada la frente hacia atrás, con el frontal muy grueso y astilloso, y la barba tan afuera que los dientes de abajo servían como de caja a los de arriba: los huesos tenían manchones negros, como si les hubieran secado al fuego: unas cuantas jarras rotas, de burdo dibujo, eran su única compañía. "Pero por poco me come a mí la carne el Sol" dijo el antropólogo.

Y es verdad que la semana ha sido de calores odiosos. Agosto es aquí rojo. Es de fuego de fragua el aire a mediodía. Los hombres se van arrimando a las paredes, como si las fuerzas les abandonasen. Mujeres, apenas se ven. Los negocios se mueren, como los caballos. Los trabajadores, cargados de bebida, pasan tambaleando. Los cocheros caen pescante abajo, perdido el sentido. Los más felices andan como soñolientos y tardíos, deshecha la corbata, con calzón blanco y camisa de franela. ¡Que pasen estos días hórridos, para ocuparse de la descarada defensa de los monopolios, que va haciendo Blaine, o de las propuestas de esparcirse por nuestra América, que en sus discursos insinúa, a modo de señuelo el candidato Harrison! ¡Felices los que se van en el "Bourgogne", que ostenta en su mesa central, repleta de flores, un ramo que sobre todas ellas impera orgulloso, el ramo verde, blanco y rojo que saluda en su partida a Italia al Ministro de México! ¡Feli-

ces los que se van a los hoteles del campo, con su traje leve y pintoresco de jugadores a la pelota de jardín, blanco el calzón largo, de
lana la camisa, al cinto una banda de lana o de seda, con los colores
de su club, como las listas del levisaco y la cachucha! ¡Más felices
que los fruteros italianos, los cigarreros bohemios, los sastres rusos, que
ven morir en los barrios bajos sus hijos a montones, sin más aire que el
fétido de las casas de vecindad, donde chorrea la miseria, y para sus
hijos, una caja de jabón por cochecito y por cuna! Ya a las tres de la
tarde, va quedándose Nueva York desierta. Hay angustia en las caras.
Se avalanza la gente a los vapores, a pasar el río, a los pueblos de los
alrededores, a donde quiera que haya un árbol. Y al pasar se detienen
en fila como en los teatros de invierno, frente a las boticas donde
venden jarabes de soda: este año no es la boga, la vainilla o café, como
antes, ni menjurjes de quina y de genciana, sino una gloria en vaso
que parece hecha de esencia de frutas, de frutas de México. Le llaman
el "Mexican sherbet". Bulle y aroma. Es de un rico carmín. No tienen
manos para vender el "sorbete mexicano".

JOSÉ MARTÍ

[*El Partido Liberal*, México, 2 de septiembre de 1888, tomo IV, núm. 1046,
p. 1.]

XIV(74). LA INMIGRACIÓN EN LOS ESTADOS UNIDOS Y EN HISPANOAMÉRICA. AVISO A MÉXICO

Corre por estos diarios norteamericanos desde hace un mes un consejo a nuestras tierras que faz a faz ha de llamarse insidioso, por la razón por que se da, y es la de que la inmigración italiana conviene singularmente a nuestros pueblos. Conviene, pero no de todas partes de Italia, ni de la clase que viene ahora a los Estados Unidos. A México sobre todo le dan el consejo, porque es el vertidero más cercano. ¡ Oh, México sería muy feliz con los inmigrantes italianos! ¡ Excelentes, los inmigrantes italianos! Y se hacen lenguas —atiéndase a esto bien— de la ventaja que es para un país el allegar elementos de población que le sean afines, y puedan mezclarse con la masa común por el hábito del clima, las semejanzas mentales, y la analogía de los antecedentes. La caridad de estos diarios es mucha, mucha. Grande es el celo que están mostrando estos días porque nuestras tierras, y México sobre todo, acojan con júbilo a los italianos que ellos desdeñan. Sépase, pues; porque, por el ansia de lo que se llama progreso, y suele no ser más que inconsiderada novedad, podría tomarse en serio por algún demógrafo novel este consejo torvo e interesado.

La tendencia a restringir la inmigración viene siendo mucha en los Estados Unidos, sobre todo desde que, con la ayuda de cierta parte de los inmigrantes, prosperan más de lo que le conviene a las ideas de violenta reforma social, ya porque los recién venidos, al amparo de una libertad mayor, dan expresión vehemente a sus largos rencores y esperanzas vanas, ya porque, espoleados a la vez por el ejemplo de afuera y el malestar propio, meditan los obreros norteamericanos más de lo que place a una sociedad mantenida aún, por más que fuesen los injertos políticos, sobre tradiciones y privilegios. Y antes de cortar el mal, que es la inquietud obrera, por la raíz de donde viene, por las causas que producen la escasez de trabajo y la injusticia en la distribución de sus rendimientos, se vuelven contra las masas con causas y razones aparentes. Por esto deciden que la inmigración es ya excesiva, y ha de irse reprimiendo: que está entrando en la República demasiada levadura anárquica: que el descontento y amenazas provenientes de ser el trabajo menos que los que vienen a buscarlo, aumentarán mientras más vengan; que es preciso ir cerrando las puertas a los inmigrantes, y exigirles de catorce a veintiún años de residencia antes de darles voto en los asuntos públicos: que debe salvarse a tiempo lo que queda de esta república semi-patricia y de genuinos americanos. Pero lo que crea esta nueva filosofía social no es el justo amor a la pureza de las instituciones patrias, sino el miedo de los ricos a que se les vengan encima las turbas desesperadas —y el miedo de los pobres a verse sin trabajo. De esos dos elementos, y de unos cuantos yankees hoscos que ven lo extranjero con ojos torcidos, se compone el nuevo "American Party", que era una nada ayer, y hoy tiene junta su Convención, con más de doscientos delegados de Estados diversos, en la misma ciudad de Washington.

Pero con ser los Estados treinta y ocho, y los delegados doscientos, setenta y ocho de ellos pertenecen a un solo Estado: el de New York. Y es que a esas razones generales contra la inmigración se agrega en New York una ley local, que es el predominio irlandés en las cosas políticas; y la necesidad que en virtud de él tiene la prensa, vendida a los partidos o medrosa de ofenderlos, de halagar hasta en sus ridiculeces y odios, a los que, en sí o en sus hijos, dominan la ciudad, y aun el Estado.

Y como el irlandés es en su tierra muy mísero e infeliz, se ase como un caracol al bienestar que encuentra aquí al venir, y con toda su pasión aborrece al italiano que viene a disputarle el jornal que le dan —por barrer calles, acotar rieles, empedrar caminos, y cavar acueductos— aquellos otros irlandeses o hijos de ellos ya endiosados, y hasta en la apariencia de su cuerpo semejantes a las divinidades primitivas, por lo pomposo de la persona, lo lleno de joyas y lo fanático del culto.

Este odio del irlandés al italiano es mayor por lo mismo que ambas inmigraciones, se parecen en lo ruin de sus empleos y en lo mezquino de sus hábitos, porque si el italiano vive por pobreza en cuartuchos fétidos, apilados, maridos y mujeres, hermanos y hermanas, padres e hijas; si de un cazolón comen veinte a la vez, encuclillados en la sombra, los hombres febriles, las mujeres con los recién nacidos, como gusanos, colgándoles del pecho; si hay por Mulberry Bend y por Mott Street covachas de napolitanos que parecen haces de huesos vivos, con todo el fósforo en la calentura de los ojos, el irlandés no le lleva mucha ventaja, metidos con su parentela en casucas hediondas, sin más flor que la col, bebiendo a tinas los fondos turbios de los cuñetes de cerveza, sin amistad más íntima que el chivo y el puerco. De ahí crecen pero así son en la raíz.

Y como el irlandés, en virtud de lo muy oprimido que lo tienen, es despótico y ve aquí de señores a los suyos, que eran poco menos que siervos en su tierra, ya se cree señor él en cuanto llega de Irlanda, y ve todo este país como su patio, y a los que buscan trabajo acá, los ve como a los puercos del corral vecino, que se entran sin derecho a comerle sus coles. El número, que es el voto, es irlandés en New York. Sin el voto irlandés, nadie puede vencer en New York.

Irlandeses son los policías, los alcaldes municipales, muchos representantes a la Asamblea y Senado del Estado: los empleos de cuenta, de esos que rinden de diez a ochenta mil pesos al año, son de irlandeses o de hijos de ellos, que siguen creyéndose en el país como de conquista, y tratando a la República como venida al mundo para mantener en principados y canongías a los emigrados de Irlanda. Por los votos se obtienen los empleos. Desde los empleos se reparten los dineros públicos. Los dineros públicos van, en una forma u otra, a los que dan los votos. Esta es la máquina política de la ciudad, de New York y de todo el Estado.

Y el italiano viene, con su bulto al hombro y un hijo en cada bolsillo; comen sol; beben aire; con una cebolla tienen para una semana: por un pedazo de paz trabajan un día entero, con amarse hasta secarse, y matarse por celos los domingos, tienen la vida hecha; disminuyen los salarios, y las ocasiones de trabajar del irlandés: el irlandés grita entonces ¡abajo el italiano!: se pelean en las plazas públicas: se vienen a las manos en cada esquina, y el policía lleva siempre al italiano preso. Por eso, aprovechándose de la opinión desfavorable a la inmigración, han ido de New York a la convención setenta y ocho delegados. Por eso la prensa de New York, y la de los Estados que reciben su impulso u obra por las mismas causas, convida a nuestros países, y a México sobre todo, a que "se allegue razas de elementos afines", vendedores de fruta, limpia-botas, barre-calles; "a que robustezca su población con razas análogas", no los espaldudos agricultores de Piamonte, que éstos vienen poco acá, sino los pescadores de arete y pulsera, los traficantes en limonadas y naranjas; "a que dirijan sobre nuestros países, sobre México especialmente, la gran emigración italiana".

Y es cosa de pensarse, por lo mismo que está sucediendo en los Estados Unidos, qué especie de inmigración debe llevarse a nuestras tierras, y con qué privilegios, y hasta dónde deben gozar de los derechos públicos, y si va sobre seguro el pueblo que dé intervención en sus cosas a los extranjeros antes de que críen familia en él y lo amen, cuando para traer la inmigración no es necesario ir a tanto, ni poner en peligro, como se han puesto aquí, las instituciones nacionales, sino que basta con asegurar el bienestar, y el decoro de hombre libre por supuesto, a quien ni es hombre libre en su tierra, ni tiene allí esperanza de bienestar alguno.

Ya no es como antes, que la inmigración salía de Europa por el anhelo de la libertad o lo insufrible de la tiranía: por hambre sale ahora: de la inmigración se ha hecho un negocio: se han creado

con tráfico de inmigrantes, empresas de vapores enormes: se ha caído
en el error de pagar prima por cada inmigrante embarcado: los
vapores de inmigraciones, necesitados de pasaje para su sostén, tienen
llenos los países más infelices de Europa de gentes que alucinan con
promesas a los campesinos para cobrar de las compañías sobre sus
boletos de pingüe comisión: los especuladores, como los cuervos han
llovido a donde huele a muerte, y andan por Europa tomando viñas
y labranzas en hipoteca por el precio del viaje que adelantan al cam-
pesino alucinado. Y a esto se junta el interés de los gobiernos europeos,
de Inglaterra, de Alemania, de Rusia, que a escondidas, pero con mano
segura, van echando de su territorio a los criminales y páuperos sobre
América, y les pagan de muy buen grado el poco precio de la travesía.
De mendigos turcos, de húngaros viciosos, de judíos de Rusia, de ingleses viles, están llenando a los Estados Unidos las comisiones de moral
pública de todas esas tierras: y de zambos, cojos, jorobados y tuertos.
Sépanlo nuestras tierras, y cuiden de sus agencias de inmigración,
porque estos puertos americanos acabarán por cerrarse, y en esta parte
con mucha razón, a esas turbas leprosas: los vapores enormes buscarán
nuevo empleo: los gobiernos y las comisiones de moral volverán los
ojos a otras tierras: y con la voz de *progreso*, y el anhelo de adelantar,
los acojerán acaso con júbilo los que no saben que así se llena la
patria de pus y de veneno. Urge vigilar mucho, y en seguida, porque
nos van a querer poblar con criminales.

(El Economista Americano.)

[*El Partido Liberal*, México, 26 de septiembre de 1888, tomo VI, núm. 1065,
pp. 1-2.]

XV(107). EL PROYECTO DEL ZOLLVEREIN

Nada tan concreto se había publicado hasta ahora sobre lo real de la Conferencia de Repúblicas en Washington, como el extracto del plan de Unión aduanera que intenta presentar a la Conferencia la Secretaría de Estado, como base de los debates sobre la Unión. Y para México es más de interés este plan, fuera de las razones generales, por haberlo confiado el gobierno norteamericano a Warner P. Sutton, Cónsul del gobierno vecino en nuestra frontera.

Quien sigue de cerca lo que dice la prensa del norte sobre el Congreso de Repúblicas, tiene ocasión de notar que los que en ella defienden el Congreso no aluden sino de pasada a los proyectos de unión mercantil, mientras que la prensa observadora de la oposición, sin censurar de frente al Congreso en sí, demuestra que no puede haber con las obligaciones proteccionistas de la actual Administración republicana, acercamiento alguno verdadero entre los países ocupados hoy en conferenciar. Todos los periódicos que estudian en detalle las cuestiones económicas, proclaman la imposibilidad de ofrecer siquiera a las repúblicas de origen español el cambio libre y absoluto de productos que hubiera podido tentar a las repúblicas a suspender de hecho sus tratos con las naciones que las ayudan, las solicitan y las respetan; porque el simple temor de una oferta que llevaría aparejada la introducción libre en los Estados Unidos de los artículos que en esa nación se producen, ha levantado el clamor de los propietarios protegidos, que notifican ostensiblemente al partido gobernante su determinación de desampararlo, "si se vale del poder adonde lo restablecieron con sus tributos y su influencia, para arruinar, con la contrata libre de los productos extranjeros a los que pagaron sus cuotas y pelearon como tigres para colocar en el poder a los que les ofrecían, en pago de sus esfuerzos, cerrar los mercados a los productos rivales de afuera". Otro periódico dice así: "A la verdad que estando según estamos, con nuestra protección, de tal modo que ni siquiera podemos plantear el problema que hemos llamado a los pueblos a recobrar, no vemos cómo pueda hacerse lo que le pedía el impetuoso republicano Chancey Depew al genio mercantil del Norte en la enérgica comida de la Cámara de Comercio de New York, cuando decía que 'era tiempo que el genio mercantil viese la manera de atar la América del Sur a la del Norte'."

Los comentarios mejores son los que caen de las cosas, y se hacen por sí mismos. Y de esa especie son los que publica el *Evening Post* de New York —que es hoy, con el *Times,* el diario de más peso e influjo de nuestros vecinos en estos estudios de economía pública—, al analizar de primera intención la sincera, por no decir tímida, proposición que la Secretaría de Estado vecina presentará a la Conferencia, sobre este asunto que aparece ser, en lo visible al menos, el fundamental y dominante en este Congreso de naciones. "La primera impresión", dice el *Evening Post,* "es que la Secretaría de Estado se chancea. ¿Será posible que ese portentoso espectro, nuestro Zollverein Americano, que ha puesto en tamaños miedos a los economistas y potentados de Europa, venga a quedar reducido a esta mitad de media botella, a uno, dos o tres artículos libres (si pueden ustedes declararlos libres), y a media docena más de artículos con derechos uniformes (si pueden ustedes llegar a avenimiento sobre cuáles sean, y cuál haya de ser el derecho)? Si esto es lo mejor que los americanos podíamos sugerir, más hubiera valido no sugerir nada, y dejar caer el caso al agua profunda. Aunque a valer verdades, ¿no será esta una manera de dejar caer el caso al agua? Injusticia completa sería inferirlo así; porque el proyecto es obra de un perito competente. Si sus proposiciones resultan poco menos que ridículas, de puro insignificantes, débese sólo a que el estudio cuidadoso de la cuestión ha convencido a Mr. Sutton de que hasta esas mismas poquedades que propone son casi imposibles de lograr, y que un plan más vasto hubiera sido positiva locura."

Y la verdad que a eso se reduce todo el proyecto del Zollverein que, por comisión de la Secretaría de Estado, ha compuesto Sutton. "¿Pues para qué es el Congreso —se pregunta un diario— si no es para ajustar la Unión Aduanera, si apenas puede tratarse de la Unión Aduanera en el Congreso?" "De dos modos", dice Sutton, se puede considerar este tema de una Liga de Aduanas. El primero, comparativamente simple y de fácil logro si la lista es corta, sería convenir en establecer un derecho de importación fijo sobre un número limitado de artículos de comercio, sobre un artículo o dos, o hasta una docena. A algunos artículos, como el carbón de piedra, y todos los utensilios científicos y agrícolas, se les podría declarar libres de entrada en todas las naciones. A los granos y harinas de toda especie pudiera señalarse un derecho específico según clase, y basado en el peso en kilogramos. Por el peso también se podría fijar los derechos sobre otros pocos artículos, por ejemplo: animales vivos; carnes preparadas y frescas; semillas, frutas y peces; cueros, pieles y colas, preparadas o no; carros y carruajes; mármoles y otras piedras, en bruto o trabajadas; grasa, cuernos, huesos, y abonos animales; metales de toda especie; trementina y cenizas; maderas, elaboradas o no; casas de hierro o de madera;

hielo, plantas, arroz, y cortezas taninas; aceites de luz; lino, cáñamo, henequén, ixtle, u otras sustancias de sus mismos empleos, no manufacturadas; azúcar, por clases, y mieles; tabaco en rama y torcido; barcos, grandes y pequeños: todo esto, dice Sutton, pudiera entrar en todos los países bajo derecho igual establecido sobre el peso. O tal vez, añade, "es muy larga la lista, y bastaría para la prueba con una media docena de artículos. Cada nación cobraría los derechos de entrada en sus puertos, y los uniría a su tesoro. No habrían de alterar su sistema de ingresos. Ni habría que llevar cuentas y pasarse saldos entre los diferentes países. Eso podría intentarse si llegaran las naciones a considerarlo útil."

"Otro modo —continúa Sutton— de ajustar la Liga Aduanera, sería el de convenir una vasta escala de derechos comunes sobre todas las importaciones, de cualquier clase que fueran, y que cada país cobrase los derechos de lo que entrase por sus puertos. Esto es hoy completamente irrealizable. Hay demasiados intereses hostiles, locales y nacionales, que hacen esto imposible por ahora. No se puede pensar en establecer en las condiciones actuales, una tarifa uniforme para todos los países." Y concluye así: "Mientras más se estudien los detalles de esa Liga Aduanera, más difícil me parece intentar más que lo que al principio sugerí, esto es: declarar libres de entrada en todas las naciones de la Liga a ciertos artículos, y fijar en cierto número de otros el derecho uniforme basado en el peso. Y de tiempo en tiempo se podía ir ampliando o reduciendo estas listas, según pareciese que lo requerían las necesidades comerciales de cada nación." Ahora se comprende por qué pregunta el diario vecino: "¿Pues para qué es entonces el Congreso?"

El *Evening Post* cierra su artículo así: "El informe de Mr. Sutton es una prueba clara de la imposibilidad de realizar nada en este pomposo tema del Zollverein Americano. Pueden volver a la tranquilidad los europeos alarmados. El paso más atrevido que osa recomendar el perito nombrado para presentar la proposición, no llega a diez pulgadas, y aún así viene con tantos síes y peros que ni ese paso siquiera cree el proponente que pueda darse, cortísimo como es. Supóngase lo imposible, y dése por hecho que la Conferencia llegue a convenir en algo por ese tenor: todavía habría que aguardar a que lo ratificasen veinte Congresos y Ejecutivos, y a que se deroguen o modifiquen otras tantas tarifas. Tan visionario es el plan, que probablemente no llegará a tratarse en serio en la Conferencia de naciones."

[*El Partido Liberal*, México, 3 de diciembre de 1889, tomo viii, núm. 1421, p. 1.]

XVI(108). CORRESPONDENCIA PARTICULAR
DE *EL PARTIDO LIBERAL*. LA CUESTIÓN
SOCIAL Y EL REMEDIO DEL VOTO

[SUMARIO:] Policías letrados. Reforma social en los Estados Unidos. Las doctrinas de George en los tribunales. Nacionalización de la tierra. Los "Clubs de Bellamy". La reforma pacífica. Peligros visibles. Las últimas elecciones. Los amigos de Cleveland. La reforma del voto. Foraker vencido. Importancia y prueba triunfante del modo nuevo de votar. El voto australiano. Los "taloneros".

New York, noviembre 21 de 1889

Señor Director de *El Partido Liberal*.

Una millonaria compra, con el contrato de matrimonio, un título roído de princesa, y otra se queda en las puertas de la boda, porque su príncipe sesentón quiere más de diez mil pesos al año por su título napoleónico y su dormán de húsar. Otra entra, coronada de perlas, en el monasterio católico, y anuncia que va a levantar una orden americana de monjas caritativas, a ver si salva de la suerte del búfalo a lo que poco queda de los indios. Muere un policía heroico, que al expirar halla aún fuerzas para levantarse de entre las ropas que van a ser su mortaja: "¡los tres golpes!" dijo, "¡los tres golpes! me llama el inspector", y los comentarios son numerosos, luego que se averigua que el policía era hombre de pensamiento libre, sin fe en la divinidad providencial, ni respeto a más ley que la que ha de venir de la distribución equitativa de las fuerzas naturales entre los hombres. Otro policía de la misma mente dijo el discurso funerario, y aseguró después a la prensa curiosa que como el muerto y él pensaban muchos entre los de levita azul de botón de oro: "de cada cinco policías, uno es sectario de Henry George, y quiere que la tierra sea devuelta a la nación, que es su única dueña, que la alquilará a quien la haga producir o le pague alquiler por el derecho de fabricar su casa en ella, y así no habrá hambres de un lado y millones de otro, sino la paz que viene a los pueblos donde la masa famélica no se ve privada de la ocasión de emplear sus fuerzas sobre los elementos acaparados, al amparo de la ley, por una casta favorecida", y cuando los periódicos alegan que la custodia de la propiedad no debe estar en manos de quien niega el derecho a ella, el sargento Tims responde que la poca propiedad que él se ha ganado con la labor de sus sesos o de sus manos, la defenderá como a su vida, y la de los demás ciudadanos, porque el único señorío que cree él injusto y peligroso es el que saca los elementos naturales de su cualidad esencial de bien común, y da los rendimientos de ellos a un grupo que goza con exceso por la falta de equidad en la administración de los dominios públicos. "Ni a mí se me paga el salario, dice el sargento Tims, para que le caiga encima con los dientes de punta a los que desnudan juntos y de viva voz, como la ley lo permite, una reforma que con el mejor orden económico asegure el orden social; sino para que ayude a limpiar la ciudad de pícaros, y a tener a raya a los asesinos y ladrones." Nunca hubiera semejante opinión visto la luz sin que se clamase contra ella; pero el debate ha sido más prolongado y abierto por la novedad pintoresca, y ya aquí frecuente, de ver oficiar de sacerdote junto a un ataúd, que por crucifijo tenía un lirio, a un lego de bigotes militares, con su uniforme azul. Ayer se casó la hija de Ingersoll, el que ha puesto a hervir juntos a Shakespeare y a Voltaire, y el sacerdote fue un juez de respeto, que proclamó cónyuge a Eva y al banquero Brown, en un discurso que hizo llorar, y oyeron todos con la cabeza baja.

Y otros sucesos, que por lo principal que es cada uno no pueden llamarse incidentes, vinieron a mover las ideas suscitadas por la oración fúnebre de Tims; porque en vano se cierran los ojos a lo que de todas partes, y por los caminos más opuestos, viene a la vez. ¿A qué le reprochan al sargento sus ideas sobre la "tierra nacional" cuando el Tribunal de Apelación revoca la sentencia que privó a G. Henry George, el príncipe de la doctrina, del legado que le dejó un amigo entusiasta para ayudarle a propagar sus obras? ¿Cuando el Tribunal, al fundar la revocación, celebra, con el desinterés de quien no las comparte, la franqueza y honradez de estas doctrinas, y alaba a su autor? ¿Y el mismo George, que de su primer esfuerzo en política llega por poco a Corregidor de New York, no trabaja en amistad, respetado y mimado, con los reformadores republicanos y demócratas que quieren poner en boga, y han puesto ya por ley, el nuevo modo de votar a la australiana, que popularizó George en su libro, nunca más leído que ahora, sobre *El progreso y la pobreza*? ¿Y no va George a recorrer, con su dogma al hombro, la Australia entera, como huésped de honor, bajo los auspicios del partido liberal de la isla? Un diario dice: "No es posible dejar de notar que aumenta en las masas el culto por los anarquistas ahorcados en Chicago: a la sombra de la horca, en Chicago mismo, han ido en procesión los obreros a visitar las sepulturas, y llevaba la bandera roja la mulata elocuente, la viuda del americano Parsons; en el museo de figuras de cera, en New York, ¿quién no observa el silencio y la tristeza de los que rodean el grupo, y aun las lágrimas? Rusos, alemanes y americanos han conmemorado juntos, en salones henchidos, los méritos que adornaban a sus ojos a 'las cuatro víctimas del terror de los privilegiados'. Jueces y banqueros han vuelto a decir en Chicago, con motivo de la conmemoración, que se anduvo sin duda de prisa en quitar la vida ignominiosamente a cuatro hombres que acaso sólo eran culpables de la vehemencia con que afincan en las almas infelices las esperanzas de justicia y regeneración". ¿Los libros del Conde Tolstoi, que son una plegaria para los pobres, su *Vida*, su *Confesión*, su *Escuela de Yasnaia Poliana*, no andan de mano en mano y los celebra la revista de *Harper*, que es de lo más sesudo y granado del país? ¿No se leen con favor creciente los estudios en que aboga desde la otra revista, *The Cosmopolitan*, en pro de la reforma social, un pastor venerado, Everett Heale? ¿Y el libro del elegante Bellamy, *Mirando atrás*, no está ya cerca de los doscientos mil ejemplares, y no se juntan en "clubs de Bellamy", pensadores, artistas y ricos, a leer y comentar reunidos la hábil pintura de las desigualdades peligrosas de la nación de hoy, y las propuestas de reforma que deja inferir la pintura hábil, so pretexto de contar cómo es el mundo de ahora, en una familia de mil años adelante? ¿Y no da a todo eso carácter de urgencia y testimonio intachable, la prueba plena con que un millonario respetado demuestra que, en medio siglo a lo más, a seguir como van las leyes y las fortunas, estará la propiedad total de los Estados Unidos en manos de doscientas cincuenta familias? Nace el partido de la reforma social de aquel mismo Boston, llamado Atenas del Norte, donde nació, con el sublime Phillips y con Garrison, el partido de la abolición de la esclavitud. Nace de los altos del pensamiento cuyo fervor apostólico inspira menos desconfianza que el clamor que viene de abajo, donde la justicia puede traer mano ignorante, y espuelas de odios. Se ha puesto casaca la reforma social, está a la moda, y ha comenzado a triunfar, en Boston mismo, con el establecimiento del voto australiano. Los comprados vienen de afuera. Ya no se compra a la cara de las casillas con uno, con dos, con cinco pesos, con una promesa, el voto.

Porque en el afán y ruidos de esta existencia del Norte, tienden unos, con brutalidad y desafuero, a llegar junto a sí, por codicia y por vicio, los caudales del orbe; y otros viven de celestinos y mercurios, so pretexto de política y abogacía, sacando los caudales de donde están por la ley o la naturaleza, y llevándoselos, por la propina de habanos y champaña, a sus señores; y otros creen que la corona del universo les ha caído en la cabeza, y han tocado a salir por el mundo a traerse los pueblos bajo el brazo; y otros se quitan de las sienes las adormideras, miran el fondo de la copa de oro, y se levantan en medio del festín a decir sin miedo que ir a turbar la casa ajena no es remedio para que con los haces encendidos no se queme la propia. "Ya pasaron, dicen, los tiempos de la libertad nominal y de la ilusión política; sólo la felicidad contentará a los hombres. La política no está en buscar colocación falsa a los productos de una minoría privilegiada, que sólo puede mantener sus privilegios a costa de la mayoría desposeída, ociosa y descontenta; ni en buscar climas tórridos donde vayan de peones de los magnates concesionarios, de los encomenderos de la República, los hombres de bota fuerte que han leído dos veces el libro de George sobre la propiedad de la tierra; y no quieren ir de patrulla por tierras extrañas, sino ser felices junto a la cuna de sus hijos, y la losa de sus abuelos en la tierra propia. La política está, y no hay otra política, en administrar los bienes nacionales con la equidad que por sí sola, sin más sistemas ni panaceas, hace a los pueblos libres y felices. Por la posesión, so capa de creencias y de doctrinas, son todas las batallas del hombre. Se conoce el hombre, independiente y pensador, y todo lo ataca y derriba de un codazo hoy, de otro mañana, hasta que tiene campo libre donde mover los codos; y esa es la lucha por la posesión de sí. Unos luchan, con la complicidad de todos los fuertes, por retener en sus manos, en una forma u otra, los dominios públicos; y el hombre no ha de parar hasta poner a los sistemas y a los credos en nombre versiones de naturaleza nacional, de modo que no haya causa para vivir en zozobra y acecho, como fieras, arremetiendo los unos con la rabia del desheredado, y escudando los otros con nombres complacientes, y en la red de las clases, la propiedad mal hallada.

La paz es la condición normal del hombre. Es brutal e inmoral el precepto de la lucha por la vida. Convienen, pues, los que aquí piensan sobre el porvenir, en que el único modo de atajar los males que vienen de la administración parcial de los bienes públicos, es administrarlos con equidad. Y el problema está, a sus ojos, en venir a esta administración, no con la bandera roja y el cuchillo en los dientes, como aconsejan los apóstoles desesperados, sino con el sombrero puesto y una cuartilla de papel, donde en el sigilo de la alcoba, sin el tentador al pie, marca una cruz junto al nombre de su candidato preferido el votante devuelto a la libertad por la ley nueva del voto australiano.

Entre bastidores es donde se ve la verdad, más que en lo que sale al público, y el que cuida de andar por ellos asiste a la pelea mortal empeñada de un lado entre los politicones e intereses que sacan por ellos las leyes benévolas, y de otro por todos los hombres de juicio, que desde un bando u otro, ven la urgencia de dar un arma pacífica a la reforma, para privarla del derecho de blandir otras armas. Hay que sacar el voto de las manos de los que han hecho comercio de él. Hay que echar sobre el tesoro público los gastos de las elecciones, para que, so pretexto de estos gastos, no levanten las sociedades políticas sobre los candidatos un impuesto que el candidato ha de procurarse a su vez de quienes se lo anticipan a cambio de los servicios que se obliga él a hacerles de los fondos, de las leyes, de los derechos públicos. Hay que impedir que, en la hora misma de la elección, dé nueva y justa causa de ira a los pacientes descontentos la venta abierta al poderoso y al bribón del único recurso que concede la ley para sacar de su imperio continuo a la liga de los bribones y los poderosos. Es, pues, una cuestión social, y acaso una solución social, en este país donde el voto es el poder, el voto australiano.

Grande fue la importancia, y la lección, de las elecciones de este otoño. La opinión, sofocada a fuerza de paga, en las elecciones presidenciales, se enseñó como es, sin el enemigo del soborno, o con la fuerza magna de la indignación, a tal punto que, un año después de ser derrotado en la candidatura a la presidencia, es Cleveland reconocido, por impulso unánime, como el candidato victorioso. Sus amigos han vencido. Han vencido los reformadores de la tarifa. Campbell, el abogado de la lana libre, ha sido electo gobernador, contra el gobernador que estaba en el poder, contra Foraker, tan come-fuegos y azuza-guerras que ya se dice "forakear" a hablar de fanfarrón, y hombre de mucha amistad con las empresas protegidas, que ven en él su campeón extremo, y el mejor abogado que pudieran sentar en la presidencia de la república. Porque este fenómeno hay acá en la política: "Pagamos al abogado donde nos pueda servir mejor, en el corregimiento, en el gobierno del Estado, en la Suprema Corte, en la presidencia de la república; y las empresas que tienen los mismos intereses, se juntan para poner en la presidencia al candidato que le promete servirlos. Y al candidato de reserva, a Foraker, echó de la silla el amigo de Cleveland, el reformista Campbell. A Iowa, republicana ardiente hace un año, por los amigos de Cleveland van dirigidos los telegramas todos de la victoria. Cleveland, que estaba en Washington de visita, y se pasó sus horas con Harrison en la Casa Blanca, sólo tiene una frase que decir al periodista que se la arranca en el estribo del coche: "¡Como que la levadura de la reforma de la tarifa se ha entrado por toda la masa!" Solemne y completa ha sido la victoria, y bienvenida para los que no quisieran ver deslucida la libertad en su casa mayor con tentativas indignas de ella, y de la especie humana. Pero la lucha misma de los partidos, quiera al fin combate común, levantó curiosidad menor que la prueba del voto australiano, befado por los que le temen y resisten, defendido por los que lo saludan como la garantía de la paz, y la alborada de la purificación.

En Massachusetts y en Connecticut se votaba así por la primera vez. Con ligeras variantes, la ley era la misma. Que el Estado imprima las papeletas, y las reparta donde nadie las pueda cambiar ni falsificar, y las vea llenar en secreto por el votante libre. Fueron a Boston, sobre todo, emisarios de las sociedades que abogan por el método, y de las que lo acusan de confuso, de lento, de abusivo, de atentatorio a la libertad del votante. Y era de ver Boston, en verdad, el día de las elecciones; porque no fue la casa de zaguán y esquina que la elección hasta ahora es, con el votante perezoso que viene sobre las casillas a paso de quien busca, y la jauría de "taloneros" como les llaman acá por ir sobre el talón, saliéndole al camino con el mazo de papeletas del partido en una mano, y los billetes de a dos pesos en la otra; ni fue el cambio inicuo de papeletas que mandan hacer los caciques de las sociedades, dando como propias a los votantes las papeletas del candidato enemigo a la judicatura, o al corregimiento, o al Gobierno del Estado, a cambio de que el enemigo, que quiere estos puestos, vote, a dos por uno o uno por dos, en pro del candidato rival a la presidencia en que tienen interés mayor los sacrificadores, que fue como salió electo de gobernador el demócrata Hill en el mismo estado y elecciones en que salió derrotado para la presidencia el demócrata Cleveland. Ni las bebederías estaban con el costado abierto, como suelen en estos días en que las ordenanzas les mandan cerrar la puerta principal; porque el mostrador les vale a los "taloneros" para mantenerse el valor, o para aturdir a un votante desconfiado, o para llevarlo donde no vean que le da el billete de dos pesos, o para echarse en alcoholes los cinco pesos que gana por cazar votos, y con el sistema nuevo, como que el votante entra sin papeletas en la casilla, y vota sin consejero y sin que nadie lo vea, no hay talones que pisar, ni mostradores donde comprar honras baratas, ni oficio en que ganar los cinco pesos. Por el amor del tablado vagaban, con el tabaco caído, y la nariz con menos color, los "esquineros", "taloneros" y "muchachos", merodeando sin ocupación por la acera desnuda de garitas. Jubilosas iban y venían, de distrito en distrito, con permiso del ayuntamiento las comisiones inspectoras de las sociedades que propagaban la reforma. En un mismo carruaje, detrás de Henry George, entraron un demócrata y un republicano. En la casilla, entra el votante por una de las puertas de la baranda que separa el recinto público del de sufragar; dos vigilantes, de diversos partidos tiene la mesa donde el votante toma la lista en que están, debajo de cada candidatura, los candidatos de los partidos, diferentes; entra el votante en una de las particiones de madera, sin puerta, que han levantado al fondo: marca allí, solo, con una cruz en cada candidatura el nombre que prefiere; va, por el lado opuesto al de la entrada, a la mesa de registro, donde llevan los libros, como en la de las listas, vigilantes de los partidos hostiles; tachan el nombre en el registro, y el votante echa, antes de salir por otra puerta, su lista en la urna. Si no sabe leer, lleva consigo, a la partición, autoridad de la ley, a uno de los vigilantes que le lea los nombres y marque los que le dicta. Al contarse en Boston los votos, libres de compra y de bebida, se vio que en aquellas elecciones, más rápidas y serenas que las de antes, había acuerdo real entre las fuerzas que los partidos se calculaban; y las que probaron en las urnas. Ni el "talonero" tendría cómo saber que el votante comprado le cumplió la palabra; ni el que debe a otro su sustento votará, por miedo de perder el pan de sus hijos, como se lo manda aquel cuyo interés está en negarle el suyo. Empieza a asegurar la paz amenazada, el voto blanco.

JOSÉ MARTÍ

[*El Partido Liberal*, México, 11 de diciembre de 1889, tomo VIII, núm. 1428, p. 1.]

Desde que estuvo Edison en París, se habla más de él. El hombre,
misterioso y natural, admira tanto como el inventor. Vive con las
manos en lo desconocido, y tiene visiones como las del místico Sweden-
borg, y fantasías como las de Poe o de Quincey. Para este físico, todo
átomo tiene alma. Le preguntan por Dios, y dice que casi lo ha visto,
"casi se puede probar la existencia de Dios con la química". Tiene este
mecánico, una poesía matemática y formidable. Un día, de sobremesa,
rompe a hablar así, desde la nube de humo: "¡Qué gran cosa sería
que el hombre pudiese mandar en sus átomos a voluntad y que cada
átomo fuese de quitar y poner! Así podría yo, por ejemplo, decir a
mi átomo número 4 520: Ve, y sé parte de una rosa por un poco de
tiempo: y a cada uno de los átomos lo mandaría a que se hiciese
parte de los minerales, de las plantas, de las sustancias todas. Luego,
tocando un botón, los átomos volverían a mi cuerpo, con todo lo que
hubieran aprendido, y yo sabría el misterio de la piedra, del gusano
de luz y de la rosa." ¿No es el hombre de las "tres mil" teorías sobre la
luz incandescente? ¿No hizo viajar a decenas de hombres por las flo-
restas vírgenes, para encontrar la fibra que da luz? Los átomos, para
él, se condensan y coronan en el hombre, que representa la inteligencia total, "porque los átomos, todos son inteligentes". ¿Sin inteligencia, producirían con sus conjuntos el color, la forma, el aroma? La
vida es aroma. Lo que decae, hiede. Los pícaros parece que hieden.
Se limpian las botas y usan brillantes en el plastrón, pero hieden. La
inteligencia está en nosotros; pero no nos viene de nosotros mismos.
La materia no es inerte, ni recibe su fuerza de afuera. Y estas son las
cosas de que habla de sobremesa el inventor del tasímetro, envuelta
la cara pálida en la nube de humo. ·

Porque Edison fuma sin cesar: fuma quince, veinte tabacos al
día: cuando no fuma, masca: recostado en una silla, con los pies sobre
el respaldo de otra, a la nuca el sombrero de pelo, por el suelo los
faldones de la levita negra, cambiándole de color los ojos chispeantes,
va dibujando con los mascullones de tabaco en la pared la máquina
que inventa. De pronto echa por tierra las sillas y se sienta, sin qui-
tarse el sombrero, a tocar el órgano, en las horas profundas de la noche.
Se levanta del órgano, a anotar, con dibujos, la máquina en que
piensa. Cientos, miles de máquinas. Los cálculos los hace pronto, por
métodos suyos. Cuando un novelista lo va a ver, le saca el libro de los

dibujos: "¡Aquí tiene mi novela!" Y le deja el libro en las manos:
le ha ocurrido una idea, ha recordado la página de un libro, y va a su
cuarto de leer, donde mesas, sillas, alfombra, están llenas de libros
abiertos. Salta de uno a otro. Lee en todos a la vez. Estudia un asunto,
y manda comprar cuanto hay escrito sobre lo que estudia. Resuelve, y
olvida. Si algún amigo entra a hora propicia, de levita y sombrero
alto se pone a picar chistes, a canturrear, a hablar yankee por lo fino:
o a bailar el zapateo, sombrero en mano y faldones por el aire, como
cuando lo fue a ver Sarah Bernhardt. ¡Siempre el muchacho errante,
siempre el telegrafista aprendiz, siempre el que aprendió la vida en lo
duro! Se las da ahora de prohombre, desde que vino de París; hace
que lo retraten en su biblioteca, de gorro y bata de señor; se siente,
de mucha casaca, en el banquete de los descendientes, de holandeses,
porque él también desciende de ellos, y la nobleza lo quiere ir levantando como persona nacional: pero de los ojos inquisidores no se le
cae nunca la burla: ¿acaso ven los hombres lo que él ve? ¿Qué saben
ésos, que peroran y que beben? ¡La hora de fumar es la que en los
banquetes le place a Edison! Del tabaco negro, negro como la sombra, saca a bocanadas el humo azul.

Sus amigos hablan de su grandeza en las réplicas; de sus juicios
breves y originales sobre los hombres; de cuando fue por primer vez
a Washington, a pedir privilegio de invención para un aparato de mar-
car sin demora en los congresos los síes y los noes: de cuando lo despi-
dió por celos el jefe de su oficina, y entró en San Luis, en una mañana
de nieve, con el gabán de dril con que venía del Sur: de cuando
llegó de telegrafista a Boston, se sentó a recibir mensajes, y cansó al
empleado más hábil del telégrafo de New York: de la celeridad con
que concibe, el orden con que trabaja, y la infalibilidad con que
calcula. No le den "sociedades ni músicas", ni le traigan de "esos
conversadores asesinos" a quitarle el tiempo: el día es claro, pero es
más clara la noche: encaramado en la banqueta, o arrellanado en
el sofá a la turca, es su placer mayor ver asomar al alba, como si la
hubiera citado a duelo, y aguardase, en una hora de descuido, a arrebatarle el secreto de su luz. ¿Y si hay gusto de rey, luego de una buena
noche de trabajo, en ver salir el sol? A las siete tocan a la puerta,
y el inventor se echa famélico sobre el almuerzo: tira el sombrero
por el aire: se frota contento las manos. ¡Ahora, desde que es persona
de París y anda en comidas de holandeses, ya no pasa tantas noches en
vela como antes!

A veces, después de almorzar, lee un libro de filósofo o de poeta.
Los poetas de la esfinge son los que lee él: Emerson, el adivinador:
Whitman, el verdadero: ¿no fue Emerson el que dijo, cuarenta años
antes del fonógrafo, que ya vendría "quien organizase los ecos"? ¿No

dice Tyndall que la poesía de Emerson le sugirió muchas de sus leyes, y le ayudó a descubrir? ¿Y no está todo Darwin en un verso de Emerson, publicado veinte años antes del *Origen de las especies?* ¿Y la poetisa Jean Ingelow no pintó, mucho tiempo hace, en un cuento de hadas, el "acustígrafo" que reproducía la música? ¿Y en otro libro de imaginaciones, *Helionda, o Aventuras en el Sol,* no dice el personaje Alutedon, en 1855, que ya los autores no tenían que padecer con la escritura, y sujetar el águila del pensamiento a la hormiga de sus manos, "porque las vibraciones del aire, puestas en movimiento por la voz, movían una delicadísima máquina, que iba recogiendo las palabras"? Todos esos precursores tuvo el fonógrafo; y el Teniente Maury, que se lamentaba de que Daguerre no hubiese inventado un modo de escribir, sin más que hablar, por un tubo, sobre una hoja de papel; y Tom Hood, en el *Anual Cómico* de 1839, cuando augura que ha de venir quien invente "un papel de escribir que repita lo que oiga". Lee poetas ahora Edison, de cuando en cuando, de esos que ven con ojos nuevos, y escriben música extraña y poco oída —como la que oyó él cuando su primer prueba en el fonógrafo. ¡Entonces no leía poetas Edison, ni sabía de Alutedon!

Trabajaba de telegrafista; inventó un aparato para repetir, por las marcas del papel, los golpes del receptor, pensaba ya en el telégrafo, y en las vibraciones del sonido: pues "¿por qué, si las marcas del papel vuelven a hacer sonar el martillo del receptor, no han de quedar recogidas, y de sonar otra vez, las vibraciones del diafragma?". Anhelante, con un compañero descreído, armó un instrumento rudo y habló sobre una tira de papel; "¡Hallo!" dijo: ¡y repitió el saludo, como si viniera de muy lejos, la hoja de papel! A su mecánico se fue en seguida Edison con su dibujo de la máquina de hablar. Cuatro pesos le puso de precio, y se burló el mecánico de él. Edison acababa de contar la primera prueba. Estaba él, el compañero Bachelor, y el mecánico Kruesi. Un barril de manzanas apostó Bachelor "a que no andaba la cosa" ¡Se reía el mecánico! Puso Edison en la máquina una hoja de lata, y habló sobre ella. ¡Se reía el mecánico! Volvió Edison a poner la hoja de lata, a que repitiese los sonidos. Echó a andar: ¡y no se rió, el mecánico! Palideció y dio un paso atrás. "También yo me asusté", dice Edison: "también yo me asusté un poco". Y Bachelor perdió el barril de manzanas.

Aquel inventor, no había ido más que dos meses a la escuela. El padre vive y se anda hoy mismo diez millas diarias, con sus ochenta y cuatro años: pero era hombre de más fuerzas que medios. La madre era maestra, y le enseñó en la casa cuanto sabía. A los doce años, estaba Edison leyendo los *Principios* de Newton. A los doce años,

"Madre", dijo, "soy un *bushel* de trigo: peso ochenta libras": y se fue por el mundo, como un bushel de trigo. ¿A qué? ¡A lo primero en que se pudiese trabajar!: A vender diarios en el ferrocarril. Pero de vender diarios se sacaba poco: ¡a aprender a impresor, en el wagón mismo, durante el viaje! ¡A publicar, impreso por sus manos, el *Grand Trunk Herald*!: y se vendía el periodiquín entre la gente de los trenes, porque Edison andaba como hormiga loca levantando noticias, y ponía en su papel todo lo que podía interesarles: para los del tren escribía, y escribía sobre el tren: que "John Robinson se cayó del tren, y los muchachos lo sienten mucho": "que la máquina núm. 3 entró a patio, para remiendos". Y esa imprenta la compró Edison con lo que le dio una idea feliz. Para no comprar más ejemplares del diario que los que podía vender, se escurría por la imprenta del *Free Press*, a ver, por la novedad de las noticias que veía en pruebas, si debía comprar más o menos: ¡y un día, vio que iba a salir el parte de la batalla de Shiloh, la batalla carnicera, que peleó Grant sobre los cadáveres de sus propios soldados! ¡Ah, si el telegrafista amigo quisiese, a cambio de un mes de los periódicos de Harper, y de un mes del *Free Press*, mandar la noticia de la batalla a todas las estaciones! Quiere el telegrafista. Logra que le den a crédito mil quinientos ejemplares. Y los vende en el camino, a cinco, a diez, a veinte, a cincuenta centavos. Pasa por una iglesia, que estaba en oraciones: pregona el periódico: y sale la congregación a arrebatarle los números que le quedan: las americanas vienen anudándose la cofia: el pastor viene sin sombrero, dando trancos.

De ahí subió a "caballero de la llave", como se llamaban los telegrafistas. Noches enteras pasaba con un compañero, sirviendo de balde el puesto de un operario que dormía largo la cerveza. Años tardó, practicando e inventando. Imaginó un aparato; con dos registros de Morse y una taza de papel, para recibir de prisa y repetir despacio. De ahí paso a paso, llegó "por deducción lógica", por la idea de las marcas del papel que daban el sonido, a la invención del repetidor automático, que ahorraba los operarios y yerros de la transmisión en cada oficina —llegó a la invención del fonógrafo. Hoy, de privilegios originales, tiene lleno un libro. ¿Qué no ha inventado él? Desde los alambres de seis mensajes a la vez, desde los aparatos de telegrafía privada, desde el motógrafo del teléfono, hasta la subdivisión de la luz eléctrica que los expertos ingleses habían declarado "imposible" ante la Cámara de los Comunes. Y cuando volvía de Francia, notó que no tenían los marinos modo seguro de tomar el sol en días nublados, calculó unas pocas horas, e inventó un aparato para tomar el sol, haya o no nubes. Y tiene palacio, riqueza, procesos, fama, mujer, y aquel inefable honor con que se empieza a ver el hombre cuando se enorgullece de él su patria. Pero deja su alcoba tranquila, para ir a oír ansioso a media noche la voz que lo llama, la voz que en *La Obra* de Zola llama al pobre Claudio.

[*El Partido Liberal*, México, 5 de febrero de 1890, tomo ix, núm. 1473, pp. 1-2.]

XVIII(121).   CARTA DE LOS ESTADOS UNIDOS.
LA ORGANIZACIÓN MUNICIPAL
EN NEW YORK

SUMARIO: Sus escándalos y remedios. La Universidad industrial. El regalo de una casa. Los regalos, la política y la justicia. El poder político en el Municipio de New York. Bastidores y análisis de los poderes municipales. Venta y compra de empleos. Los cohechos y las gratificaciones. Los ciudadanos en política.

New York, 8 de junio de 1890

I

Señor Director de *El Partido Liberal.*

Junio se anuncia próvido. Por novedades no se quejan los diarios. El Banco Universal, provisto con la bendición del Papa para recibir dinero católico, con sucursales en todo el universo, sofocado en New York reapareció en Kentucky. Los campesinos aliados, que son como dos millones de votantes, notifican a los próceres republicanos, que si les niegan el anticipo que quieren, de fondos del tesoro, sobre sus fincas, ya que tienen que pagar a los manufactureros del partido los precios altos e innecesarios de la tarifa manufacturera que devenga los fondos, no habrá votos de campesinos para otro presidente republicano. De Cleveland, que perdió la serenidad al hablar del editor del *Sun*, porque el *Sun* implacable, amén de otras malicias, lo pinta todos los días ridículo y obeso, a la vez que celebra y corteja la juventud y gracia de la esposa, dice el telégrafo que llegó al pueblo veraniego de Marion, donde por estar ella allá, han doblado de renta las casas, y que "ella salió a recibirlo y le dio un beso". Por el Canadá ha habido elecciones, y "los expansionistas" se dan la enhorabuena, porque ha salido electo al parlamento, con ruidosa mayoría, un partidario de la anexión a los Estados Unidos; y, su gente india y mestiza, ávida de vengarse del conquistador, su gente de alpargatas y poncho, lo paseó en hombros, y tuvo grandes fiestas, que los defensores de la Unión Comercial entre norteamericanos y canadienses tienen como anuncio del libre cambio cercano, sin contar con que los

Estados Unidos no quieren conceder el libre cambio al Canadá, por ser éste el cebo con que quieren traer a la anexión al Dominio, que luego del cambio libre ya no tendría por qué anexionarse, puesto que por todo lo demás cree que con sus costumbres inglesas le va bien, y está mejor, en lo nacional y propio, de lo que estaría cuando le llevara el "yankee" su población desigual y utilitaria.

Otra novedad hubo sobre anexiones, que fue la declaración del Ministro a España, aquel Palmer cuya política es "tener el delantal tendido para que caigan las ciruelas maduras" y hoy escribe en el *Herald* "que lo de anexar a Cuba es idea de unos cuantos especuladores de oficio" y que no es cierto que le haya mediado correspondencia alguna sobre la anexión entre los Estados Unidos y Madrid, lo cual, dicho a esta hora y sin necesidad aparente, tienen los políticos de entre bastidores como ardid sagaz de política interior, para quitar fuerza a los que la pudieran sacar de propalar estas cosas. Pero algo mejor que criar para políticos de oficio se funda ahora en Philadelphia la Universidad Industrial, donde no irán los adolescentes de hoy, los ciudadanos de mañana, a aprender latín inútil y ciencias en andaderas, que ya desde los pininos fungen de pontífice, y desalojan de sus trincheras de polvo la vieja metafísica, para ponerle en el puesto otra, sino que aprenderán lo real del mundo, que desde el silabario se debe enseñar, en máximas ordenadas y fáciles, que se expliquen unas a otras, y aquellos principios de todas las artes y manejo de las herramientas de crear y transformar, que son los dos oficios naturales del hombre. A valerse de sí, y a emplearse de trabajos de que haya demanda, deben aprender, para su bien y el de su patria, los hombres todos; y lo demás es sabiduría de índice y nomenclatura, que no levanta una paja del suelo, ni produce más que pedantes científicos, como la de antes produjo pedantes teólogos. En cada escuela, patio para sembrar, y taller donde se maneje la escuadra y el escoplo; no porque es novedad —que hay muchas vanas y perniciosas—, sino porque el que no prepara al hombre para vivir de sí, sin alquilarse de cargacolas o de lavacuentas, o nutrirse de humillación y comiendo intriga, del erario público, el que no dispone la educación de modo que la escuela sea como el pórtico de la vida, de donde se salga, franco y fuerte, con el conocimiento de ella, y el modo de subsistir con dicha y decoro, hará suicidas, pero no hombres.

En New York hay que ver los alumnos de Cooper, robustos y felices, y alegres en sus clases de noche, a pesar del cansancio del día; porque allí aprenden hechos, y la novela de la naturaleza, y saben que el diploma es de hombre vivo, que sabe construir y embellecer, y en el mundo creciente halla empleo fácil. A Philadelphia le ha salido otro Cooper en el banquero Drexel, que es quien regala a la Universidad Industrial, que con sus veinticuatro talleres y biblioteca y gimnasio le cuesta unos quinientos mil pesos, sin contar un millón más que le va a dejar para que con la renta se vaya sosteniendo, y agregándose mejoras, hasta que sea lo que toda universidad ha de ser, no madre arcaica, que de un pecho da griego y protoplasma del otro, sino seno moral, que críe, a leche fresca, hombres felices.

Más que de la Universidad se habla en Philadelphia de la visita de la esposa de Harrison, alojada ahora en Cape May, que es uno de los desahogos de Philadelphia en el calor. Y el viaje no ha sido sin comento, porque va a una casa que le han regalado "unos amigos", que es suceso que no a todos ha parecido bien. Y así lo que dicen, con sus velos de respeto, por tratarse de dama, los críticos de este regalo curioso, como que a los "amigos" no los conoce nadie, y el que ofrendó la casa fue Wanamaker, el tendero filadelfiano que entró de Ministro de correos, y ahora está entre los manufactureros de la protección, que proclaman a Harrison por suyo; aparte del interés que el Wanamaker tiene en que su esposa e hija entren por puerta de honor, a pujo de millones en la sociedad de rango.

Y el clamor contra toda especie de regalos o gratificaciones a los empleados públicos es vehemente ahora, porque se ha acabado por ver que con el sistema de gratificar se tenía vendida la ley, y el empleado cobraba sueldo más que por guardarla, por violarla. Hoy era el regalo del caballo, y mañana el carruaje, y al día siguiente el de la casa donde ponerlos, hasta que el donante lograba del juez obsequiado un decreto de divorcio sobre papeles fingidos, porque el juez no quería tener ojos para aquel buen amigo suyo que le había regalado de tan buena fe, y con tan fina amistad, el caballo y el carruaje, y la casa: lo que pareció tan mal a la gente honrada, y al Gran Jurado, que el Sheriff de la ciudad, que fue el que sacó con fraude su divorcio, ha tenido que caer del Sherifato —porque la opinión no quiere que esté de ejecutor supremo de la ley un pícaro que la burla—, y al juez que "acomodó al amigo", por poco le sirve el carruaje para ir a la Penitenciaría, que es donde va a parar el Sheriff, junto con el hijo que vivía de él, y por el interés del padre proveedor falsificó firmas y entrevistas, donde apareció la madre consintiendo, y le guió en el falso de mano a su propia madre, etc. ¿A quién tenemos por Sheriff? se dijo entonces la sociedad; y por jueces, ¿a quién tenemos, si ni lo sagrado del matrimonio está libre, y un político de esquina que llegó al Sherifato por su desenfado pomposo y su poder sobre los taberneros, en New York omnipotentes, haya sido un Juez, elegido por los votos de las tabernas, que lo declara viudo, y libre para volver a casarse, sobre papeles y diligencias supuestas que un ponente acomodaticio y sospechoso, nombrado el Juez, dio como firmadas, o hizo firmar, con el hijo del cómplice, por la esposa ejemplar de veinte años? La alarma fue grande. ¡Los diarios se asomaron a la oficina del Sheriff! Gran hombre ha de ser este Sheriff, que tiene casa doble, y dinero con que envilecer a su propio hijo, y regalos con que ablandar a la justicia! ¿Y cómo son jueces estos criminales, y cómo son Sheriffes?

¿Será verdad lo que se dice, que esa sociedad de Tammany es una madriguera, una asociación de lo más vil de la ciudad, que tienen con su peste espantados de las urnas a los hombres buenos, que ha hecho presa otra vez, como en tiempo de Tweed, del Corregimiento, que reparte los empleos del municipio, de la Junta de Obras Públicas, que otorga las contratas de la Fiscalía Municipal, que es la que puede descubrir o encubrir los robos? ¿De qué sirve el Sheriff? ¿Qué tiene Tammany que hacer con los funcionarios que elige? ¿Quiénes mandan en Tammany?

[*El Partido Liberal*, México, 20 de junio de 1890, tomo IX, núm. 1582, p. 2.]

II

Los diarios, que un clérigo protestante acaba de llamar "los sacerdotes verdaderos", tomaron sobre sí la defensa de la ciudad, y volvieron del revés las gabetas del Sheriffato. El Senado del Estado, movido por las acusaciones, mandó una Comisión a New York, y eligió de asesor a un joven intrépido y ambicioso, que ha hecho tema de cazar bribones, y ponerles donde se les vean las manchas. Otro periódico, el *Evening Post* hizo con Tammany lo que el *Herald* había hecho con la oficina del Sheriff: ¿Qué es un diario, si no es un vigilante incorruptible de los intereses públicos? Y en el banquillo de la culpa se ha sentado el Sheriff, ahíto de ganancias ilícitas, el Corregidor, que da la mitad de su sueldo a la sociedad de taberneros que lo elige, y Tammany, señor de las elecciones, donde, de los "cuatro Grandes" que mandan, uno es Corregidor, aliado del "gran jefe", a quien los Tammanitas le criaron fama falsa de honradez, para encumbrarlo por ella a la autoridad que dispone de "los puestos gordos", y otro es el "gran Jefe" rufián reconocido, que de una mordida le sacó una oreja a un contendiente, ganó a puñetazos las elecciones cuando se alquilaba de "trabajador electoral", y cuando a puños no podía, a boca de pistola, hasta que por su atrevimiento y descaro imperó entre los que admiran y necesitan estas dotes, y es hoy "sachem mayor", que levanta, de un paseo del carruaje, ciento ochenta mil pesos entre los que

viven del favor de Tammany y de sus empleos, y sale a comprar con
ellos a los municipios, para que le pongan de Comisionado de Trabajos Públicos al aliado, a fin de guardarle a Tammany todas las
contratas, y darle la del cemento al fabricante que le ponga una cuota
de diez centavos por barril: o hace al aliado Sheriff antes de hacerlo
Corregidor, y luego le alza la casa en que vive la hipoteca con los
veinticinco mil pesos que regala el Sheriff a la niña del gran jefe,
de quien es padrino amoroso, que da a su ahijada la mitad justa de lo
que produce el empleo donde lo puso su compadre, quien de la champaña que bebe ya no tiene riñones, aunque no se le conoce empleo
que mane vino. De los otros dos "grandes", uno es "Cara de Jicori",
porque dicen que la tiene dura, y es galán que empezó de recadero de
Tweed y del "príncipe" Génet que era persona gastadora, como que
al ladrón le es fácil ser príncipe, hasta que ahora el principio es
de él, puesto que de habilidad en habilidad ha subido hasta Comisionado de las Obras Públicas de New York, donde tiene de Sub-
Comisionado a "Bernardito", que empezó su carrera de conductor de
tranvías, la cual dejó por poco lucrativa, para poner una taberna con
Leary "el Colorado", ladrón famoso, y "Catalinota" su mujer, ratera
célebre en Europa y acá, de cuya taberna era el renombre tal que no
osaba el dueño entrar a cobrarle a "Bernardito" el alquiler, a Bernardito, el Sub-Comisionado de Obras Públicas: y el cuarto de los
"Grandes", que guía y salva con sus luces legales a la asociación, y
con su verba de Crisóstomo, es un abogado que tiene muchos pleitos,
y de mucha cuantía, de estos pleitos que se hacen de viento, contra los
funcionarios tammanitas de la ciudad, que la defienden mal, o que
no la defienden, para que la ciudad pague la demanda y los costos y
repartirse luego con el abogado contrario las utilidades; lo cual no basta
al letrado verboso, sino que cada empleado de Tammany le paga su
tributo, para que con sus artes los saque de dificultad, tanto, que del
Sheriffato sólo, que tiene muchos alguaciles, recibía por cada alguacil,
so color de consulta, treinta y cinco pesos mensuales; él defendió a los
munícipes que tomaron dinero en pago del voto que dio el tranvía
de Broadway al contratista Sharp, y a Sharon: "¡Pues de los
cuatro 'Grandes', dice un diario, de los caudillos supremos de la
asociación que dispone a su antojo de las elecciones de New York,
que saca a remate los puestos públicos y provee de ellos a quienes
gratifican a la asociación, que entre los veinte y ocho miembros
de su junta ejecutiva, electas por voto las tres mil y quinientas cabezas de distrito, cuenta, según prueba irrefutable, dos homicidas, cuatro
jugadores de oficio, cinco celestinos, tres púgiles, tres bravos de barrios,
seis miembros de la camarilla del presidiario Tweed, con uno que
otro ex carpintero o ex calafate, y de ellos diez y siete en empleos pú-

blicos, de 'los cuatro grandes', el abogado Cochran, que sobre esos hombres llegó a ir al Congreso, es el único que sabe a derechas escribir!" Del banquillo de la culpa se levantaban cabizbajos, los testigos, el corregidor, caído el cuello de los sudores, y convicto de dar los empleos a los criminales de Tammany, y de partir con ellos, en favores o al contado, la influencia y productos de los puestos en que lo colocaron sus votos; el Sheriff, que cobra tales sumas por llevar y traer los presos, por rematar las quiebras, por permitir a los presos orgías y comodidades, que el Gran Jurado declaró al Sheriffato de New York "mercenario e indecente", "deshonrado por las gratificaciones abusivas", "degradante", "despreciable"; la policía, confesa de permitir el juego en casas públicas, por el tanto que la casa le paga al capitán, y el comercio de carne, y la violación continua de la ley de licores, y de recomendar al Departamento de Bebidas a hombres viles y lugares de abominación, para que les dé licencia de venta, por el regalo que la vileza hace a la policía, y ésta parte con el departamento, y con Tammany, que es quien da las·levitas azules, a cambio de las ganancias que los de la policía dividirán luego con él, en pago del influjo que les logra el puesto, y los defiende cuando sale una queja de la ciudad ultrajada.

Pero ya la impunidad no podrá ser tanta, porque gracias a la prensa valiente, ayudada por el rencor de los tammanitas despechados y el celo de los políticos rivales, ni el capitán de policía osará recomendar a un asesino para que le permitan tener casa de licor, porque al capitán lo van a echar del servicio, y a quitarle en público la levita azul, ni el Corregidor podrá vender el interés de la ciudad tan a las claras, porque el público avisado le pisa los talones, y le vela el sueño, y se prepara a elegir un corregidor honrado, ni el Sheriff cobrará más de lo que debe, ni se paseará por las malas casas de brazo de los presos, como solía, trincando y pecando su sabrosa amistad, porque ahora se le ha puesto al empleo un sueldo, y honorarios fijos por cada servicio, que se pagan a la ciudad; ni podrá el Sheriff recibir por sus favores gratificación alguna, o regalo directo, ni indirecto, o recompensa de dinero o lo que lo valga, o donativo de quien pudiese necesitar después de su favor, porque "el pueblo del Estado de New York, reunido en el Senado y la Asamblea" ha decretado la ley nueva de cohechos, por lo cual todo funcionario que acepte remuneración alguna, directa o indirecta, por hacer o dejar de hacer lo que es de su función hacer o no, todo el que de una manera u otra reciba cantidades, u objetos de valor, o servicio de valor, que de algún modo se relacione con el cumplimiento de los deberes de su empleo, para acelerarlos, u omitirlos, o cumplirlos, en bien de sus parciales.

todo el que se obligue por la aceptación de un favor, en dinero o en su equivalente, para con quien, por razón de su tráfico e interés pueda exigirle el pago en concesiones u omisiones de carácter público, comete delito penable con diez años de prisión, o cuatro mil pesos de multa, o ambas.

¡Y la ley no la mandó hacer el gobernador, que es criatura de Tammany, y pide permiso para todas sus leyes a los taberneros, de quienes depende su elección; ni la acordaron de sí propio el Senado y la Asamblea, que son en su mayoría de hijos de Tammany, y votan o niegan leyes, según les paguen los interesados, o no les quieran pagar, sino que se pusieron en pie unos cuantos ciudadanos ofendidos, crearon un Club de Reforma, con el dinero de sus bolsillos, investigaron y publicaron las fechorías de Tammany, respaldaron con su influjo las declaraciones de unos tres o cuatro periódicos limpios, y sin más que echar la luz encima de los pecadores, sin más que la fuerza de la indignación y el arte de no acusar donde no había prueba, vencieron, en esta batalla rabiosa, a un ejército de ladrones, un puñado de buenos ciudadanos.

[*El Partido Liberal*, México, 21 de junio de 1890, tomo IX, núm. 1583, p. 2.]

XIX(122). CARTA DE NEW YORK

SUMARIO: La Casa nueva de los Vanderbilt. El Senado y los buques de Guerra. Un orador negro. Los exámenes y la educación de la mujer. La mujer del Norte, y el "Curso de Voluntad". La bailarina sevillana "Carmencita".

New York, julio 1º de 1890

Señor Director de *El Partido Liberal*.

Pocos julios empiezan con tanta cosa pública como éste, porque de intriga en intriga han venido a dejarse para los calores los proyectos de fuerza en que ha de dar voto el Congreso; así que se pone escasa atención a la escuadra de mineros filadelfianos, de los de a noventa centavos de jornal, que perece aplastada, sin aire ni socorro, con la familia loca a la puerta de la mina, o a la orquesta de Strauss, que ha venido con sus músicos bullangueros a estrenar el auditorio enorme de la plaza de Madison, donde entre vals y vals, sale Columbia, en su baile frondoso, a sacar del jardín la flor nacional, que es el amarillo; o el calor de Chicago, que es tal, que el Municipio ha dictado ordenanzas sobre la manera de vestir; o a la comedia yankee de "Beau Brummel", muy fina y hecha a torno, donde se ve como era en corte al petimetre amigo del obeso Jorge IV; o a la casa que los Vanderbilt, a quienes los Astor celosos les están llenando de hoteles los alrededores de su palacio de New York, levantan a costo persa allá en la Carolina del Sud, junto al Swannanoa ruidoso, en la cúspide de un monte de pinos; y no sólo para pasear, como los ricos inútiles, que pasan por la vida caballeros en una bomba de jabón y con la bomba se vienen abajo, sino para las labores de la tierra, que es donde está la riqueza real, y conforta y perdura cuando la catástrofe útil de la especulación, limpiando como el rayo el cielo, echa a temblar y a maldecir a los cobardes. A sembrar animales y árboles va el más rico de los Vanderbilt al Sur, porque por el Norte, con sus ciudades ahítas de emigrantes coléricos, se ven más peligros que seguridad, y puede, con la rapidez que llevan aquí las cosas, subir más alto que lo deseable la novedad social, que en mil formas se muestra y va imponiendo, como si se estuviese en víspera de una revisión de título, y hubiera riesgo de que retornen al Estado, para uso y provecho de todos, aque-

llas empresas que tienen como capital indispensable los bienes de la
naturaleza, que no se han de ceder por favor, ni de darse por desidia
al más honrado, sino que a lo sumo se han de dar afuera en administración, en tanto que se les administre bien, aunque lo mejor es que
los trabaje y los dirija la comunidad, que de derecho natural e inali-
neable los posee.

Dicen los que dicen, que por ahí van las ideas de este Vanderbilt
previsor, que ve insegura la propiedad privada de los ferrocarriles, con
tanta propaganda nacionalista como hay ahora, y con gente de tanto
seso en ella: *El Tribunal Abierto* se llama un periódico de Chicago,
y uno de New York *El Siglo Veinte.*

De la Argentina se ocupó la prensa en estos días, cuando se dijo,
por un desocupado de hotel, que la Argentina se había aliado al
Brasil y al Perú para caer contra Chile, lo que desmintió con razones
prudentes, el ministro brasilero; y cuando la Asociación de Consu-
midores de lana, que es numerosa y pujante y toda de manufactureros
y creadores, protestó en una circular de mucho argumento contra los
derechos de la lana, y fue hasta a pedirla libre, para bien del pobre y
salvación de la industria, y "para que los Estados Unidos no sean
el único país del mundo donde se echa a la entrada la fibra con que
se han de amparar del frío sus hijos". De México se escribe aún, con el
intento de echar sobre los ingleses el oprobio de la intentona de la Baja
California que dicen que fue toda "obra inglesa, para poner en mal
a dos países vecinos". De las Bermudas se habla también mucho, desde
que publicó Inglaterra el convenio en que cede a Alemania la isla
costera de Heligoland, la cual se pone aquí de precedente y razón para
demandar de Inglaterra cosa igual, ya que está de cariños, que en
nada puede mostrar mejor que cediendo a los Estados Unidos las Antillas inglesas "que están a nuestras puertas y que necesitamos".

Y esto sí se junta con lo que preocupa hoy más, que es lo del Congreso, porque fue poco menos que el debate del Senado sobre la plata
ilimitada, y el que en la Casa ya se espera sobre la ley de intendencia
de los jueces federales en las elecciones, y muy reñido y elocuente en
que unos Senadores estuvieron por más buques de guerra, y más fortificaciones, hasta hacer buenos con 261 000 000 de gastos en quince
años, todos los castillos fijos y navegantes que quiere el Secretario de
Marina, porque si se ha de mantener la doctrina de Monroe, se necesita darse prisa con eso para mantenerla, y otros, como los demócratas Voorhees y Cockrell, dijeron que "no había en todo el valle
de Mississippi cinco hombres que de veras quisiesen dar, en estos tiempos del mundo, los doce millones para los tres barcos nuevos"; que
"el poder de los Estados Unidos estaba en el respeto que inspira como
país de paz, a quien ningún otro poder le negaría lo que pidiese, por-

que sólo pediría lo justo"; que "en vez de dar el ejemplo del arbitramento pacífico, los Estados Unidos, Luz de la humanidad, iban a parar en los mismos recursos de las monarquías, a quienes copia en sus vicios la república". Sobre lo cual votó el Senado que se dieran los doce millones para los tres buques nuevos: "Nuestra Philadelphia, dijo un Senador, es el crucero más veloz del mundo."

De eso, y de los exámenes y sus fiestas, es toda la crónica: Unos colegios tienen comedia latina, y otros ponen en verso inglés el libro de Job, y para otros escribe la discípula sobresaliente una *Antígona* de poco trabajo, que representa con sus compañeras de pelo y *chyton*. Lo más ruidoso de estos exámenes ha sido lo de los bellacos de la Universidad de Harvard, que porque ganaron una regata se pusieron a pintar de rojo cuanto hallaron, para que todo flamease como su alegría, y la estatua misma del reverendo fundador la pintaron de rojo; pero la otra novedad de Harvard fue mayor, porque, de todos los alumnos, el escogido para orador de la clase, en las ceremonias de fin de curso, fue un negro de enérgica dicción y frente ilustre, aunque cuentan que no fue todo magnanimidad, por más que tuvo que haber mucho de ella, sino disputas entre las facciones de los graduandos que eligen por voto el que de entre ellos ha de llevar la palabra de la clase, y esta vez no quisieron nombrar al candidato de más sesos, por no ser paniaguado de estos estudiantes príncipes, que viven con pocas reglas, en sus cuartos llenos de pompa y de tapicería, humeando la cafetera en la mesa de ónix, o el samovar de bronce rojo en el pie de madera petrificada de Arizona: y allí van de Boston sabio, con licencia de la Facultad, las señoritas urbanas, que no dejan pasar día sin tomar té de estudiante, y en el de las elecciones pelearon con tanto brío, cada cual por su héroe, que ni de los ojos garzos pudo ganar, el mejor remador, ni el que fuma con más gracia la pipa; por lo que hubo que acordar a última hora un candidato nuevo y fue el negro de buena palabra el favorecido por estos hijos de abolicionistas. Y el Morgan habló de modo que no se le podía ver a las ideas si eran negras o blancas; lo mismo que en un colegio de ingeniería, donde se llevó todos los premios y peroró por la clase un indio Sioux, que dicen que habla en apotegmas, como su gente sentenciosa, cuyo discurso brusco y esencial, de una poesía que es como flor de sangre, se clava en el que lo oye, como una flecha.

De otra escuela de Massachusetts viene otro caso curioso: la escuela de mujeres de Auburnsdale, donde hay un "curso de voluntad", ni más ni menos, cuya maestra Annie Call, experta en hipnotismo, enseña a sus ciento veinte alumnas "a usar y economizar la fuerza nerviosa", a dejarse estar como muerto, para que los nervios descansen, a no poner en juego para cada acción sino el nervio que se necesita en ella —lo cual es tan sano y racional que dos alumnas de la clase han muerto.

De lo ambicioso e intenso de esta mujer del Norte, que con la prolongada soltería llega, en las ciudades universitarias, al frenesí apostólico, no hay prueba mejor que esta aplicación regular y osada de la última novelería, que satisface el afán de la mujer por lo sutil y maravilloso, y el de la maestra por enseñar en su colegio lo que no se enseña en otro alguno. El pueblo entero visitó en su caja fúnebre a las dos niñas muertas, que tenían de color violeta las dos manos, sorbidas las sienes, y los ojos en lo hondo de la cuenca, como dos gotas de cera.

—"¡Mejor —dice la escuela rival de Wellesey— es enseñar como nosotras a ser bella y feliz, criando en el remo y la carrera los múscu-. los firmes y la fibra apretada de la legítima hermosura y el orden y bondad que del campo sano vienen a la vida!" —"Mejor —dice el feminista Curtis— es educar a la mujer como se la educa en Vassar, con los ojos profundos y la frente de domo, capaz de bregar por sí, sin vender ni alquilar el honor en estas ciudades revueltas y afanosas, donde la hija tiene que amasar el pan que come en el hogar, e ir a buscar en la nieve el leño con que ha de calentarse en la casa". Y un crítico comenta desde un diario: —"Lo que dudo yo, no es que la mujer pueda hacer, en cosas de inteligencia, lo que el hombre, sino que esto prueba cosa mayor; porque también he visto hombres que cosen y bordan, y que hacen colecta para la casa. Yo sé que Margarita Fuller fue mujer plena, con la pasión viva y la inteligencia alta y de pie, y que Phillipa Fawcett se ha llevado el premio egregio en las matemáticas de Cambridge; y que la americana Anna Merritt ha pintado su cuadro delicioso, que no puede olvidar el que lo vea, porque al niño Amor, que está de espaldas y desnudo, se le ve la muerte en la cabecita hundida, y la terquedad en el brazo que hace el marco de la puerta cerrada, y la última esperanza en el otro brazo flojo que la empuja: y a sus plantas el mirto deshojado, y la antorcha vacía. Pero lo que hay que inquirir es la función de la mujer en el mundo, y educarla de modo que, sin que el hombre tenga que desdeñarla por nula o ignorantona, viva feliz, y en digna libertad, en su función sublime —que es la madre." Hay azadas, y aromas.

Ni puede decirse que la capacidad de trabajar por sí ha curado gran cosa el pecado de honor, puesto que se ve que las que no pecan por lo necesario, dan en pecar por lo superfluo, o por aquellas necesidades de elegancia y figura nacidas de la educación que las capacitó para el trabajo —que es precisamente lo que le tachan a Vassar los que ven infelices a muchas de sus hijas. Ni se ha de decir tampoco que por estudiar a Laplace, como lo estudian, y leer a Tolstoi y a Mona Caird, que ha salido a tronar contra el matrimonio, se les quita el

gusto por curiosear en los pecados de la tierra; puesto que bien se vio
en días pasados a un ramillete de vassareñas con casaquín y cuello de
hombre, ojeando de detrás de las cortinillas verdes, en un palco culpable de Koster-and-Bial, los fandangos y cachuchas con que alborota
a New York la sevillana Carmencita. Los franceses aplauden, y sus
españoles, y los alemanes, y los yankees frenéticos. Va para un año
de este entusiasmo, y no hay manera de dejar de hablar de él, porque
hoy es Sarony que la fotografía y mañana Sargent que la pinta, con
su saya amarilla y su chaqueta roja; o es la aristocracia de Tuxedo
quien se la lleva a bailar, allá al club de su soto, y le llena el tablado
de flores y sombreros; o son trenes de lujo, que vienen a Koster-and-
Bial de tapadito, con el esposo o el hermano, o con quien no es hermano ni esposo, a ver desde el seguro del palco aquel salón pecador,
a que va la germanía de la ciudad, habituada a los cantos y franquezas
de la escena alegre donde baila hoy, ante un coro deslucido, la
"Perla de Sevilla".

¡A un rincón las coristas generosas, la bayadera verde, vestida de
aire y punto; la bayadera francesa, arropada con un banderín; la
de Japón, que lleva de traje un abanico! Suizas de cofia, suecas de cor-
piño, moras de jaique, rusas de tiara, romanas de pañoleta, ¡a un
rincón confusas y místicas! que baja por la escalera del fondo, sacudiéndose las enaguas y con la cabeza mirándose en ellas, la de Triana
y la de la calle de Sta. Isabel, la de jazmín al pelo que llaman "la
Carmencita". Párase brazo en jarras, y a la oreja la gorra torera.
Saluda de lado, como quien cita al toro. El guiño travieso centellea
y convida. De un "¡Señor, música!" empieza el escarceo. Ya es el
paso en redondo, de maliciosa a quien cortejan; el paso atrás, menu-
do, que va huyendo del novio; el taconeo de costado, que corre por
donde no hay luz; la carrera de puntillas, a taparle al cortejo los ojos;
y el revoloteo y la cumbre del beso: y luego el ir despacio, como quien
vuelve a la vida poco a poco. El Teatro, ávido, aplaude: las mujeres
se muerden los labios: los hombres se echan sobre el espaldar del
vecino: se oye el taconeo, el barrido, el punteo de aquel pie de cisne
que borda en las tablas. Y cuando se va, desganada y perezosa, parece que se ha ido un rayo de sol.

Siempre hay, por supuesto, quien va de plática a su mesa, allá
en el cuarto a media luz de la champaña, que por los que tiene de
adorno en techo y paredes, llaman el cuarto de los corchos. Ella está
allí, jocosando con su dejo de pena, ya en un traje formal, la mesa
por delante, los dos pies cruzados: —"Cuando bailo triste, ¡vaya que
no me entienden estos griegos! Lo punteado y lo de acá, es lo que los
vuelve locos. ¡Alegría! ¡Alegría! Y de acordarme de la Catedral, lo que
les bailo es la pura entraña. ¡Oiga, señor, que la champaña no me

está bien, y me gusta muchísimo más la manzanilla!" Y vuelve a casa la pobre criatura, a guitarrear y a dar de sí, arrebujada en una manta roja, con los ojos como ascuas, y la nariz de muerta: y el talle abierto, para poderse palpar, del lado izquierdo, "el bulto por donde, de las puras contorsiones, se le está saliendo el corazón".

[*El Partido Liberal*, México, 16 de julio de 1890, tomo x, núm. 1603, p. 1.]

XX(124). CÓMO MURIÓ [MARTÍN] BARRUNDIA

Nueva York, septiembre 14 [de 1890]: El vapor *Colón*, de la Compañía del Pacífico, llegó aquí ayer, trayendo algunos de los pasajeros de los que estaban a bordo del vapor cuando al General Barrundia lo mataron. Nuestro corresponsal pasó en seguida a tener una entrevista con varios de los que fueron testigos de la muerte y se le hizo la siguiente relación:

El General Barrundia subió a bordo del vapor en Acapulco y se decía que iba a San Salvador acompañado de dos asistentes. Cuando el vapor llegó a Champerico, las autoridades de Guatemala pidieron al capitán del vapor que se les entregara el General, a lo cual se negó el capitán Pitts. Entonces las autoridades demoraron durante veinticuatro horas la entrega de los papeles del buque, sin los cuales éste no podía salir del puerto. Cuando el vapor llegó a San José, subieron a bordo un piquete de soldados que habían venido en dos botes, los cuales tenían la consigna de no dejar desembarcar a ninguna persona que no tuviera sus papeles en debido orden. A tiro de pistola del vapor estaban anclados dos buques de guerra de los Estados Unidos.

El capitán Pitts telegrafió desde Champerico al oficial en mando pidiendo que se le prestase auxilio, y en San José repitió la súplica personalmente a dicho oficial. La única contestación que obtuvo fue de que no podía hacer nada por él, sin orden del capitán del puerto. Al día siguiente el vapor fue invadido otra vez por un comandante con un piquete de agentes especiales y un gran número de soldados venidos en botes.

El comandante guatemalteco produjo y mostró al capitán Pitts una orden de prisión firmada por M. Mizner, ministro americano y al mismo tiempo hizo la petición formal de que se le entregara al General Barrundia. Se ordenó a los pasajeros que bajaran al entrepuente, y llenada esta orden fueron todos acompañados por el capitán Pitts al camarote del General Barrundia. Llegados al camarote el capitán leyó la orden de prisión dictada contra él, al General.

Barrundia los recibió con la mayor calma en la puerta de su camarote, pero adivinando que había llegado su última hora, entró en el cuarto y tomó su revólver, y diciendo: "Muy bien", hizo fuego. La bala pasó junto al capitán Pitts, sin tccarle, el cual en compañía del comandante guatemalteco, corrió a refugiarse en su camarote, dejando a los agentes especiales que cazaran al General.

Barrundia era corto de vista, y estando bajo una excitación nerviosa, no pudo herir a nadie, sin embargo, hizo correr a sus perseguidores fuera de la cámara del vapor, persiguiéndolos a tiros hasta que cayó sobre el puente, mortalmente herido de varios balazos que le habían atravesado el cuerpo de parte a parte. Entonces salió el valiente comandante guatemalteco de su escondrijo y llegándose adonde estaba el cadáver del General, le disparó un tiro en el cráneo.

Al dejar el puerto el vapor, los agentes guatemaltecos, mofándose y en burla se despedían riéndose y llevándose las manos a la nariz, haciéndole el gesto que el vulgo llama "tanto pico".

Nueva York, septiembre 15 [de 1890]: Se ha sabido con gran placer, que el representante al Congreso, MacCreary, presentó el sábado a la Cámara la siguiente resolución vis: que la muerte del General Barrundia a bordo de un vapor americano, el "Acapulco", por las autoridades guatemaltecas, y estando no sólo a bordo del vapor americano, sino también bajo la protección de la bandera americana, pide una investigación inmediata, y se le ruega al señor Presidente de los Estados Unidos de América, de que si no es incompatible con el interés público, transmita a la Cámara de Diputados todos los informes sobre este asunto que hayan llegado a sus manos.

Nueva York, septiembre 15: Todos los pasajeros que estaban en tierra dicen a una voz que la viruela y fiebres malignas reinaban en Guatemala, y que por todas partes no se veía más que miserias y sufrimientos.

Dos mil soldados pasaron por las calles de la ciudad en el mayor estado de extrema miseria, y éstos nos informaron que el número de los heridos, muertos y los que han fallecido de hambre es horroroso.

Se nota la mayor necesidad en todas las clases en la ciudad: los campesinos traen muy pocas provisiones y comestibles a la capital, y su carestía es tal que sólo los ricos pueden pagar los precios pedidos por ellas.

Algunos días después de haber salido de ese puerto, se supo que aunque se había levantado una gran indignación pública por la muerte del General Barrundia en Guatemala, solamente la policía acompañó el cadáver del General al cementerio el día siguiente de su muerte, cuando se le dio sepultura.

Confirmando lo que dice el anterior telegrama, leemos en *Las Novedades* de Nueva York y en el número correspondiente al 9 de septiembre, lo que sigue:

"He aquí el texto de la comunicación del Ministro de los Estados Unidos Mr. Mizner al capitán del vapor 'Acapulco' a cuyo bordo se hallaba el General Barrundia:

"Legación de los Estados Unidos, Guatemala, 27 de agosto.

"Si vuestro buque se halla dentro del límite de una milla del territorio de Guatemala, y lleváis a bordo al General Barrundia, tenéis el deber según el derecho internacional, de entregarlo a las autoridades de Guatemala a petición de éstas, habiéndose dicho que el tal Barrundia es enemigo de esta República.

"Se me ha garantizado por este gobierno que no será puesta en peligro su vida ni se le impondrá otro castigo que el que resulte contra él por las causas manifestadas en la carta de ayer del señor Anguiano al Cónsul General Mr. Hosmer."

[*El Partido Liberal*, México, 18 de septiembre de 1890, tomo x, núm. 1655, p. 2.]

XXI(127). CARTAS DE VERANO
II. LA UNIVERSIDAD DE LOS POBRES

Nueva York, 2 de septiembre de 1890

Ya las hojas amarillean, y vuelven de la montaña los peregrinos, con el bordón de maple coronado de helechos y de siemprevivas; ya, con el novio á la zaga, vuelve de la costa, en casaquín blanco y gorra de marino, la "muchacha de verano", premiada en el torneo del volante, o en el certamen del boliche; vuelven ya, con la cáscara compuesta, los que fueron a buscar verdad y asilo a las grutas de las Mil Islas, o los picos de Adirondack o de Catskill, o allá lejos, en lo alto de California, donde tiene la naturaleza como un sublime oratorio, con las paredes de granito, y el cielo de techo, y de alfombra las caléndulas de oro puro, y de coristas las cascadas. Los clérigos, los políticos, los periodistas, vuelven rubicundos, dándose con las manos en los hombros, rociando con champaña y apolinaris los cuentos nuevos, ponderando la habilidad de las anguilas y las truchas. Vuelven, de faja de seda y botín amarillo, los "bravos" veraniegos, puntales de mesa y trompos de danza, que enseñan a nadar a sus señoritas ingenuas, y les sujetan el estribo durante la temporada; y ahora cambian por el saco de media etiqueta y el hongo de septiembre, para las primeras fiestas de la ciudad, el traje de franela y sombrero de paja del hotel de baños, o el chupetín de rayas amarillas o negras, con la gorra como él, o azul y roja, o verde y habano. Los "Juancitos", como llaman aquí a estos inútiles, a estas verrugas del mundo, a estos hijos de otro, se echan sobre Delmónico y Sherry, a graduarse de varones, cenando queso fuerte y cerveza pesada; o van de teatro, a ver al Judío Mansfield en "Beau Brummel", que fue el petimetre de antaño, con los calzones enjutos y los dijes a la rodilla, y una chupa que le ajustaba como un corsé y la corbata de encajes y vuelos, y la chistera acanalada y peluda, sin más caudal que el bastón de puño gordo, la caja de rapé, y la desvergüenza.

Los clérigos en su gabinete de cristales de colores, ponen en fila las imágenes, y con un arco iris aquí y un cuento de ardillas allá, retocan el sermón de saludo del año pasado, donde sin querer, como el aire y la luz, va entrando la religión nueva, que surge de todas partes a la vez, y enseña la esperanza y la resignación, y la utilidad y belleza del mal, en el orden libre y ascendente del mundo.

¿A qué van, si no, tantos clérigos en estos últimos años a la montaña? "En las rocas de Dios", osó decir uno de ellos, "hallo el texto más claro que en los libros del hombre". Y no se podía echar por una senda del monte, aun por la más escondida, sin darse con un clérigo, de barba a medio tórax, con el chaleco hasta la tirilla, y la levita por los carcañales. O iban, como el monje Ignacio, a hablar de pan de centeno, y de la necesidad de entregarse a Dios por la persona de sus ministros, en pleno mes de baile y caza, y cotillones y jiras, a la capilla desierta de Newport, teatro ahora de grandes sucesos, como la pelea, poco menos que a puños, de las dos damas que cargan el apellido de Astor, y cada cual pretende ser "la señora de Astor", y cabeza del nombre; o la otra pelea a puños de veras, de una señorita robusta, con millones en caja, y otra señorita, más linda que ella, que habló mal del origen del millón; o el paseo victorioso en el hotel del chalán ebrio que le sacó manchas a los ojos de una esposa de Washington; dama ilustre y columna de la sociedad, que andaba de chalana por un pueblo de baños, mientras pescaba lenguados el marido en las Mil Islas; o la hazaña del millonario Astor, que jugaba al polo, con calzón de cuero y gorra azul de iniciales doradas, y apuntó tan bien a la bola con el mallete que dio en la frente a su caballo, y el animal, de la coz, dio a la bola, la cual fue al campo donde del malletazo hubiera debido ir: y las damas aplaudieron con palmadas, y ondeo de pañuelos, al héroe de la gorra con las iniciales de oro. Otro día iba Astor de jinete, y se le enredaron las piernas en el botafangos de su carruaje, de lo cual cayó a tierra sin sentido, lo que resintieron los nobles del pueblo en una enérgica solicitud, donde piden al municipio que "en lo venidero tenga pista aparte para los jinetes", no sea que vuelva a caer por tierra el millonario Astor.

A Long Branch van —fuera de los pocos a quienes lleva la fama del nombre— los políticos de brillante al pecho y el gentío de ruleta, que pasean brazo en brazo, como que son todos unos; y lo mejor de los judíos va allí, porque en otros lugares ricos, y aun en los pobres, les es difícil, y aun imposible, la entrada. El paseo se llena de trenes, que vienen a toda librea por la orilla del mar; o van a Monmouth, a las carreras de caballos, con las judías robustas en la imperial de la carroza, y el guía de calzón de dril y chistera blanca, y el guardacoche sonando el cuerno: y luego vuelven de las carreras, a champañear y ruletear, con los cuernos caídos o roncos, según pierdan o ganen, y los arneses chischeando al trote largo, mientras el sol, de una llamarada, incendia el cielo y se hunde en las olas negras.

A Saratoga ya no va "lo mejor", aunque aún le quedan, por compromiso o por hábito, patrones poderosos, o colonias extranjeras que tienen allí casa, y gustan de aquel espacio y lujo. Pero lo más que va allí es gente que quiere que la vean, o abogados que se ponen donde les suene el nombre, o damas que están en el período rudimentario de los diamantes: —Porque una gota de agua, fina y sencilla, está bien en el lóbulo de una oreja coqueta o en un dedo de nácar; como está bien en una anémona o en un lirio, ¡pero salir hecha una gualdrapa de elefante hindú, con un parche de esmeraldas y un rosetón de zafiros, como estas damas saratogueñas! Por la mañana van a las aguas, y es hermoso aquel aire, todo de oro y limpieza, cual si no hubiese pobres en el mundo, con los tílburis diestros, del novio y la novia, como flores en vacantes, de pétalos negros: y a lo lejos la música. De noche, luego de la comida ceremoniosa, en descote o casaca, es el baile del hotel, o la visita en cuerpo de un hotel a otro, o la conferencia sobre Shakespeare, o sobre la virtud de la hermosura, que pronuncia un alma buena, para entretenimiento de los trasnochados. En la estación, montes de baúles.

A Narragansett no fue este año tanta gente, porque no estaban allí, como otros las "poetisas de pasión", como Amélie Rives y Ella Wheeler, que antes del matrimonio ensalzaban en verso y apetecían todos los deleites y licencias de él; ni había esta vez permiso, según rumor previo, para aquellos trajes de bailarina, con el descote de corazón y la saya de poca tela, con que entraban al baño las matronas de coturno y las hijas frondosas: ni para entretenimiento como el de "bañarlas", que era alzar, cara a cara, por los codos a la compañera, que, de puro miedo, se caía sobre su bañista: ni el otro juego se había de permitir, que era el de abrir hueco para el cuerpo en la arena caliente, y ponerle una almohada de arena, y luego, poco a poco —como quien saborea una aceituna— ir cubriendo los miembros tendidos, hasta que de ella o de él no quedaba visible más que la cabeza, lo que debía ser amable ocupación, porque la dama enarenada devolvía siempre al compañero el servicio: y así pasaban en la playa las horas.

A Cape May fueron más veraneadores que los de uso, unos por el escándalo y otros por la novelería, porque allí está la casa que los proteccionistas de Filadelfia regalaron a la esposa del presidente, que con la casa queda atado a los que se la regalan, lo que ha parecido a la opinión tal flaqueza que de soslayo y a última hora tuvo Harrison que dar la casa como comprada, o como que la había tomado a prueba: y da pena de veras ver cómo silba y vocea el público, cada vez que el bufo Wilson, que hace de sotana amarilla el Rey Alegre, alude, sacudiéndose la sotana, al regalo de la casa. Ni es Cape May pueblo de muchas tentaciones, porque la mar da en la arena continua, sin la alegría y salud de los árboles, y las casas, calientes y monótonas se están allí, sin verde que las agracie, como una hilera de dispépticos, o como quejidos.

New London empieza ahora, lo mismo que Bar Harbor, que son cosa de la nobleza, y no menos que Lenox, tan bello que "convida a morir", con sus jardines salvajes, puestos de intento para contraste y naturalidad, y sus rocas amenas, coronadas de verde, adonde viene caracoleando la espuma, y su césped peinado y caminos de álamos. En New York está aún el señorío de los que en verano van al mar, y allí es, del lado de las casas ricas, donde a toda hora hay concurso y festejo, porque mientras dura agosto andan de almuerzo en baño, y de baño en lonche, y de lonche en parada o cacería, y de la caza o la parada al banquete, y del banquete al baile, y del baile al almuerzo. Los ricos todos se juntan allí, y el mes entero en su afán por ver quién queda por encima de quién, si los Goelet, o los Whitney, o los de Astor, o la Paran Stevens. Uno trae de Boston los zíngaros de un teatro, a que le toquen durante la comida sus czardas frenéticas. Otro saca, de lo más hondo de New York, un flamenco de Madrid, de los que da la hora y el opio, honra y estribo de la calle de la Comadre, que taconea con arte en el tablado, y echa los brazos al aire y revuelve las caderas, hasta que los mismos "juancitos", por no verlo, dejan, avergonzado y solo, al anfitrión. Otra levanta una clase de baile aéreo, entre las jóvenes de "lo mejor", y van adonde Madama Malvina, huésped de un hotel del pueblo, a que les enseñe el paso de entre dos, y el paso batido, y el otro paso animado, que acaba echando por tierra con la punta del pie los sombreros. Otra, la Paran Stevens, convida a hipnotizar; y unas se dejan pinchar el brazo, y éste hace como que se duerme, y a aquélla la quieren en vano tender, por la nuca y los talones, sobre el espaldar de dos sillas.

Un día se va de yacht, a navegar por la costa, con baile y Ayala seco a bordo, y otro se va, con la luz de la luna, a la diversión nueva, que es vadear el arroyo, lo cual hacen descalzas las señoritas, porque parece ser cosa muy bella verse a la luna los pies en el agua, mientras que los señores aplauden de cerca, en una el grito, y en otra el pie, y en otra el valor.

O es una jira por subscripción, en la hacienda de un caballero de oficio, que pone la gloria en bastonear estas fiestas de los grandes, y hoy imagina un baile de año nuevo, amarillo y carmesí, y mañana su lonche campestre, con la tortilla de huevos de faisán, y el ponche romano de veras, de la piña pura y la champaña mejor, como el famoso de los papas: y la fiesta es alegre, con los carruajes que llegan, piafando y sonando, y en la mesa los cestos de rosas, y de las ramas los parasoles chinescos, y por entre los árboles las risas, los vestidos blancos, las sombrillas de colores.

O es la carrera al otro día, como ensayo para la caza, donde los cazadores, de chupa negra y bota negra, corren, con la guía del maes-trecampo, saltando cercas y zanjas detrás de los mastines: y si la cerca es muy alta, se vuelven atrás, a que el maestrecampo salte solo.

O es el gran juego del "polo", que se juega montado, donde cuatro caballeros, con su mallete cada uno, pelean, al mando de su capitán, por echar la bola del juego al campo de sus cuatro contrarios; y uno embiste, y cae sentado sobre la bola, con el caballo riéndose; y otro, de un ancazo de su competidor, suelta las bridas, y se ampara de las orejas. Cuatro de ellos se llaman los "Ridemouts", y los otros cuatro se llaman los "Backemups". El capitán de los "Ridemouts" carga botas de cuero, blusa de seda y cardenal y cachucha amarilla; y el de los "Backemups" va sin birrete, con la blusa de lana gris, calzón curado y perneras. Los "Backemups" y los "Ridemouts", mallete por tierra y a galope, se echan sobre la bola, a empujarla éstos y a resistirla aquéllos; y van de pareja a veces, con los bigotes al viento, uno a darle a la bola, y el otro a quitársela; y a veces los dos jinetes, de un salto de los caballos, caen sentados a tierra, cachucha a cachucha, con la bola en medio. Alrededor, en carruajes magníficos, la nobleza ve el torneo, ansiosa y atenta.

[*El Partido Liberal*, México, 26 de septiembre de 1890, tomo x, núm. 1662, pp. 1 y 2.]

XXII(136). CARTA DE LOS ESTADOS UNIDOS

SUMARIO: Muerte de Bancroft y de Windom. El general Sherman. El cumpleaños de Lincoln y el Centenario de Cooper. Universidad viva y ricos inútiles. Los cuadros de Seney. La carta famosa de Cleveland contra la plata libre.

New York, febrero 11 de 1891

Señor Director de *El Partido Liberal*:

Ayer caía Bancroft, el último de los historiadores retóricos, frívolo e injusto, amigo de Bismarck contra los franceses: el que puso la mano en Texas y en California. Cayó en seguida Windom, el Secretario de Hacienda, con la espuma del discurso en los labios, su discurso contra la amonedación libre de la plata, y en pro de ir echando el poder, so capa de reciprocidad, por donde quiera que se pueda: hombre robusto Windom, hijo de sí, pensador sereno y fuerte, moderador a la vez que agente de los ricos, padre dichoso, en cuya casa, por el cariño con que todos se veían, no parecía que se apagase nunca la luz; cayó, ya se sabe, de la silla del banquete al suelo: lo llevaron en brazos sus amigos: expiró, en el cuarto de al lado, entre cuchicheos lúgubres: iba de frac y corbata de seda: le echaron sobre la cara un paño blanco.

Ahora está Sherman para caer, el general acre y rugoso, el último de los tres grandes generales de la guerra, que todavía no se había apeado del caballo, ni del mundo sabía más que lo que quedaba en él por conquistar. Danzarín, el bravo viejo, y de lengua dura. Al que le negase que su fama llegaba al cielo, lo latigueaba con la lengua. Y lo acorralaba; o volvía a casa rugiendo. Lo veía el Norte como al tiempo vivo, e imperaba, desde que murieron Grant y Sheridan. Un mérito tuvo siempre, aunque deslucido a veces por el encono personal, y fue el de decir lisamente lo que pensaba. Para él el ejército era la casta suprema en la República, y por los rincones se daba la mano con la religión. No era, no, de los que se bajan del caballo, a partir la capa con el triste sino de los que se montan en la locomotora rubia y aplastan a la pobre "Niñita" —la enamorada de la novela, la que se enamoró del galán de otro país. ¡El amor en casa! No era de los que gozan en ver crecer al hombre, sino en arrollarlo. Pero de una cabalgata, cuando la guerra, atravesó a Georgia, arrasó el campo enemigo, y salvó el ala federal amenazada. Y en Shiloh, cuando Grant aturdido volvía atrás, se echó a las balas sin sombrero, blasfemando y relampagueando, y ganó a Shiloh, la primer batalla decisiva de la guerra. Sólo que estos hombres son como los martillos, muy buenos a la hora de machacar; pero cuando se han de juntar las piedras, que es en lo que está el arte del gobierno, el martillo ha de guardarse, con doble llave y con mucho honor, porque el gobierno quiere mano sutil y delicada.

A Sherman no le parecía bien Cincinato, sino Wellington. El que defendió al país es santo, hasta que emplea en turbarlo el crédito que ganó con defenderlo. Lo hermoso en Sherman no es la lengua áspera, ni la ambición celosa, ni el genio militar, ni su independencia gruñona, sino el no querer morir, el resistirse a morir, el echar la muerte atrás, hasta que llegue de Europa su hijo: —"Cuando venga Tom, bueno. He vivido como lo entendí y no le tengo miedo a nadie."

"¡Atrás, hasta que venga Tom: le he prometido que nos volveremos a ver!" Y en su camisola de enfermo, salta de la cama, y pasa febril el cuarto. De toda la nación envían a saber de él. Un policía guarda la puerta de la casa. Tom se embarcó en Europa antier: Tom es jesuita.

A esa misma hora, donde quiera que había hombres, celebraban en todos los Estados Unidos el cumpleaños de Lincoln —ya en convivialidades políticas donde era Lincoln el pretexto, y la política del partido republicano lo real; ya en sociedades de letras, de éstas que hay acá a miles, y donde el hombre aprende a pensar en pie, a conocer al hombre, a pararle las estocadas, a respetar a los demás y a usar de sí; ya en las iglesias, que son acá como el ágora y el foro, por donde sube el pastor a perorar sobre el asiento vivo del país, y se habla del Dios nuevo, que es aquel mismo de Abraham, cuando el patriarca echó a la noche oscura al peregrino hereje y Dios piadoso bajó del cielo a reñirlo, y a decirle que saliera a la noche, si de verdad amaba a Dios, y trajera al peregrino a la tienda: "¿pues he soportado yo durante trescientos años que me niegue, y tú no lo soportarás bajo tu techo una noche, cuando en nada te ofendía?". Con las palabras de un francés sagaz, de Jean Honcey, un francés nuevo, acababa uno de estos pastores el discurso en que acabó la cristiandad de Lincoln y su religión sin sotana: —"Hacer al cristianismo laico sería, después de todo, al devolverle su forma original, el modo único de devolverle su fuerza y su verdad primeras."

En una de las sociedades de letras; de esas en que se juntan a la callada unos cuantos amigos, que han jurado en su corazón servir a la patria bien, a estudiar sin embozo y sin pompa los asuntos políticos, a leerse los juicios de los libros que cada uno lee, a repartirse el estudio de cada tema vivo, para abarcarlo luego juntos, mejor y en menos tiempo, a hacer, libro en mano, el ejercicio de la razón;

en una de las sociedades, el orador celebraba en Lincoln aquel perdón continuo, aquel llamar a sí a los enemigos tenaces, aquel reducir a la abnegación a los amigos impacientes, aquel hablar desde la presidencia con el fuego y las figuras del pueblo en mocedad, aquel salir regocijado, sin más ceremonia que la camisa de dormir, a abrir la puerta, bujía en mano, al Secretario de la Guerra que le llevaba, a media noche, la noticia de que se había ganado la pelea trascendental de Gettysburg. "¡Ese es el yankee típico —decía entusiasta el orador—, y no el ceremonioso, el frío, el monárquico, el encasacado Washington!"

Pero no fue en esa asamblea; ni en las de los templos; ni en la de Legión Leal de Washington, en que habló por México, sobre el tema de "Nuestra República Hermana", Don Matías Romero, y dio a la idea universal menos parte de la que tiene, por sobre el influjo indirecto y tardío de Norte América, en el advenimeinto de la "Última República", el brasileño Mendonça —donde se dijo o vio lo más notable de esta noche conmemorativa—, sino en el banquete que se dio en el salón blanco y oro de Delmónico, donde cayó muerto Windom, el Club Republicano de New York. Generales había allí; y Senadores, y Gobernadores; pero todos, como hijos, saludaron frenéticos a un anciano amulatado, de ojo saltón y labios gruesos, y el cabello de plata y la ceja cerdosa: a Hannibal Hamlin, el que fue con Lincoln Vicepresidente, en la primera presidencia: —"Lo que veo, decía el anciano, no es para hablar mucho. Mejor es no hablar. Yo viví cuando aquello era vivir. Yo soy joven, joven en republicanismo, aunque muy viejo en años. Aflígeme, aflígeme mucho la conducta de algunos de nuestros Representantes. Eso llena de sombra mis últimos días. Padezco, padezco hondamente de ver el deshonor, y la degradación de algunos de nuestros Senadores." Y se sentó, sombrío, y temblando.

Esa noche era de centenario en el Instituto de Peter Cooper, aquel sublime varón, que empezó a vivir de mancebo de pulpería, y empleó su riqueza en edificar, donde vendió sal y pimienta, una Universidad práctica para los pobres: y no de latinos inútiles, que el mismo Amunátegui, peritísimo latino, reemplazaba en dos colegios chilenos, hace poco, por las lenguas modernas; no de "gramáticas vacías", como decía Milton, gramático sumo; no de esas semiciencias de pelear, que hoy son y mañana no son, y dan por novísimo y de Darwin, lo que es de Diderot, o de Aristóteles; sino de aquellas artes amenas y servibles con que hombre y mujer pueden a un tiempo ganar el pan y levantar el corazón; de aquel saber del cuerpo humano, que nos mantiene ágiles y generosos, y felices; de aquel estudio de la política real, que preserva en el pueblo educado la dirección de los negocios públicos, y resiste la colaboración excesiva de la persona autoritaria o brillante; de aquel conocimiento amable y original que el trabajador, cansado

del día, recibe sin esfuerzo, en clases orales, y sala cómoda y de mucha
luz, con la lección pintoresca que se le pone delante de los ojos.
Aquel gran práctico, cuyo corazón era un salterio, basó la enseñanza
de su Universidad —¡qué oportuno ejemplo!— sobre el poder asimi-
lador y originario de la imaginación. ¡Enséñese con poesía!

Y el centenario era de él, del día en que nació, en una miseria
del New York de entonces, el que, en su propia casa de gloria, en su
propia Universidad de los pobres, jamás habló a un discípulo con
la cabeza cubierta, jamás habló a una mujer, discípula o maestra,
sino en pie. ¡Lo quieren!: ¡tiernísimamente lo quieren! Rebosaba, en
hombres de veras, la sala de la ceremonia: en mujeres, que le deben
el pan que comen, el arte que las consuela, el marido culto, que hace
feliz la casa. Más de una pareja absorta, salía al frío de la calle sin
haberse puesto los sombreros. En mucha casa, mucha, había un florero
con lirios al pie de un retrato de viejo, de espejuelos, de melena, na-
rigón y amoroso, de patilla en barboquejo. Y el orador fue un hombre
joven, el rico Seth Low, que ama y goza la vida, y anda en coche, y
aún lleva su violeta o su rosa en el ojal de la levita; pero dice que
"echarse a dormir sobre la fortuna, y descuidarse el estudio de los
negocios públicos, y la elevación de los desheredados, es delito pleno
y punible, de traición a la patria". "Poco me falta, dijo un día, para
pedir, desde mi silla de rector de la Universidad, una ley de contra
los ricos inútiles."

Esa noche era de centenario en el Instituto de Peter Cooper, y de
remate en la colección de Seney, donde hay un Millet, "El Ciego
Tobías", que vale más que el Ángelus; y una iglesia magnífica,
encendida y olorosa, del español Benlliure; y Díaz sin número, aquel
Díaz que pintó como con joyas amasadas; y un Cazin que hace
llorar: una familia campesina, la madre sobre la yerba, con el manto
por los hombros; el niño en sus brazos; el hombre, a sus pies, dormido, rendido: cerca el bordón; cerrado el cielo; lejos, la casa. Mucho
Corot místico; mucho Daubigny recio; mucho Dupré resplandeciente;
de Delacroix, un león que hiela y un tigre que salta.

Pero de todo se hablaba menos que de la carta famosa de Cleveland, a la reunión anti-platista que hubo en Cooper, declarándose
denodadamente —contra la opinión y el reto de mucho prohombre de
su partido— hostil, hoy como antes, a la amonedación ilimitada de la
plata. Ya lo azuzaban. Ya lo burlaban. Ya su enemigo mayor, el *Sun*
poderoso, le decía "hombre sin cintura" y "valiente de medio pelo".
Ya lo tachaban de candidato astuto, que calla en lo que les pudiera
comprometer, o se vuelve atrás de lo que dijo, para no poner en
riesgo su candidatura. Ya parecía su candidatura inevitable y asegurada, porque Hill, el Gobernador de New York, que mueve a New

York como a una perinola, y era el rival temible de Cleveland para
la presidencia, consintió en comer, y en brindar por Cleveland, en la
mesa de paces que, con un gallo de azúcar en el centro y muchos
próceres alrededor, hizo servir en el Club de los Demócratas, ilumi-
nado a toda luz, un coronel Brown. Pero lo convidan los anti-platistas
a su asamblea, y él, que cree que la idea de "la plata libre" fomenta el
espíritu demagógico del país con esperanzas falsas, y arriesga los negocios de la mayoría de la nación para el provecho, transitorio y culpable, de algunos miembros de ella, de un grupo escaso de dueños de
minas; él, que sabe que con esta opinión se granjea la enemistad,
acaso invencible, de los platistas demócratas del Noroeste, donde por
lo demás lo proclaman y miman; él declara, en la carta de hoy
como en el mensaje de hace tres años, que el dinero, que es el medio
de comercio entre los pueblos del mundo, ha de ajustarse al concepto
que tengan de él los pueblos del mundo; que el modo de un metal
no es, por supuesto, sacar a la circulación una suma mayor de él que
aquella que se demanda; que el oro, antes que cambiarse por una
moneda ficticia, depreciada y rechazada, se esconderá hasta mejores
tiempos, y el comercio se quedará sin la moneda precisa para los cambios; que el oro, en que hay que pagar al mundo, se pondrá inmediatamente a premio en el país, que tendrá que pagar, y no tendrá
oro. Y otras cosas graves, que la carta no dice; pero parecen acon-
sejar prudencia urgente a los caballeros del águila. —"¿O quieren los
platistas", parece decir la carta, "subirse en el lomo del ave nacional,
y declarar esclavo al mundo?" No se habla más que de esta carta
viril, de Colorado a Washington. —"Por esa carta, dice uno, dejará
de ser Cleveland Presidente." —"¡Lo será, dice otro, por esa carta!"

EL AMIGO

[*El Partido Liberal*, México, 25 de febrero de 1891, tomo xi, núm. 1787, p. 2,
cols. 3-5.]

XXIII (137). DE WASHINGTON. LA COMEDIA DE *EL SENADOR*

Washington, 18 de febrero [de 1891]

¿Dijo alguien que es un delito la cortesía, y se ha de predicar la brutalidad como virtud, y el odio a los hombres corteses? ¿Dijo alguien que debe tomarse a mofa el tráfico en los negocios públicos, y dar un voto por una reclamación a cambio de otro voto por un ferrocarril, o negar, si no se recibe otro en pago, el voto justo? ¿Dijo alguien que toda la honestidad es yankee, de Portland a California, y todo lo vil es extranjero? ¿Dijo alguien, en una comedia cosida con hilo de afuera, y tomada del *Palais Royal* o el *Odeon*, que lo de afuera se ha de abominar, abominarlo todo, por satánico e hipócrita? ¿Dijo alguien que un comediador honrado ha de ganar aplauso para sus comedias halagando, en vez de corregir, las preocupaciones populares? Pues esa es la comedia famosa de *El Senador*, de un remendero Sidney Rosenfeldt, que hace comedias norteamericanas con retazos de su ídolo Sardou.

En Washington hay que ver la comedia, porque la escena y los caracteres son de Washington. El patio se llena de las hermosuras ostentosas de la ciudad federal, que es plaza a que concurren, en rara abundancia, las mujeres de belleza opulenta. Los palcos, repletos, están llenos de Senadores. Aquí y allí, sin saber a lo que van —porque si lo supieran no irían—, están los ministros de esta o aquella república, el ministro de Austria, el ministro de Portugal. Mientras se alza el telón, un anciano melílocuo, un senador retirado, cuenta a un ministro de lengua española lo que ya él sabe: que la acción de *El Senador* está basada en el caso real del barco que defendió a los ingleses, en 1821; el yankee Armstrong, cuyo barco acabó quemado en la pelea, y pasaron años antes de que el Congreso resarciese el importe al capitán patriota; que el Senador, tal como sale a tablas, es copia verídica, en su brusca virilidad, de un Senador Ciruela, que lo fue todo en el mundo antes de venir, en premio de una corazonada, al Senado. Y el anciano melílocuo, de ojos tiernos y nariz rapante, habla, como para hacer boca, de "lo inquieto que está el pueblo de verse rodeado de fortalezas extranjeras, el Canadá, las Bermudas, Cuba"; de que "por los tratados de reciprocidad va a empezar a suceder, para dentro de poco, algo notable en Cuba"; de que "con los negocios más estrechos, se espera y se prepara una unión más estrecha, con Cuba". Se levanta el telón: una hija fiel, una hija del Sur, está dando de comer, lo de la propia cocina de sus manos, al octogenario que sólo vive para ganarle a la niña el pleito que le tiene puesto al gobierno, el pleito del barco que quemó su padre en la defensa contra el inglés. El corazón se va al instante a este padre patético. Entra la hija con la sopera, la hija Mable, y dan ganas de besarle la mano.

Y en seguida empieza la trama a enredarse, una trama cuádruple, que va toda en hombros de *El Senador*, prendado de Mable. Mable, sola con la vejez, está a punto de amar a un Conde barberil, un Satanás de ensayos, un seductor de perfume y corsé, un ministro austro-húngaro. El austro-húngaro propone, con éxito, la fuga a la esposa, inexperta y desatendida, del Secretario de Estado, la esposa de *Nos intîmes*, que ya al caer saca a salvo la virtud, porque se la vela *El Senador* amigo. La hija del Secretario, la hijastra de la amada del Conde, es como las francesitas ingenuas, mona y pura a la vez, y quiere al que la quiere, que es un mozo elegante y acometedor, Secretario del Senador Rivers. Con el Senador Rivers, brioso e indómito oesteño, ajusta "alianza mental" una viuda amigable que quiere a Mable, la niña del pleito, a la mujer del Secretario de Estado, a Jossie, la hijastra, a cuantos hombres ve, adora, y olvida, hasta que da con el marino enamorado de Jossie, copia, en carne yankee, de ese cachazudo de todas las comedias, de *Divorçons* y de *La sombra de Torquemada*, que en los casos más difíciles "va volando". Y para hacer reír, una viuda cómoda, que a cuantos conoce pretende, y cuenta al Senador cómo es "la tumba del difunto", y está en la trama para llevarse a los personajes que estorban. Para la risa burda está un chino, el Secretario de la embajada celeste que va como el inglés de *Pepe Hillo* o el de aquella comedia de Scribe, tomando notas de absurda sátira, de cuanto husmea y ve. ¡Ah! y un pícaro, un pícaro redomado, agente de malas causas, que pretende, como en las operetas de hace cuarenta años, la Legación de Bolivia.

Mable se salva, porque el Senador gana su pleito, en una campaña simpática y vertiginosa, y desenmascara al Conde, a quien le oye la declaración de amor a Mable la esposa del Secretario, a quien el Senador, que la oculta tras una cortina de su casa, salvó, por un arreglo de carruajes con su Secretario y la viuda joven, de la fuga que le había aceptado el Conde: Mable se salva, y se casa con el Senador. Se salva, desde el segundo acto, la esposa del Secretario, que cae en brazos de su esposo, lo mismo que la arrepentida de *Nos intîmes*. Jossie, la hijastra, se casa con el Secretario del Senador, a quien éste, amigo de los mozos intrépidos, "que no pierden tiempo y sacan el golpe del hombro", hace director de uno de sus ferrocarriles.

Con su marino despacioso se queda la viuda volátil, que está allí para que se vea cómo pueden ligarse, por el talismán del amable comediador, la virtud real y la livinidad aparente, la livinidad fría y continua que los observadores suelen tachar a las viudas de la república rubia. La viuda anciana se queda sentada en un sillón. Y el Secretario chino, abanicándose. Por el cuello y los faldones echa el Senador escalera abajo, al viejo mañoso que quiere ir a esa tierra de nombre cómico —a Bolivia. El Conde... ya se verá cómo acaba el Conde.

Por sobre todo, entrando y saliendo, salvando a sus amigos, deshaciéndose por la viuda amable de un colega importuno, arrancando de su pasión compasiva una elocuencia que mueve a los senadores y tartamudea ante Mable, encarnando en las tablas la vida veloz, pujante y brusca de la nación ferrocarrilera; por sobre todo, abonando con su persona llana y cordial los vicios de crudeza y tráfico que afean a la república, y acabarán por hacerla, para cuantos tengan ojos y oídos, más temible que amable; por sobre todo, como el amigo providencial de los comediones de teatros suburbanos, perora el Senador, cano y de pera rural, en pantalones grises y levita negra. Le ríen como chistes, y como ardides le aplauden, los manejos, pueriles o punibles, de que se vale para mantener su influjo en el Estado, y por el de éste en el gobierno, y por los dos entre los Senadores: ¿no fue maestro de escuela, médico hindú, panadero, tinterillo, cura?, ¿no es Senador, porque los que lo vieron salvar seis niños en un incendio no sabían qué hacer con él, y Senador lo hicieron?, ¿no se ocupa tanto en las peleas de Tomasón, el de los tres ferrocarriles, con Jaimote el de los dos —de las peleas caseras e interesadas de su Estado—, que "no ha tenido tiempo" para ir al Senado en dos años?, ¿no va al Senado, por primera vez, a empeñar su voto a los que a él se lo empeñen, para sacar a salvo el pleito de la mujer de quien se enamora? Pero ¿quién va a echarle en cara estas menudencias al amigote del Secretario de Estado, a un hombre que hace a su Secretario director de ferrocarriles, a un sanguíneo que va y viene, burla a sus enemigos, salva de la vergüenza a una mujer y del extranjero a otra; zarandea y befa a un chino, echa a rodar por las escaleras a un rufián que quiere ir a esa tierra de nombre cómico —a Bolivia? Bien ofrezca, en el primer acto, ganar, a puño prieto, el pleito del pobre ochentón; bien, en el acto segundo, descubra la trama fea del Conde y se la tuerza, mientras prepara, ojo al Senado, la sesión inminente en que se ha de votar el pleito; bien, en el acto que sigue, dé relieve de arte, en escenas ágiles, animadas de amor, a la prisa e intriga de un cuarto del Senado, en que se completa, entre los que salen y entran, el voto inseguro, con el Senador está el público todo, el de los palcos como el de las galerías; y se ve que en él se reconocen y se aman, y que por boca de él habla su pueblo.

Pero en el cuarto acto es el triunfo: ¿No quiere el Conde ruin, el Conde extranjero, el Conde cortés, una explicación del recado falso con que el Senador lo echó al coche donde estaba la viuda, en vez de la mujer del Secretario, que debía fugarse, al ir de la Secretaría al baile con él? ¿No está allí el Conde finchado, entallado, condecorado, remilgado, rizado, levantándole la voz, la voz villana que vino a llevarse la castidad del país, la voz pérfida y extranjera, al Senador que ampara la virtud federal, la virtud indígena? Pues el Senador le ofrece un *cocktail*, antes de entrar en las explicaciones; le cuenta una fábula, donde le llama serpiente: le llama a la cortesía afeminamiento y traición; le pone el puño entre los ojos; le arranca la declaración de su falso amor a la secretaria, que sale, digna e incólume matrona, de detrás de la cortina; le fuerza a renunciar su puesto, con la amenaza de pedir a unos banqueros omnipotentes de Viena que impongan al gabinete austriaco su retiro. Y el Conde, llamándole "mi querido Senador", toma el *cocktail*, con el Senador triunfante, y sale arrastrándose como un perro. La cortesía, perfidia; y los corteses, pérfidos. La virtud, nacional toda; y Satán, extranjero. Y los dos payasos, el chino, y el bribón que se quiere ir a asilar a la tierra de nombre cómico —a Bolivia.

Se venía el teatro abajo. Doscientas veintisiete noches una sobre otra, se ha representado *El Senador* en New York. "Es la pieza más perfecta del teatro americano", dice el *Washington Post*. A la puerta, en el gentío de la salida, iban codo con codo dos ministros extranjeros, silenciosos y pálidos.

EL AMIGO

[*El Partido Liberal*, México, 6 de marzo de 1891, tomo XI, núm. 1795, p. 1.]

XXIV(139). CARTA DE JOSÉ MARTÍ

SUMARIO: Las elecciones en Nueva York. Qué significan y cómo se hicieron. Las vísperas. Cuadros electorales. La noche y los boletines. Importancia de estas elecciones en la elección presidencial. Cleveland y Hill. La torre de luz.

Nueva York, 4 de noviembre de 1891

Señor Director de *El Partido Liberal.*

De lo alto de la torre nueva del circo de Madison, de la torre agiraldada, surca, como una cola de cometa, el cielo negro, la luz que anuncia al colosal, si los votos de esta reñidísima elección favorecen a Fassett, el candidato republicano, que viene de casa rica, y es de letras oratorias, o a Flower, el demócrata, que es banquero hoy, y dadivoso, y hombre de parques y carruajes, pero cargó antes, cuando baja la masa humilde al oscurecer, la cantina en que trae el obrero su lonja de pan y su té. De la cumbre lanzaba la giralda, como barriendo, el aspa luminosa: si caía al Este, era que Fassett ganaba; si al Sur, duda; si al Oeste, que era Flower el Gobernador. Y subía la luz por el Oeste al cielo, subía hasta que pareció surtidor de plata que se erguía de los hombres a las estrellas. Flower era el Gobernador. Flower el demócrata. En él compusieron sus diferencias, los bandos del partido que vienen disputándose la supremacía en la contienda presidencial del año entrante, y con él triunfaron. Vitoreaban por las calles doscientas mil almas.

Fue la noche antes, la de las vísperas del voto, toda parada y músicas y discursos y cerveza New York. Allá cincuenta juntas, y el orador de pie en un carro, los ojos llameantes, la cara abotagada, la palabra ronca: allá bandas de pífano y tambores, por donde vive la gente pintoresca, por los chinos, por los italianos, por los irlandeses: allá, en los grandes hoteles, los busca-puestos en cónclave y bullicio, parlanchines, de ojo hambriento, veloces, obsequiosos; allá donde los negros apasionados, un Fassett que se empina sobre un barril, asido de la farola, a contar por qué el republicano es el mejor, y un Flower que le saca el barril de debajo de los pies, y deja al orador colgando. Las músicas pasan: las calles vocean: los oradores: las luces, a la madrugada, velan en los trasparentes: los candidatos aguardan febriles, cuál con su madre que no quiere acostarse, cuál ahíto de vino, acodado

en el mostrador; cuál sentado en su taberna, en lo más alto de la
pila de cuñetes vacíos; la hora en que el sol, amigo de la libertad
rompe radiante. Y con toda su humana desvergüenza, algo de divino
y conmovedor, y de impalpablemente hermoso, tiene la hora callada
del sufragio.

Con la luz, sale el voto. "Carruajean" los trabajadores y van de
puerta en escalera, no sea que se les huya, a la oficina o al licor,
el votante dudoso: con las cintas a la solapa, danzando de frío, acuden a las casillas, cubiertas de carteles, los "pisa calcañales", que han de
irles a las gentes detrás, proponiéndoles el manojo de boletos, los policías soñolientos se encajan a la puerta de las urnas, porra en mano.
¿Que todo es lo que cree el rebaño cándido, el rebaño de meras letras,
el rebaño de políticos artificiales, el rebaño pedantesco y autófobo,
sobre la nitidez y maravilla de esta manera de votar del Norte, de este
modelo fino e incólume, de todas las garantías, y patriotismo, y libertades? Pues allí va John Brodsky, con los diez votantes que acaba de
comprar, a tres pesos por cabeza; allí manda Jim Sullivan que le apo-
rreen a "aquel bergante", aquel bergante que se atreve a insistir en
votar por sí, cuando ya un falsificador votó con su nombre, por cinco
pesos que le ha dado Jim, la candidatura que aborrece el defraudado;
allí el púgil Smith, el "Peso de Plata", sombrero a la nariz, tabaco a la
barba, dijes al vientre, está a la puerta de las urnas, contra la ley
que le manda estar a ciento cincuenta pasos de allí, dando a los que
entran la paga de su voto, y el boletín donde está el candidato para
regidor; allí las hijas de Morris, que quiere silla en el Ayuntamiento, reparten de una bolsa de seda carmesí los boletines de su padre:
allí, de un puñetazo, sienta a un obrero pisa-calcañal que quiere darle
la candidatura que él no vota: allí un padre indignado, un padre sin
cuello ni puño en la camisa limpia, arranca de la mano a su criatura
el billete que le ha puesto "el trabajador" para que "su padre vote
como se le dice"; allí en las filas de las urnas, el guitón hediondo, con
las rodillas a la claridad, el artesano afeitado, como para día de
fiesta, el primerizo ansioso, que viene al primer voto de gabán nuevo y flor en el ojal, el banquero Seligman, el abogado Condert, el
presidente Cleveland. Y en cuanto cae el sol, con garfios y garrochas
se llevan los pilluelos las casillas de pino, échanlas a la fogarada, en
medio de la calle, con los cajones, y los barriles; y rajas de cercas
de vecindad: el cielo, a la hora de salir los alcances de las prensas,
es un rojo.

Y el indiferente que a la caída de la noche venía del barrio de las
oficinas, mudo un día al fin; o del museo, de ver al Rubens nuevo;
o de la avenida judía, donde levanta el cimborrio de oro la pomposa
sinagoga; o del Parque Central, de recoger las hojas de colores de

otoño, o de un fondín francés, de la cena de a medio peso, con vino californiano, veía ya, apiñonados en las plazas y calles mayores, los curiosos, los fanáticos, los apostadores: porque apuestan a los candidatos como a los caballos, y en las cervecerías, unas de ónix y piso de mosaico, y de cedrote y aserrín otras, los apostantes estudian afanosos la cinta donde va el telégrafo poniendo los candidatos que ganan; unos maldicen; convidan otros a beber; un representante del congreso, rojo como la langosta hervida, se abre camino, ofreciendo apuestas, con un rollo de billetes en la mano. Afuera, por toda la ciudad, aparecen, donde hay torre alta o pared vacía, las "lunas" famosas en que va echando números, y chistes, y versos, y retratos, y caricaturas, la linterna mágica. Desertó este año la muchedumbre de los puntos de cita usuales: la torre del circo nuevo, con sus guirnaldas y sus rosetones de luz eléctrica, iba a decir, con aspas de claridad, cómo iba triunfando la elección: del *Herald* era el invento, del *Herald* invencible.

La torre es lo más nuevo de New York, toda de alegre amarillo, con mucha pompa y mucho recoveco: así como una torrecilla de crocante: en lo alto gira Diana cazadora. De allí, adonde llegaba como de mar el ruido de la multitud, salía, por sobre la furia y azote del viento, la ráfaga de luz tajante. Paseaba el aspa dócil, bajando por Fassett o por Flower subiendo, el cielo sin estrellas.

Y tuvo este año la pelea local, la pelea por el gobierno del Estado, un brío parecido al de los años presidenciales; porque no estaba principalmente el interés en que atacara el candidato republicano, como atacó, la asociación demócrata de Tammany Hall, "el tigre de Tammany Hall", como le llaman por el poder de su voto disciplinado, que la mantiene en el goce de los más pingües puestos públicos, ni que los demócratas, esquivando en una elección de Estado este cargo de mero municipio, del municipio de New York, diesen batalla a los republicanos sobre la Exposición de 1893, que en New York hubiera sido, como los demócratas querían, si no se la hubiesen llevado a Chicago los republicanos temerosos del auge que en un año presidencial cobraría forzosamente, con el éxito de la Exposición, un Estado demócrata: y por vilezas así, convirtieron lo que pudo ser, a pesar de la ley McKinley, fiesta universal, sobre isla y río y mar dignos de ella, en el certamen violento y fatigoso que reunirá apenas, por cortesía más que por deseo, a las repúblicas continentales: ¡sentado se está, semana sobre semana, el buen secretario de la Exposición en New York, sin que se llegue más que uno u otro curioso, extranjero casi siempre, por aquella oficina solitaria! ¡Y en New York pudo estar la Exposición, en la bahía que ella sola convida al viaje, con los vapores del mundo a los pies, y la ciudad coronada de luz, y los ríos con sus broches de brillantes, y la diosa enseñando el camino! De Chemung, en lo alto del

Estado, al Bowery rufianesco, en el riñón de New York, no había esquina o árbol sin un letrero que recordara al Estado "el robo". "¡Al Oeste no se ha de ir el poder!" decía un transparente rojo; "¡A New York no se le quita la corona!" Pero éstas fueron como vísperas de la campaña real, que no se libró por este año de gobernadores, sino por el que viene, que es la ocasión mayor, en que acaso se venga a tierra, por más de un gobierno, la presidencia republicana; en que, con fuerza sorda, expulse la nación despierta a los representantes, confesos y convictos, de los monopolios coaligados, al partido donde sólo palpitan con vida el interés que los protege, so capa de industria y la política de señoría, de disimulo y agresión encubierta con que se halagan los defectos de arrogancia y codicia, en el nuevo carácter nacional.

De la masa sube confusamente la marea arrolladora, y en ella se alistan, con el fervor de las horas de crisis, los políticos sagaces y viriles, y los talentos jóvenes. McKinley vence en Ohio; pero Russell vence en Massachusets. A Depew lo ponen sus amigos ricos donde todos lo vean, y en la cabecera de los banquetes, y en el mango de las cucharas de plata y oro: pero le nace a Cleveland la hija, la sencillez de una "hija robusta y perfecta", y se la miman, de California a Nueva Orleáns, y se la cantan, y se la festejan, como si hubiera nacido hija de rey. Era sólo dudoso que el Estado demócrata de New York, el Estado de los treinta y seis votos presidenciales, pudiera acomodar los intereses opuestos de sus caudillos, a fin de poner en la candidatura a personas de tal fuerza en la nación que llevara la marea creciente donde no podría llevarla de seguro un político de lugar, crecido en los menjurjes, ni un candidato segundón. ¿Podrían ponerse de acuerdo los demócratas del menudeo, los de la pitanza y la racha, que siguen al buen proveedor Hill, al hombre "que no deja solos a sus amigos", con los demócratas más amplios y nacionales que, con la mayoría del partido en los demás Estados, se va detrás de Cleveland, "un soberbio que no se para en amigos cuando tiene que cumplir con su deber"? ¿Se unirían este año para la pelea del Estado, para esta especie de reconocimiento de la pelea presidencial, los bandos sin cuya unión no puede entrar New York con autoridad, ni la democracia sin el voto fiel y unido de New York, en la campaña de la presidencia? ¿O mostraría el Estado de New York su incapacidad para ajustar estas diferencias de persona, y sería éste como aviso al país de la continuación de los republicanos en el poder, por la insania y la mezquindad del partido a que vuelve los ojos la nación? Y se unieron los bandos: y se han peleado los demócratas con más pujanza que nunca: y han hablado, noche tras noche, desde los mismos estrados

Cleveland y Hill. Que aplauden más a Cleveland: que a Hill lo aplauden menos... Cuando los hombres doman su pasión, es bien que se levante al cielo una torre nueva, desde donde Diana, cazadora de astros, envíe al mundo torrentes de luz.

[*El Partido Liberal*, México, 17 de noviembre de 1891, vol. XII, núm. 2005, p. 1.]

XXV(142). EL MENSAJE DEL PRESIDENTE HARRISON

[SUMARIO:] Extracto minucioso del mensaje. Demócratas y republicanos. Contra la plata libre y en pro del bimetalismo. Defensa de la tarifa de McKinley. La Nueva Marina de los Estados Unidos. El arbitramento en América. "La influencia pacífica que debemos ejercer en este hemisferio." El Ferrocarril Internacional y el Canal de Nicaragua. La reclamación a Chile. Los límites de México.

Las ásperas relaciones de Washington con Chile, la hostilidad mal encubierta de las banderías del partido republicano, y la relativa firmeza que ha venido a darle la elección equivocada de los demócratas, para presidente de la Casa, en la persona de un sudista ligado a los elementos impuros del partido, dieron al mensaje de Harrison importancia no común en la apertura del Capitolio el día 8. ¿Qué diría Harrison de la plata libre, que parece resucitar con la elección del platista Crisp a la presidencia; qué diría del desagrado con Chile; de la marina nueva; de los tratados de reciprocidad; qué diría de la tarifa de McKinley? Por la elección de Crisp parece triunfar entre los demócratas la tarifa proteccionista: ¿no se aprovecharía Harrison de esto para oficiar de amigo de la tarifa moderada, con protección incidental, que satisfaga a los grandes manufactureros republicanos y atraiga a los demócratas mantenedores de una tarifa menos estrecha? Con Crisp parecen venir a la superficie los amigos de la plata libre: ¿Estaría Harrison con ella, o contra ella?

Contra ella está Harrison en su mensaje. Los que quieran acreditar la plata, dice, no echen tanto al mercado que el exceso innecesario de ella la traiga a menos valor. El oro no se va a cambiar, a valor limpio, por la plata que se cotizará, por su abundancia creciente, en menos que el oro. Espérese a que Europa confiese, como que tiene menos oro del que necesita, la necesidad de emplear más plata. A Europa habrá que pagarle en oro, y para continuar pagándole en oro habrá que comprarlo en un mercado en que cada día escaseará más, con una plata que cada día valdrá menos. El cuño no le da a la plata más valor que el que tiene por sí como mercancía, que será menos mientras más sea la producción que la demanda. No está el camino franco para una conferencia internacional. Hay que sujetar en el país, todo el oro que se pueda, para que la escasez de él ponga a Europa en la necesidad de usar más plata. "El bimetalismo es el fin deseado." Oro y plata a la vez.

No se detiene el mensaje a considerar la significación de la enorme mayoría con que el país echó de la Casa de Representantes a los mantenedores de la tarifa de McKinley, ni a estudiar en cuanto puede explicar el aumento innegable de las importaciones la cosecha opulenta e inesperada de este último año; sino que pone a crédito de la tarifa lo que al de la naturaleza se debió poner. "Nunca se ha visto pueblo más próspero ni más bien pagado, ni más contento." Los fabricantes de alfombras andan rematando sus ahogos de yardas, de millones de yardas que no pueden vender: "¿A qué, se preguntan, una tarifa que nos permite vender caro, que nos obliga a vender caro, si el país, que tiene que comprarlo caro todo, no tiene dinero con qué comprarnos?" Pero el mensaje afirma que "la tarifa de McKinley ha creado varias industrias que de aquí a algunos años darán empleo a centenares de miles de norteamericanos". Con la tarifa hágase como con la ley de plata, que manda a comprar más plata de la que consume el país, y la paga con notas que tienen detrás su peso en barras: si la plata no ha subido, a pesar de irla sacando el gobierno del mercado con la compra continua que marca la ley, ya subirá: dice a la ley tiempo de prueba. Y así con la tarifa de McKinley: "No se le condene hasta que funcione un poco más: manténgasela y pruébesela."

De la nueva marina tiene el mensaje un párrafo largo: "Es grato el aumento." "11 000 toneladas han entrado en la Marina de Guerra con el *Newark* y el *Concord*, y el *Bennington* y el *Miantonomah.*" "Veinticuatro barcos nuevos se están construyendo en los arsenales privados y públicos; pero no estarán listos hasta dentro de un año." "La fábrica de cañones navales de Washington es ejemplar por su economía y sus buenos productos." "No ha de vacilarse en la obra de tener pronto construida una armada del mejor tipo moderno, bastante poderosa para que la nación despliegue por todos los mares su bandera, y ampare a sus ciudadanos, y fomente el comercio. El mundo no necesita que se le garanticen los propósitos pacíficos de los Estados Unidos; pero es probable que en lo futuro entre el Norte a competir más seriamente con el comercio del mundo, y es esencial a la dignidad de la nación y a la pacífica influencia que debe ejercer en este hemisferio, la posesión de una armada suficiente, en el Atlántico tanto como en el Pacífico."

Del tratado de arbitramento que propuso la Conferencia Internacional americana, dice así: "Caducó el tratado por no haberse cambiado las ratificaciones en el período prescrito, pero varios de los gobiernos han expresado el deseo de que se extienda el plazo. Deben a mi juicio, los Estados Unidos conservar la iniciativa que ejerció en esta medida, ratificando a este fin el tratado propuesto, y abogando por la prórroga del plazo."

Del Ferrocarril Interoceánico trae párrafo exclusivo, donde afirma que continúan las labores de exploración, "no sólo en México", sino en otras varias comarcas de la ruta. "Ya hay 1 000 millas exploradas, y entre ellas lo del Ecuador, que es de lo más difícil." "No se han encontrado obstáculos insuperables."

Sobre el Canal de Nicaragua, estas son las palabras textuales: "Creo asunto de la más alta importancia para los Estados Unidos que este canal, que reúne las aguas del Atlántico y el Pacífico, y nos proporciona una ruta marítima breve entre nuestros puertos de los dos grandes mares, se construya tan pronto como se pueda, y al menor costo que se pueda." "El Senador Morgan dijo la verdad al decir que el canal es, de todas las empresas de esta época, la más importante al comercio y el progreso de los Estados Unidos." "El ahorro de fletes de los comerciantes, y el del gobierno en los barcos de guerra, cubriría en pocos años los gastos de construcción del canal." Y entra en detalles sobre los gastos de la construcción. "Garantícense los bonos de la Compañía por el gobierno de los Estados Unidos." "De todas veras recomiendo la intervención del gobierno en una empresa de trascendencia tal que se debiera asegurarla con asignaciones directas del Tesoro público."

Habla de Navassa, la isla del guano en las Antillas que ha entrado en poder de los Estados Unidos y necesita funcionarios idóneos. Habla de los chinos, que entran, a pesar de la ley, por el Canadá y por México, y no deben entrar. De los indios habla largo, y de la necesidad de ir educando a los que quedan en las escuelas mixtas; de la conveniencia de darles ciudadanía, y representación en el Capitolio; de la utilidad de nombrar comisionados que traten amigablemente con las tribus sobre su deseo de estas mejoras; de la bondad del plan de ir repartiendo a los indios un tanto de su tierra por cabeza —y abrir toda la demás al blanco. De los 676 160 ciudadanos que reciben del Tesoro $ 118 530 793 por pensiones militares, dice que el "Comisionado" —acusado de estafa mayor— "lleva adelante sus trabajos complicados sin dificultad, y ha expedido en los últimos cuatro meses 113 175 certificados. Recomienda la uniformidad en el modo de nombrar en los varios Estados los electores de la presidencia de la república. Llama "robo político" a los esfuerzos con que se supone que el Sur estorba el voto libre de los negros, y aboga por el nombramiento de una comisión, exenta de intrigas políticas, que estudie los detalles todos de este problema del voto de color y aconseja el medio pacífico de redimirlo. Insiste en la conveniencia de ir eligiendo por concurso a los empleados del gobierno, e irlos ascendiendo por orden de mérito en casos de vacante. Alaba entusiasta las mejoras del ejército: menos deserciones, más fábricas de proyectiles, buenas defensas costeras, determinación de adoptar próximamente la pólvora sin humo y la infantería de a tres batallones, el aislamiento de indios. Aboga por la extensión de los correos, y por las subvenciones de correo a los vapores del país.

A Chile dedica lo más voluminoso del documento. Cuenta lo del Itala. Dice que "durante la guerra civil ofreció el gobierno de los Estados Unidos sus buenos servicios para procurar un arreglo amigable, que se llegó a creer cercano; pero la esperanza fue frustrada. Está seguro de que Montt, ahora que es gobierno, desearía que el Norte obrase con él, contra un bando insurgente, como obró respecto a los insurgentes, del lado de Balmaceda. No han venido de Chile quejas oficiales contra el ministro Egan. Y habla así: —"La caída del gobierno de Balmaceda creó una situación que es infortunadamente demasiado común en la historia de los pueblos de Centro y Sud América. Muchos de los vencidos buscaron asilo en los barcos y en las legaciones extranjeras. No he deseado autorizar la entrega de los refugiados en la legación norteamericana sin condiciones convenientes." No dice el mensaje que, por todo lo que se sabe, la mayoría de los asilados en la legación son aventureros de Norte América que se pusieron del lado balmacedista: dice que "es satisfactorio observar que cesaron de un todo, o se suavizaron, las medidas hostiles al ministro del Norte, que dieron ocasión a una formal protesta".

Llama "salvaje y brutal" al ataque a los marineros del Baltimore, "ataque no provocado", y lo recuenta como de allí lo pinta el almirante del Norte. Se llamó la atención del gobierno de Chile inmediatamente, y se le sometió el sumario levantado por la marina del Norte "rogándole que adujese cualesquiera otras pruebas que tendiesen a quitar a este acontecimiento el carácter de un insulto al gobierno de los Estados Unidos". Y así termina: —"Es de lamentarse que el Ministro de Relaciones Extranjeras del Gobierno Provisional diese a su respuesta un tono ofensivo. A esto no se ha contestado. Este gobierno está ahora aguardando el resultado de la investigación ante el tribunal del crimen en Valparaíso. Dícese que la investigación está al concluir, y espérase que con ella se comunique a este gobierno una respuesta propia y satisfactoria a la nota en que se llamó su atención sobre este incidente. Si estas justas esperanzas fuesen defraudadas, o se incurriese en innecesaria demora, acudiré con nuevo mensaje ante el Congreso, a fin de que tome las resoluciones que puedan ser necesarias."

Para México hay un párrafo especial, el párrafo sobre el tratado de límites: —"En 12 de noviembre de 1884, se ajustó con México el tratado que confirmaba los límites entre ambos países, conforme a los convenios de 2 de febrero de 1848 y 30 de diciembre de 1853. El 1º de marzo de 89 se negoció un tratado nuevo para facilitar la aplicación de los principios del de 1884, y evitar las dificultades ocasionadas en virtud de los cambios y alteraciones de cambio natural en los ríos Grande y Colorado, por donde constituyen la línea divisoria entre las dos Repúblicas. El gobierno mexicano ha nombrado la comisión internacional de límites que proveía el tratado de 1889, con jurisdicción exclusiva en las dificultades que pudiesen surgir. El gobierno de los Estados Unidos necesita que se acuerde la asignación respectiva para proceder a cumplir con su parte de obligación en este convenio."

El mensaje acaba así: —"Me regocijo en gran manera ante los muchos testimonios de la unificación creciente de nuestro pueblo y la resurrección de nuestro espíritu nacional. La 'vista' que se abre ahora entre nosotros es más vasta y gloriosa de lo que fue jamás. Vacílase entre el asombro y el júbilo al contemplar la población, la riqueza, la fuerza moral, de nuestro país. Por tiempo breve se nos ha hecho guardadores de un depósito, trascendental en su influencia sobre nuestro pueblo y sobre el mundo, y no debemos faltar a su primera condición: el mantenimiento del influjo libre e igual del pueblo en la elección de los empleados públicos y en la dirección de los asuntos nacionales."

[*El Partido Liberal*, México, 18 de diciembre de 1891, tomo xii, núm. 2032, p. 1.]

SUMARIO: Política. Religiones. Inmigración. Un incendio en la Avenida. Hill contra Cleveland. Renuncia de Blaine. La inmigración y el egoísmo. Crímenes. Un millonario habla en un púlpito, y censura el sistema de herencias. Los púlpitos y el volteriano Ingersoll.

New York, 9 de febrero de 1892

Señor Director de *El Partido Liberal*.

Rebosa la vida en los Estados Unidos con los primeros soles de febrero, y no hay pueblo acaso donde se pueda ver más de cerca que en éste ahora la regata de los hombres, y los frenos que le son menester, y el barco en que van a la vez el capitán y el motín, y el amasijo de cadáveres y joyas que es este mundo en que vivimos —de brillantes montados en carne fétida—, como esas ruinas del Hotel Royal, el de los lindos cuadros y los vinos buenos de la Sexta Avenida, donde el incendio súbito de la madrugada sacó de los retretes de alquiler a las parejas transeúntes: las mujeres son más entre los diecisiete muertos de las ruinas —¡solas en la muerte, las mujeres que entraron con la compañía del amor! una, de sedas interiores, murió del humo, con solitarios y pulseras: otra apareció bajo unas vigas, desnuda toda la beldad con un escapulario al cuello. Es romería la avenida del hotel. Han puesto en los alrededores ventorrillos de cacahuate y limonada.

Pero por sobre las ostentosas poliandras que acuden con mágica prisa, recamadas de joyas, donde quiera que hay destrucción y muerte; por sobre los estudiantes de casaca y birrete que salían de un baile vecino a pasos inseguros; por sobre los fulleros que, so capa del club, merodean a esas horas, con similor en la corbata y pantalones desdentados, por las casas dudosas del gran distrito del Filete, donde la pared es de escarpines y baratijas metidas en la masa, y la cenefa es de dibujos hemipléjicos, con un sexo en vestido de etiqueta, y el otro sin ninguna; por sobre los políticos de pelo al rape y medias coloradas, que andan por los cafés, con rollos de billete nuevo en los bolsillos, calentándole la candidatura a la presidencia al rival de Cleveland, al demócrata Hill: Hill era quien llamaba, arrebujado en un abrigo de pieles, la atención del gentío; del gentío que lo tiene por su cabeza natural y criatura, y como que se consagra y enaltece al poner por sobre las virtudes que desdeña o envidia, a un capataz acusado de triunfar sin ellas. Esa es la pelea interesante y venenosa de estos días. Para los republicanos, la duda está en creerle de veras la carta de renuncia de Blaine, que dice que su nombre no será presentado a la Convención nominadora de la candidatura a la presidencia; pero lo dice en carta délfica, sin que se sepa lo que de veras quiere decir, ni cómo puede ser que desista de la pretensión a que sacrifica, en el empleo de Secretario malvisto de su contendiente, la arrogancia del carácter y la poca sangre que sube ya apenas a su rostro plácido.

Para los demócratas está el empeño en allegarle fuerzas al triunfante Hill, que con sus concesiones y llanezas se ha ganado el servicio de los políticos a quienes sirve, y con el ejército sufragante de la asociación de Tammany, dueño de New York, logró componer para sí una convención amiga que propondrá su candidatura, con el peso de los treinta y seis votos presidenciales del "Estado imperial", a la convención democrática de Junio; o en mantener y aumentar las fuerzas de Cleveland, que en New York mismo tiene por sí lo más granado y limpio de la democracia, pero va cediéndole en el Sur a Hill, que les halaga astutamente el odio al Norte republicano, y en el Oeste dispuesto, contra el parecer de Cleveland, a abogar por la acuñación libre. Los de Hill convocaron al partido, con prisa desusada, para acordar en este febrero el candidato que el Estado recomiende, cuando lo usual ha sido dejar la recomendación allá para abril, luego que ya han pasado por el tamiz los trigos varios, y puede verse más de cerca quién es el candidato de la opinión: y los de Cleveland se alzan, y ponen tienda suya, donde proclaman que la razón de este concurso tempranero está en procurar el nombramiento de Hill, para que con la autoridad oficial de la elección, y el poder de unos trescientos mil pesos que los de Tammany han juntado, a treinta y cinco por cabeza, caigan los setenta y dos delegados de la Convención sobre los Estados a que han de convencer de la necesidad de elegir al candidato que gobernará en favor de Tammany: que es lo que mucha gente del país, que le conoce los intestinos a la asociación, tacha de oprobioso para la democracia, "que con Cleveland quiere volver a ser partido de ideas", y de "amenazante para la paz y el honor de la república". Y a Hill lo elegirá su convención, porque con dádivas de ayer y promesas de mañana, tiene por sí a todos los delegados, pero con su candidatura, aflojada por la violencia de la proclamación, irá la protesta, numerosa y briosa, de su propio Estado. De lo cual deducen los demócratas del Oeste que el candidato no ha de ser de New York, porque a Hill no lo desean, aunque lleve los treinta y seis votos de New York con él, ni Cleveland puede, porque es débil en su Estado y en las mismas regiones plateras que están con él en la tarifa; "de modo que debe ser del Oeste, que está siendo la fuerza y el aumento del país, y tiene derecho de región a ponerle su presidencia al partido, o a escogérselo". Y como Hill goza fama de organizador, que es cosa fácil cuando se le paga su precio del dinero público, directo o indirecto, a cada organizado, Cleveland celebra de este modo al cívico Tilden, en la carta con que excusó su ausencia del banquete: era Tilden famoso "por su espléndida facultad de organización, animada por su amor al país, y limpia de puros motivos".

Banquetes y púlpitos son aquí estos meses como ágora y foro, donde con más verdad y autoridad que en el Congreso se muestran y razonan las fuerzas de empuje y presión del país: porque al Congreso van los hombres como empleados y representantes del interés político que los nombra, y es a lo sumo una componenda entre los elementos sociales que por la lealtad o beneficio de sus dogmas mayores se afilian en él, mientras que en púlpitos y banquetes hablan de lleno las fuerzas sociales, sin los reparos a que la cautela política obliga, ni aquella elocuencia delegada que nunca tiene la frescura y el brío de quien habla del fuego de la pasión en su propio interés.

En gremios andará siempre la vida social, y más agremiada habrá de ser mientras más compleja, como que de eso sacan argumento los socialistas juiciosos para su doctrina, sin ver que esa comunidad no es más que acumulación y forma nueva de las individualidades, que se asocian entre sí para diferenciarse de los demás mejor. Pero en lo que ha habido estos días poco disentimiento, con el estudio ávido de las masas naturalizadas de Tammany, y con la frecuencia ominosa de los crímenes que precipita o engendra el egoísmo, es en denunciar el apocamiento que a juicio de muchos ha de traer al país, y ya le ha traído, la transfusión ciega de la sangre inmigrante, que no viene a suelo extraño con aquellos apegos y memorias natales que ablandan y refrenan los apetitos de la vida, sino que los estimula fatalmente, por lo ligera y postiza que en ellos ha de ser la sutil y eficaz consideración patriótica, en que se afinan y equilibran los actos del hombre. Y el mal mayor no está en la intervención municipal, que es sobre cosas de hecho y presencia donde no suena mal la voz de los que contribuyan al bien del municipio ni siquiera en el poder político injusto a que puede llegar, y llega, el extranjero indiferente, cuyo título al voto municipal está en el interés directo que él tiene; sino con el sordo y enfermizo empleo de cada hombre en sí, como que sólo y por sí se ha de defender de un pueblo impávido en que no tiene raíces, no ve la nueva generación, ni en su casa ya picada del egoísmo de los tiempos, ni en la vida áspera de fuera de la casa, aquella dádiva impalpable y mutua del suelo nativo que hace amable la vida y robustece para la adversidad los corazones. ¡La vida es una copa, y mientras más vino se le eche, y mejor vino, mejor! Sin ver que la vida es obra de todos, quiere apurar para sí la vida entera cada uno. Y lo animal del hombre crece odioso, y la patria decae.

¿Pues por qué —dice un obispo— hay que crear reformatorios para las mujeres, si no porque el amor desenfrenado al goce, que les crece con el uso libre del sobrante a que tienen derecho por dar a la casa lo demás, del trabajo, no extraviase a un número enorme de mujeres que no llegan a los veinticinco años? ¿Por qué en una semana, han matado tres hijos por cosas de intereses a sus padres? ¿Por qué el hijo de Field que sacó fama y millones de la idea del cable, el hijo de una casa de gobernadores y magistrados y reverendos banqueros, roba a su propio padre para cubrir, soltero y ya mayor, los engaños con que hizo quebrar, en dos millones de deuda, a su firma de treinta mil pesos? ¿Por qué ese estudiante, mimado y ambicioso mata a escondidas a morfina pura a su mujer joven y bella, y de padres de cierto bienestar, a la mujer que le va a dar su primer hijo? ¿Y ese otro que muere humeando en la silla mortal de la electricidad, con un bozal de cuero, en las manos el agua y el descargador en la pierna desnuda? ¿Por qué salió a matar a los diez y nueve años "al primero que tuviera con qué comprarle un traje nuevo"? Y esa cómica ¿por qué mandó en su testamento que la quemen, como la han quemado, con el vestido que le costó siete mil pesos?

De padres de la Flor de Mayo, barbirrasos y nasales, es el obispo censor de la inmigración y aduce el caso ahora del nihilista Padlewski, que con nombre falso andaba escondiendo por el Oeste la pistola con que mató en París a aquel policía ruso, al general Slevenoff, y al fin se puso él mismo la pistola a la sien, cuando el pecado no le remordía porque quiso oficiar de vengador en la huelga última de los filadelfianos, y en las ciencias que dominaba pudo hallar gusto y empleo, y de sus amigos leales recibía óbolos y libros.

Polaco es otro sacerdote que no quiere cejar sobre los enemigos de Padlewski: ¿Y tanto médico, y profesor y óptico y joyero que han venido de Polonia? ¿Y la Modjeska, vieja y fea, que es hoy tal vez la primera actriz del mundo? ¿Y Kraszewski, el buen novelista, el autor de *Termola* y *El Judío*? ¿Y el pianista Paderewski, que tiene a los músicos atónitos, y arrodilladas a las damas? Alemán es el converso que predica ante buen auditorio por cierto, la necesidad de que todos los incrédulos se reúnan, en lo que tengan de común por la razón, en una sociedad para reformas de raíz, en lo social y en lo religioso, como quiere Stead el inglés que se junten en Newmarket, en un "centro cívico" de moral y cultura, las iglesias importantes de las varias denominaciones: y la sociedad del alemán tendrá "fe en el hombre, fe en las leyes de la naturaleza, fe en la energía penetrante e insistente del universo, fe en la felicidad definitiva de la especie humana y en la armonía de todas las cosas".

Ayer subió al púlpito unitario, de los que propagan el culto de divinidad sin dogmas, un millonario escocés, el pequeñuelo escocés Carnegie, que se sienta a comer todos los días en la silla en que se sentó en el Congreso Pan-Americano: y allí le oyó su público curioso, que a otro rico irá a oír el domingo, cómo "la riqueza acumulada ya no es, en esta edad de democracia triunfante, esclava de uno, sino esclava de todos", cómo "la riqueza sobrante es un fideicomiso que el rico ha de administrar para el bien público", cómo "el hombre que muere dueño de millones que pudo distribuir durante su vida, muere deshonrado", cómo es cierto que "¡el enemigo mayor de la sociedad, y de sus hijos propios, es el padre que lega a sus hijos más caudal que el indispensable para andar por sus pies sobre la vida, y lo demás al Estado!"

Y el famoso Ingersoll se revuelve contra los púlpitos todos que le censuraran el sermón pascual donde tachó al cristianismo "por haber traído al mundo un mensaje de eterno pesar y la doctrina del dolor sin fin", por "afligir a los hombres con el miedo del infierno, eficaz sólo para sujetar el desarrollo de la razón": y a un reverendo le dice: "suprímase de la moral el cristianismo y quedará lo útil de la moral; sáquese del cristianismo la moral y sólo le quedará lo inútil: y dice a otro, que le alega artes y ciencias, "lo de la poetisa Browning es la verdad, los moros fueron los que llevaron la ciencia con la punta de la lanza al cerebro de Europa" y al que presume de historia, le replica: "¡que la civilización de hoy sea cristiana, no quiere decir que la religión cristiana sea verdadera, porque la civilización del mundo fue hindú en un tiempo, y en otro egipcia, latina en otro, y los mismos cristianos proclaman que no es verdadera la religión hindú, ni la egipcia, ni la latina!".

Y les apedrea los púlpitos, en réplica mejor zurcida que otras suyas, con todo Voltaire, y todo Volney, y todo Draper: y si un teólogo le toca la barba muy de cerca, porque llamó al wisky "aroma de junio y trino del jilguero", vuélvele el argumento con esta arrogancia: "el wisky regocija el corazón del hombre, y todo lo bueno del cristianismo viene del corazón humano. Todas las virtudes existían en la tierra antes del Advenimiento de Cristo". A la puerta de la casa que ha ganado con su abogacía elocuente, espera a Ingersoll todas las tardes el coro de sus hijas.

[*El Partido Liberal*, 20 de febrero de 1892, México, tomo XIII, núm. 2084, pp. 1 y 2.]

XXVII(144). CARTA DE JOSÉ MARTÍ

[SUMARIO:] El negro en los Estados Unidos. El paseo del pastel. Los cultos y los ignorantes. Los peregrinos a Liberia. Un pueblo quema a un negro.

New York, febrero 23 de 1892

Señor Director de *El Partido Liberal.*

¿Dónde se reúnen diez mil almas, hombres de paño y mujeres de seda, a ver envilecerse a veinte parejas humanas, veinte parejas negras? ¿De dónde huyen, limosneros y deshechos, doscientos negros sin agua y sin pan? ¿Dónde se juntan cinco mil almas, y una mujer prende las ropas de un negro atado, y queman vivo al negro? En New York, en el circo de pórfido y cristal, y ladrillo crema, se reunieron los diez mil, a ver bailar y andar a las parejas que competían por el pastel del premio, el pastel que va cada año al andador más elegante. Del territorio indio, donde se asentó el blanco celoso, huyen a Liberia los doscientos míseros, buscando "la leche y la miel". En Arkansas se unieron texanos y arkanseños, y mujeres y hombres, y quemaron contra un pino un negro untado de petróleo: —"¡A Liberia!" "¡A Liberia!", gritaban en coro por las calles, con su capitán barbudo a la cabeza, los doscientos que vienen del territorio: y en vano los detienen los hombres de su raza que cargan levitones y espejuelos: ni al abogado, ni al reverendo, ni al representante, ni al senador quieren atender —sino ir "adonde no nos quemen los hombres".

Ni las parejas pizpiretas quisieron escuchar los consejos, las súplicas, la protesta de aquellos negros, ya redimidos, que ven en esta befa anual del "paseo del pastel" un obstáculo al respeto que con el ejemplo de su virtud e inteligencia pudieran merecer para su raza. ¿A qué iría anoche la familia del pastor de Brooklyn, él con la barba blanca, ella con su traje rico, matriarcal y canosa, de rosas y de encajes las hermanas, a oírle al primogénito, en la escuela de leyes, el discurso del grado? ¿A qué escriben sus historiadores, y sus poetas ganan los certámenes, sus banquetes embellecen el hogar, y ruedan coche sus médicos? ¡Esos judas sin honor, por un tanto en las ganancias de la payasada, se pondrán de perfiles y charoles, con escarpines ellas y ellos de gran pechera, a que los befen y escarnezcan, a que los silben y voceen, a que les echen monedas a la cabeza, los jugadores de los garitos, frenéticos y ensortijados, los jugadores de las bolsas, que pasan con el nombre de corredores, y los estudiantes de los dos grandes colegios, que se abrazan y trompean del gusto, y no hallan piedad en su juventud, ni hallan hombría, para padecer, con el hombre que va naciendo en ellos, de aquella degradación del hombre! ¡ Esas parejas criminales, por una botella de vino agrio y unos cuantos pesos, se vestirán de etiqueta rígida, convidarán al público al gran circo, darán vueltas pavoneándose al pastel, fomentarán con su vileza el desprecio de su propia raza!... "¡ Pero eran cien hace dos años las parejas", —dice en la puerta un negro elocuente y hermoso, a quien refrenan en vano sus amigos— "y este año los desvergonzados no son más que diecisiete! ¡ Por sobre la torre de esta mala casa he de decir que los negros honrados sangramos en el corazón de la ignominia de estos negros viles, que en nuestras casas el piano toca a Tchaikowsky y en la librería está Draper y está Littré, que aborrecemos a esos limpiaplatos y a esas besabocas que quieren comprarse gusto con el dinero que cobra a la puerta este garitero por la burla que le vienen a hacer al color negro de su cara!" Se le saltaba el llanto al negro hermoso, y el garitero rebosante, de casaca y clac, levantaba la cortina de terciopelo carmesí, para abrir paso, llena la carona de sonrisas, a un mozo rubio y brusco, y a la amiga sonante, toda seda y pulseras, que le iba a los faldones. Por la cortina se veía la multitud en la humareda, cargándose a la valla; la pista reluciente, alisada por la procesión; las parejas del brazo, andando en punta, meciéndose, midiéndose, a ver cuál saca el pie con más fuerza; el tambor mayor, al frente de la cohorte, de chupa y casquete, voleando la porra. Y luego se desborda y revuelve en el circo todo aquel gentío.

En el sótano de una misión, "picaninis" y madres y abuelos comen ávidos la sopa de caridad que lo mejor de la familia negra de New York envía a los que vienen, de allá del territorio indio, buscando el barco que les ofreció el agente de una compañía de Liberia. ¿Y se esparcirá la raza infeliz? Los que ya tienen raíces y alfombra no ven la patria en el color, ni abjuran de la tierra en que nacieron; ni favorecen la peregrinación que quitaría a su raza el peso que en la justicia de la ley pueda darle el número. Pero a Liberia se quieren ir los que no tienen alfombra: "Jorge Washington" los quiere llevar, con su barba lanuda amarillenta, y sus ojos que mandan y acarician, y una mano que arruga el sombrero cuando está saludando: usa fieltro, lleva levita, carga botas: peleó en la guerra, y desde entonces anda "vagando, vagando": él no es "hombre de mujeres", como esos indios del territorio; él quiere "ser jefe, ser jefe de alguna parte antes de morir": de su bolsa ha pagado él como la mitad del viaje de "todos estos hijos": y con los brazos en alto da la señal del coro, que cantan de pie, los abuelos echados sobre el bastón, las madres con el pañuelo a la cabeza, los mocetones en su ropa de limosna; los "picaninis" con los brazos por los hombros. Y todos se columpian y van coreando todos.

> "Conversen que conversen,
> "Nos quieren asustar,
> "Mientras tengamos piernas
> "Nos hemos de embarcar,
>   "¿De embarcar?
> "¡A Liberia, a Liberia!
> "¡Nos hemos de embarcar!"

Y a la puerta, de camisa colorada, bota a las rodillas, y la cara fina, orlada de barbuja, perora un luisianés ante los mocetones que le oyen riendo, codeándose, zapateando, hundidas las dos manos en los bolsillos: —"¿Con que somos cobardes porque no nos quedamos aquí, donde el agua tiene fango, aquí, hasta que venga el Mesías?, pues 'los cobardes viven mucho'. ¿Con que a Luisiana otra vez, y a Texas y Arkansas?: '¡Gato quemado tiene miedo al fuego!' ¿Y que no sabemos adónde vamos a ir?: '¡El puerco sabe en qué árbol se frota!' ¿Y para qué nos hemos de quedar aquí, para ser como ésos, que no son más que medio caballeros? 'El cortarle las orejas a un mulo, no lo hace caballo.' ¿Y a quién le importa que no tengamos que comer? '¡El mono dice que si su lomo es pelón no es cuenta de nadie!' Dicen que allá vamos a esperar mucho para tener casa: '¡poco a poco hace el pájaro su nido!'" Y firmes, agradecidos, apretados unos a otros, esperan, alrededor de la sopa de caridad, el barco que los lleve a "la miel y la leche" de la Biblia.

Allá en Texarkana, en la frontera de Arkansas y de Texas, allá donde el luisianés no quiere ir, el pueblo entero y los pueblos del contorno vaciaban los carricoches y carretas a la puerta de un establo. Los hombres iban de rifles y pistolas, en pelotones, a carreras, saltando —para llevar el recado más de prisa— al primer caballo que encontraban: las mujeres iban de sombrero, quitasol y pañoleta. Una hablaba y la aplaudía su grupo. Las mozas paseaban con sus novios. Se saludaban por las calles los desconocidos. "¡Allí viene!" "¡Allí viene!" Es el negro que sale amarrado de la caballeriza: uno lo empuja, otro le da en la cara: él marcha a pie seguro: "¡No ofendí a la señora Jewell! ¡Me van a matar; pero no la ofendí!" "¡Te vamos a matar, perro Coy, a matar como un perro que eres, antes de que este alcalde nos eche las tropas que le pidió al Gobernador!" Y lo llevan calle arriba, cercado de rifles, y detrás las carretas, y los carricoches, y los hombres y las mujeres, y las cinco mil almas. La plaza del pueblo va a parecerles bien, la plaza, en que empiezan dos vecinos a reclamar la ley: "¡Atrás, esos oradores que quieren ley ahora!" Y al trote va el negro amarrado, "afuera, al campo limpio, donde vean bien todos": y van corriendo, detrás de él, al trote, las cinco mil almas. Llegó, al único árbol. Quiso un piadoso subir con la cuerda, pidiendo aún que lo ahorcaran, y le bajaron a boca de rifle la piedad. Apretaron a Coy contra el tronco con cinchos de hierro. Le echaron por la cabeza baldes de petróleo, hasta que se le empaparon los vestidos. "¡A un lado la gente, a un lado, para que las señoras me vean bien!" Y cuando la señora Jewell, de pañoleta y sombrero, salió de entre el gentío, al brazo de dos parientes suyos, rompió en vivas el pueblo: "¡Viva la señora Jewell!" las mujeres ondeaban los pañuelos: los hombres ondeaban los sombreros. La señora Jewell llegó al árbol, encendió un fósforo, puso dos veces el fósforo encendido a la levita del negro, que no habló, y ardió el negro, en presencia de cinco mil almas.

[*El Partido Liberal*, México, 5 de marzo de 1892, tomo XIII, núm. 2096, p. 1.]

XXVIII(145). CARTA DE JOSÉ MARTÍ

[SUMARIO:] La inmigración y los estudiantes de las Universidades. Debates de elocuencia. ¿Conviene la inmigración? ¿Por qué no conviene? ¿Qué inmigración conviene? El circo del descubrimiento de América. Barnum y Colón. Colón. Marchena. Las joyas. Procesiones y bailes. La muerte del "buen poeta viejo", de Walt Whitman.

New York, 25 de marzo de 1892

Señor Director de *El Partido Liberal.*

Estos han sido días de caer. En su tumba heroica, hecha como con dólmenes, está ya el cuerpo del poeta Walt Whitman: de una cuchillada, por denunciador, cayó en tierra un mozo elegante, que se alquiló de policía privado contra una larga huelga: por amigo de damas derribaron del púlpito a balazos, allá en Georgia, a cierto obispo negro: en sus mismas mañas se está enredando, por lo mismo que son muchas, el candidato Hill: cae, sin el llanto usual, la oficina de Repúblicas de América, que tenía a los diarios nutridos de noticias constantes y desdeñosas sobre los países americanos: cae, después de batalla vehemente, el proyecto agraz de la acuñación libre de la plata. Por sí, y desde su raíz, ha de verse, en campo aparte, la batalla de la plata, y por ella la probabilidad de que la candidatura de Cleveland no perezca en un partido cuya mayoría en la Casa votó, de acuerdo con su carta famosa, contra el cuño libre, ahora se ha de ver lo del día: cómo discuten sobre inmigración los estudiantes, cómo principian en circo las fiestas del descubrimiento de América. Cómo muere Whitman.

De todo el Norte, más famosas que otras de más utilidad, son las universidades de Harvard y de Yale, que en todo creen deber estar de punta, desde regatas hasta certámenes públicos, cuando lo que se ha de ver en los colegios no es el modo de alzar a unos contra otros, ni perder la actividad en competencias entre los hermanos, ni aguzar en la carne propia las armas que sólo se han de esgrimir en caso de gran necesidad contra la ajena, ni avivar el espíritu de secta y bandera que quiere freno más que espuela en el hombre. Criar amor debiera ser la función de los colegios, y no robustecerse el pie para zarandearle a Harvard en su propio campo la pelota victoriosa de Yale, o poner el nervio en hombros para sacarle a Harvard los

[189]

remos invencibles. Y este es punto grave, sobre si debe la educación afilarle el diente al hombre, por la teoría que ve la vida como una mesa puesta, donde gana el mejor puesto, quien sabe dar más dentelladas; o si ha de tender la educación, reconociendo la suma de competencia que funge en el mundo junto con el poder de la unión, a buscar la defensa contra la agresión en el aminoramiento de ésta por los hábitos fraternales de la cultura: sobre si se le fomenta la bestia al hombre, o se le reduce.

Pero si es dañina la competencia sistemática, y de pura localidad, entre unos colegios y otros, porque el uno tiene pinos alrededor de la casa y el otro tiene cipreses, la otra competencia, que sigue a lo natural, es de gran beneficio, porque se han de ensayar de antemano las armas que deben esgrimirse luego, y porque el caballo más fino saca más peso y gallardía cuando siente los cascos de otro al pie. Ni es posible, en el ajuste del mundo mental, que los que se entran por las nubes dejen de tener quien les tire del faldón, para que se les vaya el calce de la tierra, ni que los que se meten de covachuelistas, y ven la vida por su mostrador, estén sin quien los saque de vez en cuando a la verdad y hermosura de las nubes. Porque es verdad la cueva, y las nubes también. Sobre que en una república no hay más paz ni prosperidad que la que viene del ejercicio serio y oportuno de la lengua, y es mal republicano, y desertor de su país, quien no piensa en todo lo de él, y se acostumbra, como deber militar, a poner en palabras lo que piensa. Al desgobierno no hay que temer por esta abundancia de opiniones, porque los intereses, en cualquier sistema se abren paso, lo mismo que el amor del hombre a toda la realidad de su persona, y en lo real de la política, como en lo de la naturaleza, se agrupan de una parte los dichosos, siempre abocados a la parcialidad, y los que desean serlo: y todo está en que unos no lo sean mucho, y otros demasiado poco. En la pelea humana hay ejércitos sueltos, o guerrillas que salen a anunciar por dónde viene la gran guerra, pero, con palabra o sin ella, quienes carecen de felicidad se pondrán de una parte, y los desinteresados con ellos, y de la otra los que gozan de ventura, con la legión de mandones y serviles. Y con la resistencia de los unos y la aspiración de los otros, se van componiendo, en vuelcos y accidentes, las justicias humanas.

A veces, como en lo de la inmigración, la pelea no es de humanidad, sino de conveniencia. ¿El respeto al derecho del hombre ha de llegar hasta permitirle podrir con su compañía impura a los demás hombres? ¿El pueblo que admitió inmigrantes buenos, debe continuar admitiendo inmigrantes malos? ¿El pueblo que aceptó la inmigración cuando la necesitaba, debe continuar fomentándola, o debe contenerla, cuando no la necesita?

¿El pueblo que ya ha producido de sí, con toda la república, los
males monárquicos, la división de clases y la desigualdad excesiva de
fortunas, debe continuar recibiendo inmigrantes que vienen buscando,
tácita o confesamente, un país sin desigualdad excesiva y sin división
de clases? ¿El pueblo que no tiene ya, a pesar de su cátedra de oro,
qué repartir entre los que viven mal contentos en él, traerá más inmigrantes mal contentos? Unos, como Harvard, que es colegio de humanidades más caliente, creen que las puertas se han de tener de par
en par, para que el hombre infeliz del mundo llene el campo vacante,
cuya labor, heroica y primaria, le dará médula de ciudadano: y otros,
como Yale, donde van más hijos de magnates, hijos almidonados
de los jayanes que inmigraron ayer, mantienen, con muchos tantos de
razón, que estas turbas que caen ahora sobre los pueblos, azuzadas
por la policía que quiere librarse de pícaros o por los gobiernos que
quieren echar fuera el gentío rebelde, son más veneno para la ciudad
que sangre para el campo; que el hormiguero mendicante, y tifoideo
o tiñoso, que viene, roído hasta el corazón de la miseria, en los vapores que buscan la ganancia en el golpe de cabezas que acarrean, no
es ya la inmigración creadora que en los días de un viaje peligroso
arrastraba el espanto de lo desconocido para levantarle casa propia
al pensamiento libre: "¡Aquellos eran los caracteres, y esto es la
hez!" "¡Entonces venían los osados y los fuertes, los valientes venían
que se arrancaban como en raíz del suelo de su corazón, y ahora vienen
las hordas estupefactas, con el marchamo del hombre en la frente,
o la idea de justicia reducida, por la privación de ella en lo de más
necesidad, al apetito frenético del bienestar que lleva a la codicia
violenta de lo ajeno." "¿Y qué ciudadano para la república son estos
hombres que votan en ella por el consejo de ideas y odios no nacidos
en ella; que desconocen los rudimentos de la ley que pueden alterar
con su voto, que no leen ni entienden la lengua del país que gobier-
nan, que buscan en la tierra americana —si algo más que el pan
buscan— el triunfo de sus ideales europeos?" Y así van los juicios
temiendo, con la lección de lo que ven, la caída del carácter del
yankee nativo; que con el padre de afuera ama la selva que taló y la
ciudad que armó con ella, en este otro carácter nuevo del país, sin
fe, patria ni orgullo de fundador, que en el anhelo de la fortuna
rápida y desordenada, deja por ruin el trabajo del campo al inmigrante que sólo de peón va a él, a hacer bolsa con que volverse a la
familia y el terruño, o vive de tronchos de col, arrodillado delante
de las botas de la ciudad.

Los que ven sobrantes las fábricas y largas las huelgas, no obser-
van sin miedo la arribada continua de más trabajadores para las fábricas, y de más huelguistas. Los que piensan en que cada ruso que des-

embarca, con la rabia histórica en el pecho y en el carácter la miseria, trae en la bota la papeleta de gobernar a un pueblo nuevo y libre, creen, como los estudiantes de Yale, como los gremios de trabajadores, como la Secretaría de Hacienda en Washington, que la inmigración ha de ser sana, y no lo puede ser si no se la restringe; que la inmigración no ha de ser como los setecientos mil del año pasado, que eran páuperos y bribones en su mayoría, o gente sin realidad y sin poder; que no se ha de permitir desembarcar cuadrillas pordioseras, como desembarcan hoy, bajo la garantía nominal de las sociedades que por compasión de raza o por inmoral beneficio protege y trae la horda inútil; que afuera, y antes del embarque, ha de ver la república por sus agentes qué sangre le va a entrar, y castigar, como envenenador, al que por sus convenios y menjurjes dé pase a sangre mala; que el inmigrante venga de la casa y el campo y el taller, no de las traperías y los hospitales y las cárceles, y que no puede votar sobre la Constitución quien no sepa leer en ella.

De los hijos que cría en los barrios bajos la inmigración de la ciudad, puede hacerse idea quien vaya en estos días a la pompa y bombolla del descubrimiento de América en el circo, en el circo triple y colosal de Barnum. Allí, mientras los concurrentes aturdidos no saben a cuál ver de las tres pistas, donde a la vez, por aire y tierra, trabajan gimnastas y jirafas, bailarinas y prestidigitadores, elefantes y payasos, mientras un hombre jinetea en una rueda y la catapulta echa a una mujer, de tierra al techo; se visten de soldados o monjes o caballeros o pajes los petimetres del suburbio, que tienen a honra dormir de día, y pasear la oscuridad sin bigote y sin cuello. Éstos de malla y coraza, con casco de pluma; aquéllos de manto y sombrereta, con zapatilla judicial y cruz al cuello; uno, de negro y gris, como el rencoroso Talavera; otro, de oro resplandeciente, como un Diego de Arana. Y moras de a cinco por peso, vestidas de lila y amarillo, y caribes con todo el plumerío y joyel de un rico azteca, y los maestros de baile disfrazados de sayal y capuchón, y señoritas con abanicos: hasta que se alza el cartón de los muros de Granada y aparece el flaco Boabdil, orlado de lo más fino y recumbente de aquella morería, a quien pronto asusta el clamor del pueblo que entra al encaje de la Alhambra, a pedir de comer al rey, porque perece la ciudad hermosa con la privación del sitio: y las seiscientas bailarinas, en nubes y en estrellas y en coronas de color, danzando en los tres circos, mientras la guerra afuera suena, y el heraldo carmesí de Aragón y Castilla pone en fuga a los músicos moros con su caballo blanco. Isabel viene de armiño en su hacanea, con el paje encarnado, y Fernando con aquella corona suya que era, como su carácter, mitad corona y mitad gorro: y a los pies del trono de Boabdil viene a enseñarles las cartas,

entre soñadas y aprendidas, un Colón que del de la leyenda no tiene
más que el águila de la nariz y lo abundante y rebelde de las canas, más
el Colón de Giovio capuchino o el que le suponen a Cristóphano
Altissimo, con la rica frente y el ojo hondo, y el ancho entrecejo que
el marcial y romántico de Capriolo, o aquel barbudo de Montanus,
donde está como cabecilla de la mar. Y alrededor, amigos y enemigos,
y en uno como lo quiere Geraldino, el Juan Pérez y el Antonio de
Marchena. En Pantomima, como si el del libro no hubiese leído a
Pedro Mártir, ni a Bernáldez, ni los papeles de Estado de Bergenroth,
la reina ofrece aquellas joyas que ya andaban en prenda por los
grandes apuros de la guerra contra el moro.

   Luego en Palos, con las tres carabelas, y el motín en la capitana,
y el alboroto cuando se va acercando la isla verde. Luego es el desembarco, acero en mano, con el cura al pie, y la naturaleza confiada.
Luego es la vuelta triunfal a Barcelona, con todo lo de Cortés y de
Pizarro metido entre la piña y el mamey de Guanahaní; y el paso
de los indios cautivos, con tobilleras y brazaletes de colores, en sus
sillas talladas, a la sombra del plátano; y tras el golpe de estandartes,
el paso de los reyes, en los sitiales de terciopelo, bajo el dosel de
damasco amarillo; luego, ceñido de capitanes, entra Colón, de armiño
como un rey, y la cabeza hecha un vellón, y alrededor bailan y ondean
las mozas sus banderolas azules y blancas. Acaba todo en fuegos artificiales.

   Allá, como una luz, en la casita blanca de Camden, se fue la vida
dolorosa de aquel cuerpo que pareció a Lincoln el de mejor equipo
de toda la casta americana. Walt Whitman iba entonces, después de la
guerra donde estuvo de enfermero a llevar a los "camaradas" de
los hospitales el placer que les podía comprar con los ahorros de su
cuarto de soltero: iba robusto, de fieltro militar, con el bigote y la peri-
lla del Sur, y el cuello entero al aire. Ahora vivía en la silla de la
enfermedad, del consuelo de las cartas de Inglaterra, que lo procla-
ma poeta grandioso, y de la caridad de sus amigos: en las manos
tenía el báculo siempre: la melena de los setenta y tres años, marco
imponente de la cara leonina, le caía rizada por los hombros: allí
estaba, viendo venir "el cercano, curioso, sombrío, incierto espectro:
¿y volveré a quedarme en esta vida, viejo, lento, cotorrón, con la voz
cascada que chilla y parlea, o se abrirán los cielos y los soles?" Allí
estaba, poniendo en su ritmo extraño, entre hebraico y aborigen, su
pensamiento desnudo y como descoyuntado, sin miedo a palabra de
hombre ni a visión femenina: tal un águila, en un cuarto de mujer,
ahora clava y desgarra un pañuelo de seda, ahora rompe de un
picotazo el vaso de cristal y sube al aire la potente esencia, ahora
alza la cortina, y le ve a la hermosa el sueño.

De padre de Inglaterra y madre de Holanda nació el niño que besó Lafayette; que vio campo y trabajo desde que abrió los ojos grises: que entró en el pensamiento por el plomo de las cajas de imprimir, que fortaleció la adolescencia con su empleo de maestro ambulante de casa campesina, que en las ciudades prefería a la amistad de los magnates la de los guías de los ómnibus, que al caérsele de enfermedad las riendas a un cochero amigo se las alzó por todo Broadway para ganarle el jornal a la familia, que de la dignidad de cabecera de un gran diario bajó a ganapán por la culpa de poner en verso rugoso su admiración libre del génesis, perenne y amor vivido de la naturaleza; que en la guerra escogió el oficio de dar ternura y medicina a los heridos; que del puesto rehecho de periodista mayor salió para acompañar al hermano pobre y moribundo por las montañas y los prados donde el aire fragante renueva la vida; que al volver de la peregrinación por los lagos y árboles gigantescos, se anunció de maestro de obras y cepilló madera con sus manos; que el oficio mezquino de la gobernación, de que lo echó una vez por la culpa de su poesía un secretario paviculto, salió a la limosna de su casa de familia, donde le llevó el pan de enfermo la admiración inglesa; que en los últimos días de sol de su vida natural iba hilando los metros abruptos donde hierven desnudos el hombre y la mujer, a ver cómo encajaban las piedras colosales de las sepulturas de puertas de granito donde dice, con letras acuchilladas, "Walt Whitman".

JOSÉ MARTÍ

[*El Partido Liberal*, México, 8 de abril de 1892, tomo XIII, núm. 2124, pp. 1 y 2.]

XXIX(146). CARTA DE JOSÉ MARTÍ

SUMARIO: Un banquete típico. Obsequio extraordinario de la Cámara de Comercio de Nueva York a un periodista. Whitelaw Reid, del *Tribune*, candidato posible a la Vicepresidencia. La Oratoria de sobremesa en el Norte. Detalles y prácticas de un banquete extraordinario en Nueva York. Política, comercio, diplomacia y chiste.

Nueva York, abril 28 de 1892

Señor Director de *El Partido Liberal*.

Por frente a la estatua del almirante Farragut, que desde su pedestal de olas de granito ve con los ojos que abatieron a Nueva Orleans en la guerra civil, la puerta afable del Delmónico, la puerta de los convites, del cuchicheo de las parejas, de los pajes y las casacas y los sombreros de cintas, pasaban hace pocos días, disputándose las ruedas, los coches de los hombres mayores de la ciudad de Nueva York; entraban generales, banqueros, ganaderos, roperos, ferreteros, abogados famosos, patriarcas del periodismo. Los de cincuenta años venían todos en coche, traían zapatos de charol, no hablaban al cochero al bajar. Los de setenta venían a pie: dos venían del brazo, lo mismo que dos novios, y uno, antes de entrar, dio a su manzana la última mordida, se sacudió de la barba que le daba por los corales de la pechera, las migajas de la manzana.

Por las salas de espera, antes de entrar en el comedor de crema y oro, el comercio todo y los poderes reales de la ciudad, se agolpaban a saludar a un hombre aún joven, de porte caballeresco, el bigote entre cortesano y marcial, la mirada aguileña por sobre la nariz, como quien dispara flechas al amparo de un dosel, y el cabello como rebelde bajo el manso peinado. Es Whitelaw Reid, el Ministro de los Estados Unidos en París, a quien la Cámara de Comercio de Nueva York ha nombrado, como a veintitrés notables más en todo un siglo, y no a más de veintitrés, miembros honorarios de la Cámara. Lo nombró miembro por sus servicios al comercio de su país, y le congrega a lo más rico de la ciudad en el salón de crema y oro. Las listas de la comida llevan su retrato con las dos banderas de Francia y el Norte enlazadas por la corona de laurel, y un caduceo al pie; por el balcón del banquete, que se entrevé desde las salas, caen, abrazados, los colores de las dos repúblicas.

[195]

En las salas de espera, aferrándose en chiste a sus partidos, reían juntos republicanos y demócratas. En un rincón, que por lo concurrido parece el del huésped, dice cosas de París, cosas de pantufla y descote, un caballero de barbas nevadas. Allá, bajo la araña resplandeciente, parece grande, por lo que lo buscan y oyen, un abogado chiquitín. Mira inquieto, como quien va midiendo hombres, un periodista famoso, el que ha puesto a presidir su cuarto una lechuza.

Se habla de Reid, de su lujo parisiense, de su afabilidad señorial, de la comida que ya le dio su Estado nativo de Ohio, de lo mucho que se escribe sobre su candidatura a la Vicepresidencia, con Harrison, si no ha podido sacar Blaine al presidente de las astucias con que trabaja su renominación, con Blaine, de quien Reid es aún más teniente que rival.

Cuentan los comienzos de Reid cuando empezó de periodista desde los pañales de la Universidad, cuando brotó de orador de Fremont, aquel codicioso de la tierra ajena, cuando peleó como ayudante las batallas que contaba como corresponsal, cuando echó raíz en su Estado con el libro laudatorio de *Ohio en la guerra*, cuando vino del Oeste por convite de aquel genuino adivinador, de Horace Greeley, a que lo acompañara en los editoriales, pugnaces y fustigantes, de un diario, el *Tribune*, cuando casó, ya dueño del *Tribune*, con la hija de Mills, el banquero invicto de California, que empezó de plumero y escoba por los escritorios.

"Es yankee de casaca este Whitelaw Reid." "Es todo un Jonathan, con calzones de moda y de plastrón." "Almuerza águila este mozo, y se pasa la vida mirando por sobre las fronteras." "Tiene empaque de presidente y una mano que siempre se reserva cuando se da." "Pega y recibe como todo un pugilista, cuando un pillo como Tweed se hace dueño de la ciudad; pero se calla como todo un señor, la verdad más clara, si no conviene a su partido." "Pues el partido le debe gratitud, porque él le gana amigos con la independencia de su fortuna, sus arranques de llaneza y el señorío de su persona."

"¿Y este banquete por qué se lo damos, si no porque con sus modos y respetos y con su música y su defensa, les ha sabido sacar a los franceses un tratado de extradición, que pondrá en la mano la maleta a mucho yankee cuco de París; y otro de reciprocidad que por el valor de los cueros, pieles, mieles y azúcar que Francia envía libres al Norte, admite en los puertos franceses, con derechos mínimos, las maderas, duelas, conservas y lúpulo que manda el Norte a las Antillas; y la respuesta favorable, que tardaba en venir, sobre la concurrencia de Francia a la columbiada de Chicago; y el milagro de que Francia le abriese las puertas a la trichina de los Estados Unidos?"

"La verdad es que el decoro personal y la cultura universitaria no estorban para la vida política, y que los partidos creen en la necesidad de ir poniendo a su frente algo más que devotos dominicales, u horteras consuetudinarios, o capataces de votos."

"Y éste va a caballo en el águila. Dicen que tiene un águila, con las alas abiertas, en su cuarto de escribir. Y que atendió con mucha amabilidad a dos estudiantes que le recomendó un colegio de Francia." Cuando los doscientos convidados entraron a tomar puesto en las cinco mesas que como las fajas del pabellón bajaban de la más alta de la presidencia, ya estaban en sus sitiales los huéspedes mayores, a la derecha e izquierda del presidente de la Cámara de Comercio: y por sobre ellos, entre las banderas de Francia y del Norte, un águila negra tendiendo las alas. En la mesa, con su cresta de banderines yankees y franceses, había dos pirámides de azúcar.

Pero la lista con ser suculenta, y las mesas adornadas con cestas de rosas blancas y rojas, y su salpique de violetas azules, y las pantallas de papel de china, con los colores de ambos pabellones, y el pámpano exquisito, el pescado que Washington prefería, y el borgoña que mandó saludar con los cañones de batalla un mariscal de Napoleón, no eran tan de observar como aquella mesa alta de la presidencia, donde a la derecha tenía la Cámara de Comercio al ministro empinado y puntilloso del partido republicano en Francia, al periodista más influyente y agresivo de los republicanos en todo el Norte, al director del *Tribune*, Whitelaw Reid, y a la izquierda tenía al enemigo, implacable en apariencia, de la centralización y arrogancia del partido republicano, al periodista más agresivo e influyente en el Norte entre los demócratas, al director del *Sun*, Charles A. Dana. Del lado de Reid estaba un senador junto a un gobernador, un rector de universidad junto a un teólogo, el suegro millonario y a la cola un reverendo; y del lado de Dana, rábido y principal mantenedor de la candidatura de Hill a la presidencia, el abogado Condert, cabeza de los demócratas que se rebelan en el Estado contra la candidatura de Hill, y el alemán Carl Schurz, amigo poderoso de Cleveland, y Hewitt, demócrata rico y dispéptico, que ve en Cleveland el intruso que le salió al camino cuando tenía por suya la candidatura y la presidencia, y Halstead, fundador famoso de diarios republicanos; y el senador Bryce, presidente de la junta nacional de los demócratas. Y cuando el presidente de la Cámara hubo hablado, y tocó la orquesta "El Pabellón Salpicado de Estrellas", levantaron la copa a la vez Dana y Reid, Hewitt y Schurz, Halstead y Bryce: "¡Por el pabellón salpicado de estrellas!"

Es caballero vivo el presidente de la Cámara de Comercio, a quien año sobre año eligen, por no hallar la Cámara presidente mejor, ni parecerles que la idoneidad especial de un hombre sea pecado que deban las sociedades castigar por la razón de que sirve bien, privándose de sus servicios. Y no hay como él para encaminar una sesión confusa, para recibir un huésped de nota en el salón de los retratos, para poner sobre ruedas un banquete. Emite y omite. Habla, de modo que fija, y no pone a hablar a quien no sabe. Tiene la palabra insinuante y la sangre obediente. Y como rico que es, ríe entre ricos. ¡Él, celebra a Reid por haber merecido el nombramiento de miembro honorario de la Cámara, que es la patente de la nobleza del comerciante norteamericano; por haber congregado, a premiarle los méritos, semejante legión de hombres; por haber fortalecido la amistad histórica del Norte y de Francia; por haber llevado en marcha de victoria, bajo el Arco de Triunfo, el cerdo norteamericano a los mercados de Francia! "Esperamos, decía el presidente Smith, que los productos de Chicago y Cincinatti nutran los estómagos de los franceses, y respeten los bolsillos de los norteamericanos, y ésta sí será una verdadera reciprocidad..." "Llenemos los vasos, y bebamos por el huésped." Y se bebe y toca la música un himno patriótico, y lo corea en alta voz aquella mesa de banqueros, de ganaderos, de ferreteros, de abogados, de periodistas, de generales. Uno quita al castillo de azúcar una bandera yankee, y se lo pone en la solapa.

El silencio acoge, como primer aplauso, las primeras palabras del abogado menudísimo que lleva el poder de los jesuitas en New York, y el de Francia, por ser de padre francés, y el de los demócratas de la prohombría, a quienes preside en el Club Manhattan, ahora inquilino orgulloso del palacio de Mármol del áspero ropero Stewart. Condert es el que habla, pequeñín como Hamilton. Empieza con una mano en el bolsillo del pantalón, y la otra bordeando el cristal de la copa: al fin del párrafo, ya se le ve la mano por el techo.

Admira el yankee el período continuo, creciente y fogoso. La oratoria usual, de puñetazos y guiños, oye pasmada esos párrafos de volumen, los de Urkter, los de Wendell Phillips, los de Condert, aunque éstos sean de clave menor. Estos edificadores aman, porque les conocen la dificultad, estos edificios de pensamientos. Condert, que sabe que el deber primero es hacerse perdonar, rompe con un chiste en aquel salón de crema y oro: "que antes, cuando Francia tenía catarro, todo el mundo estornudaba". Y en seguida: "¡Ah! ¿no era Francia la madre de la civilización, la reina de las artes, el campeón de toda causa grande y generosa? ¿No sembró la semilla de una democracia gloriosa mientras que sus filósofos, sus científicos y sus literatos preparaban el camino para la hermandad de las naciones?" En honor al presidente de Francia es su brindis, ¡del presidente, "que debe ser el guía del pueblo en la emancipación del pensamiento y el desarrollo de la libertad", del presidente, que lleva el nombre de aquel en quien el amor de la patria fue superior al mero amor de partido, de aquel que organizó la victoria! "Y si aún se ve una sombra en la muralla, y pudiera Francia otra vez acudir a la cita cruel de la guerra ¿no decían los mismos romanos que los galos no tenían miedo a los funerales?" Y luego este buen párrafo que de memoria se han de aprender en América los iberófilos y los yankófilos y los galófilos, que se mandan a hacer el alma en el extranjero, y le ponen faltas a la semilla del país: "El experimento del gobierno libre se está haciendo en Francia por una Nación bajo cuyo suelo duermen cincuenta generaciones de hombres nacidos y creados en un sistema que, por el accidente del nacimiento, hacía a un hombre mejor que todos los demás: ¡qué maravilla que no haya de un salto entrado de lleno en las excelencias de un sistema del todo diferente! No se sacude una nación sus hábitos de cincuenta generaciones en un día: ni se ha de olvidar que no son términos convertibles los de democracia y republicanismo." "Francia se sabe de memoria aquello que dijo uno de nuestros próceres: 'la verdadera democracia no consiste en decir: Yo soy tan bueno como tú', sino más bien en decir: 'Tú eres tan bueno como yo'. ¡Brindemos por el presidente de la tierra que perdona, para instruir y encontrar el mundo!"

¡Y lo primero que dice Whitelaw Reid, al levantarse entre palmadas y hurras, entre las servilletas por el aire y las aclamaciones, lo primero que dice este belicoso periodista republicano, y candidato posible de los republicanos a la vicepresidencia, son unas palabras sentidas y respetuosas, en que celebra una carta modesta que hace pocos días escribió Cleveland, la carta en que dijo su miedo de no merecer mucho de lo que ahora se anda publicando de sus méritos! Reid lleva el lenguaje con elegancia y firmeza, como lleva el frac, y sabe insinuarse en los oyentes por el arte de ponerles delante en forma llana sus pensamientos, y luego se les va poniendo encima, como sin querer, con un giro difícil y torneado, con un consejo súbito que parece ascender de los hechos que le acaban de aplaudir, con una gradería de frases amplias y crecientes que remata en un corte brillante y marcial. Luego vuelve a sus hechos, a los intereses de los que le oyen, a la conversación entre franca y distinguida, a la oratoria que deja ver el ribete colorado de la blusa del Oeste. La autoridad, ha de ser comedida. Y de pronto se engracia con los oyentes, por si se le ponen mohínos de verlo superior, con un cuento de la niñez, o de la humildad de los principios de su vida, en el que todos, por la emoción, se igualan. Cuando se sienta impera y no ha ofendido. Queda el pensamiento, y el deseo de solicitar su consejo fuerte y moderado. Influye, sobre todo, por su serenidad magnánima sobre sus contendientes. A cierta altura, es fácil y grato perdonar.

El discurso va y viene, corrigiendo altanerías y evidenciando autoridad. "Grande es para un representante de la patria el incentivo al cumplimiento del deber, porque entra en él la patria entera, como inspiración de su empleo, y no es ya el mero representante de un partido: ¡Entran en sus venas el poder, la dignidad, el honor de los setenta y cinco millones de almas del continente magnífico que habita, y la historia sin rival que hereda!" En París, vivía como en New York, entre norteamericanos. Muy generosos y espontáneos han sido con él afuera sus compatriotas, y mucho le han ayudado a mantener el respeto de la nación. Se respeta lo que se ve unido, y a lo que no se ve unido no se le respeta. A Harrison y a Blaine, que lo dejaron con las manos libres para obrar, se debe el éxito de su misión en París. Hay que andarse con tiento en eso de cantar victorias diplomáticas sobre otra nación, porque el cacareo puede deshacer lo que ha logrado hacer la diplomacia. Jules Simon le dijo al salir: "Derramemos la libertad con la luz: Derramemos la justicia con la libertad." "El puerco americano no entró con mucha facilidad por el Arco de Triunfo; pero entró, después de once años de destierro, contra la oposición de los criadores franceses, de los empacadores y de los proteccionistas": "y en justicia se ha de decir que Francia, en cuanto se convenció, cedió". A aquella asamblea de negociantes explicaba por menor sus tratados de negocios: el de extradición, para que no viva tan seguro en Francia, tanto ladrón cajero, tanto defraudador osado; el de reciprocidad, de derechos mínimos al artículo yankee por la suma de cueros y miles de franceses que entran libres en el Norte; el de reciprocidad completa entre las dos repúblicas, que está ya en vías de estudio, "con la aprobación de Meline, el MacKinley de Francia". Deja entrever dudas de que el proteccionismo sea tan útil a Francia, que comercia con el extranjero sin gran tráfico interior, como a los Estados Unidos que con las ganancias e independencia del gran comercio libre entre los Estados pueden en cierto modo imponer afuera su proteccionismo. Pero con Francia el comercio ha de crecer, porque cada país da lo que necesita el otro: "¿Quién priva a la mujer norteamericana del grato privilegio de comprar sus vestidos en París, y al hombre norteamericano de comprar allá su champaña y su borgoña?" "Allá compraremos hasta que Francia pierda su secreto, el secreto de hacer las cosas más bellas un poco mejor que todos los demás pueblos del mundo." "El arte es el secreto de la prosperidad y superioridad de Francia. La difusión del arte no es sólo un lujo, sino una necesidad comercial. El arte libre es vital, como el aire libre. El país que no protege, que no anima, que no difunde el arte, está condenado a marchar perennemente, en la procesión de las naciones, como nación de segunda clase." "Sí creo, y todos creemos, que dentro de esta generación, New York llegará a ser el centro financiero, y acaso el centro comercial del mundo; pero no debemos caer en el error estúpido de despreciar a nuestros rivales, y acaso es necesario guardarnos de la tendencia natural de un pueblo próspero y joven a tener por sus fuerzas un aprecio excesivo. Sean cualesquiera nuestros recursos naturales, sea cualquiera el genio de nuestro pueblo, siempre habrá peligro en cerrar nuestros ojos a la experiencia del mundo." Y en seguida: "Francia es la nación más próspera de Europa; pero cuando veo yo aquellos ferrocarriles y los comparo con los nuestros, y lo que allá cuesta vivir, por lo menos a un ministro americano, digo que nuestras quejas vienen más de nuestro exceso de política que de exceso de verdadero sufrimiento": "¡Dígase alto, desde la Cámara de Comercio el deseo de nuestro país de que el Gobierno de la república, el más duradero y fuerte que Francia ha tenido en lo que va del siglo perdure por las generaciones de los hombres, y signifique siempre, como significa ahora, el orden y prosperidad de Francia y la paz europea!"

Y el que habla ahora, con la barba al pecho, con los ojos chispeantes, con la cabeza alta y magnífica; el que fustiga y aristofanea, desde las primeras palabras, y no dice las cosas por la vera, como Whitelaw Reid, sino entre los dos ojos, como una puñalada, el que celebra, en nombre de la prensa, al periodista republicano de New York, "tan experto, tan probado, tan triunfante", el que declara la necesidad y conveniencia de tener ante los demás pueblos, como urbanidad internacional representación diplomática, ¿quién es, sino el que aprendió a periodista en la misma escuela de Horace Greeley donde aprendió Reid, el que funge de pontífice entre los diarios demócratas con más autoridad que la de Reid entre los republicanos, el que atacó hasta hace poco tiempo la representación diplomática permanente, porque el ministro ha de ir, y levantar la voz, y llevarse la tajada, y volver a su tierra? Es Dana el que habla, es el creador del periódico más vivo, más literario, y más capaz que se publica acaso donde hay hombres, es el alma del *Sun* de New York, amigo de las novedades medulosas, ágil y hábil, más dispuesto a sortear la muchedumbre que a ofenderla, implacable hasta el arte, por los recursos finos y súbitos, con sus enemigos. Da gozo ver aquellos anteojos, que parecen lentejuelas; aquella boca, a la vez paternal y desdeñosa; aquella barba cana sobre el robusto pecho, aquellos brazos fornidos y hospitalarios. De la vida habla aquel hombre, y se sienten los años, y los combates, y las corrientes humanas, en sus palabras. Habla de Benton, de aquel que puso los ojos y las manos sobre la tierra ajena más de lo que era de justicia; pero sirvió a la suya bien, y escribió la *Ojeada de treinta años*, que ha de leer todo el que aspire al conocimiento real de la política; habla de Greeley, el periodista tundente y generoso, que como Benton, creyó que no había de tenerse ministros inútiles y desocupados en los países extranjeros, sino enviarlos de propósito cuando hubiera que tratar; habla del discípulo aprovechado que le salió a los dos patriarcas, de él mismo, del regañón Dana. Pero ahora está arrepentido: ¿no ha de haber empleados públicos que sean, en cierto modo, de pompa y ornamentación?; ¿no ha de haber puestos para los hombres públicos que tienen derecho a que se recompensen sus servicios con pingües empleos?, ¿no ha de haber puestos donde el presidente pueda colocar a los hombres distinguidos de su partido, que no pueden ser todos diputados, ni jueces, ni colectores de rentas?" "¡Y del partido han de ser los ministros, porque las colocaciones, como dice el *Sun*, se han de repartir escrupulosamente entre los partidarios del presidente triunfante!" Y las mesas ríen y aclaman, porque cada frase es un latigazo sobre lo podrido de la carne nacional, una burla de algún pecado público. "¡Brinde la prensa, demócrata o republicana, por el periodista republicano o demócrata que la honra!"

Y luego vino, de remate, el orador de chiste. En este discurso de banquete ha de haber en el Norte su cuento, y mejor mientras más haya; pero el discurso último ha de ser de cuentos todos, y gozan fama grande los pocos que traen su anécdota nueva en idioma feliz, o imaginan algún sucedido oportuno. Y así es Chauncey Depew que venía ya por lo alto como candidato republicano, y ahora, a saber por qué, "tuvo que hacer en el campo" la noche misma de la comida al candidato naciente. Y así es el general Horace Porter, que manda en expresos y bancos y ferrocarriles, y es además hombre de casaca fácil, y de corbata colorada al Mediodía. Empieza Porter, cano y rubicundo, a hablar en francés, entre las risas generales, para sacar el chiste de que, galicando entre yankees, "le criticarán menos el acento". "Esta comida no es como otras que dan a los ministros al partir, como para que se vayan dentro de las veinticuatro horas." Los yankees gustan mucho de cruzar el mar, desde que vieron que Washington ganó tanta fama en cruzar un simple río. Cuando Porter fue a Europa, en seguida vio la diferencia entre un inglés y un francés: el último hombre que vio en Inglaterra fue un soldado con la blusa colorada y los pantalones azules: el primer hombre que vio en Francia fue un soldado con la blusa azul y los pantalones colorados: "¡pues eso es, me dije: vuélvase un francés al revés, y es un inglés!" En París entendió un convite que le hicieron en francés a un FIVE-O'CLOCK, pero lo que no entendió fue la hora: "¿A qué hora?" La Cámara de Diputados le pareció vocífera, los diputados se levantaban, aullaban, derribaban montones de libros, arrancaban los bancos: "¡Oh, no era nada: estaban solamente coincidiendo en la proposición!" Vio del otro lado del río la

Plaza de la Concordia, "la más bella de las escenas de ciudad", y un caballero filosófico le dijo: "Vea usted la Plaza de la Concordia frente a la Plaza de la Discordia." "El puerco americano estaba en la mente de todo el mundo; pero eso no satisfacía a los exportadores yankees, sino que estuviese en el estómago de todo el mundo." "En cuanto oía un parisiense que tal yankee era de Chicago, ya quería ver si tenía cerdas en el lomo." ¡Y qué bien se comía, con puerco y todo, en casa del ministro Whitelaw Reid: "más larga era la lista de platos que la que hizo Leporello de los amores de Don Juan"! "¡Ah: no sabe el ministro cuánto no-me-olvides ha sembrado en el corazón de sus compatriotas!" Y con un párrafo de negociante agradecido, y en caperuza de oratoria artificial remata el discurso chistoso.

Las mesas se vacían. Los maridos fieles no esperan a los discursos menores. Cual se lleva un mazo de banderines en el pañuelo de seda negra. Cual, de las cestas, se hace un ramo de violetas y rosas. Porter, ensanchado, derrama cuentos. Condert, fisgón, le pone una palabra a Cleveland. Con uno habla Dana español, y con otro francés, y con otro italiano. "¡Adiós, señor presidente, le ha salido bien la comida!" A la puerta, envuelto en pieles, entra Whitelaw Reid en su coche tirado por dos magníficos caballos.

[*El Partido Liberal*, 12 de mayo de 1892, tomo XIII, núm. 2150, p. 2.]

DE WASHINGTON:
EL BAILE DE NUESTRO MINISTRO

Nuestros bailes en Washington son famosos y parece, según cuentan los que viven por allá, que la estación festiva no se acaba de veras hasta que la Legación mexicana no da su último baile, en la casa hecha un vergel, y lo mejor de la ciudad hormigueando en ella, con ese ruido de alas que en las casas de corazón se suele oír, y no es como el de esas otras fiestas de cartón o de tisú, en que no pasa la conversación de la punta del guante. Eso dicen que se oía allá la noche del baile desde la misma puerta: "Va a venir todo Washington." —"Aquí viene siempre todo Washington." —"No sé qué es, pero aquí se siente uno como en su casa." —"¿Y esta noche, sabe, van a bailar la danza de México? Son ocho parejas, y la han ensayado muy bien: La Sra. de Romero la baila y la Sra. Thompson, y las Sritas. Raynolds y Miss Greer y Miss Seanton, y las hijas del ministro del Brasil. Los Secretarios van a bailar con ellas." —"Dicen que es un baile muy señor." —"Todo México es señor, si se va a ver: la verdad es que es un pueblo muy digno." —"Y tendrán ustedes ponche de tequila, servido vivo, en una tina de maderas de olor." Una carta de allá cuenta que esos eran chispazos de la conversación del corredor.

Por entre flores se bajaba al salón principal, por entre las palmas y rosas de las escaleras, a saludar a los dueños de la casa, que recibían en la puerta del primer salón, ella de brocado blanco, de cuello alto y real, y dos chapines como dos azucenas, él, manso y contento, acomodando parejas, allanándole la entrada a los novicios, devolviéndole las cortesías a los magnates. En las salas bullía la gente: Senadores y Embajadores, centroamericanos y peruanos; el ministro argentino en un grupo de caballeros de letras; un traje verde y negro y otro rojo; mucha gasa y más seda; la embajadora coreana, de túnica carmesí, con el cinturón de seda rosa por debajo de los hombros cubiertos y la carita atónita, con dos puntos por ojos, ceñida por las dos bandas lisas del cabello negro: el coreano, de calzón largo y blusa negra, y un casquete como de una red de alambre, puesto a modo de torre en lo alto de la cabeza. Pero nadie es más cortés, ni más saludado que los coreanos: él sonríe, pasa impalpable, cabe en una hoja verde, se desliza: ella mueve, como un pájaro asustado, la pluma del abanico.

A un salvadoreño, un niño casi, le echa relámpagos la simpática cara de indio. Por la cara sería; pero se pensaba al verlo en Juárez. El retrato de Juárez, está allí, en el cuarto de entrada: y en las esquinas, los de Grant y Lincoln. No se puede ya andar por los salones. ¿Aquélla, de terciopelo y moaré? la esposa del Senador Foye. ¿La otra, de traje griego? la hija de Bigelow, que fue ministro en España. ¿La de gasa rosa, ojeras sevillanas, busto de flor? la de Sagrario, de la embajada española. ¿La de negro, con la arrogante cabeza rubia? es la esposa de Guzmán, el ministro nicaragüense. ¿La de viveza señorial, elegantísima y benévola? la peruana, la señora de Zegarra. ¿La de seda rosa, que habla de su México sin cesar? la esposa de Vicente Morales, el Secretario. ¿Y la niña azul, a quien todos miman y sonríen? la recién casada, la novia del nicaragüense poeta, de Mayorga Rivas. De New York vino al baile mucho prohombre. "A los otros bailes no voy; pero sí voy al de Romero." "La verdad es que la señora de Romero ha contribuido mucho a hacer a México popular en Washington."

No se cabía en el salón de los espejos, colgado de tulipanes y floripondios, cuando las ocho parejas bailaban, a una música de violines, la danza mexicana. Salió como minuet, muy despacioso y señoril. "¡Noble baile!" "¡Cosa de corte!" "¡Hemos de bailar eso el año que viene!" "¡Qué baile tan decoroso!" Y un instante después, en el comedor, fresco como una gruta, Washington bebía el Clicquot seco que le gusta más que el dulce; y el Senado y el Ejército llevaban dulces a las damas; y la cena fina acababa con un fragante café. Las dos eran, y no se oían más que elogios. "No ha habido —decían en la puerta— un baile más concurrido ni más agradable en todo este invierno." Y el redactor del *Washington Post*, el primer diario de Washington, ponía esta nota en su cartera, para el artículo del día siguiente: "El baile anual de la Legación Mexicana fue anoche el éxito social y artístico de la estación: el resultado de las invitaciones para este acontecimiento fue reunir, bajo flores más ricas y abundantes que nunca, el más noble concurso de huéspedes distinguidos que pueda juntarse en Washington."

[*El Partido Liberal*, México, 18 de febrero de 1891, tomo XI, núm. 1781, p. 1.]

ÍNDICE DE CARTAS

ABREVIATURAS

Am. = *La América*, Nueva York.
Bs. As. = Buenos Aires, Argentina.
B. M. = *Bibliografía martiana (1853-1955)* de Fermín Peraza Sarausa
(La Habana, Ediciones Anuario Bibliográfico Cubano, 1956).
Ec. Am. = *El Economista Americano*, Nueva York.
P. L. = *El Partido Liberal*, México.
El Sud. = *El Sudamericano*, Buenos Aires.
La C. en M. = *La Cultura en México*, suplemento de *Siempre!*, México.
Nac. = *La Nación*, Buenos Aires.
N. Y. = Nueva York o New York.
O. C. = *Obras completas*, de José Martí (La Habana, Editorial Nacional de Cuba, 1963-1973; 28 vols.).
Op. = *La Opinión Nacional*, Caracas.

1886

1] CORRESPONDENCIA PARTICULAR PARA "EL PARTIDO LIBERAL". Sumario: El alzamiento de los trabajadores en los Estados Unidos. Motivos y antecedentes del alzamiento. Aspectos originales del problema obrero en los Estados Unidos. Nacionales y extranjeros. Peligros de la inmigración. Angustia de las industrias norteamericanas. Lo que los alemanes se trajeron: Schwab, Spies, Most. Escena de los motines de Chicago. Una bomba de dinamita: casas asaltadas, tiendas despedazadas, batallas en la calle. "¡En fila hombres!" Métodos de Europa y métodos de Norteamérica. Los Caballeros del Orden condenan a los anarquistas. Orígenes, composición y tendencias de la Orden de los Caballeros del Trabajo. El anciano Uriah Stevens. Programas y medios legales de la orden: cómo creció y cómo lucha. El fin del siglo.

P.L., 29-V-86, tomo II, núm. 376, pp. 1-2. "New York, 15 de mayo de 1886." Sr. Director de *El Partido Liberal*. México. Esta crónica consta de tres partes, la primera y la última fueron publicadas sólo en *P.L.* y la segunda en *Nac.* 2-VII-86, con fecha de "N.Y. 16-V-86". Es una versión corregida de la correspondencia enviada a México por lo que un cotejo realizado entre ambas arroja un total de 34 variantes. Toda la crónica fue publicada por Ernesto Mejía Sánchez en *La C. en M.* suplemento de *Siempre!*, núms. 11, 13, y 19 del

2 y 16 de mayo y 27 de junio de 1962, respectivamente. La segunda parte
se encuentra en *O.C.*, 10, pp. 450-456. *Aquí se publica íntegra.*

2] CORRESPONDENCIA PARTICULAR PARA "EL PARTIDO LIBERAL". Sumario: Gran
jubileo del Sur para inaugurar los monumentos a los soldados de la rebelión.
Todo el sur se engalana para tributar honores unánimes a Jefferson Davis,
el presidente de la rebelión. Antecedentes y recuerdos. Lo que fue aquella
guerra. Cómo peleó el Sur. Significación pacífica de esta fiesta. Jefferson
Davis, viejo. Dos mil niños negros de las Escuelas vierten flores ante el
carruaje del mantenedor de la esclavitud. Los confederados reunidos en las
ciudades pasean con sus uniformes y sus banderas. El Sur no se avergüenza
de sus héroes. El discurso ardiente de Jefferson Davis. "Sigue, viejo, sigue."
El discurso pacífico de Gordon. Escenas en las calles. Montgomery y Atlanta
embanderados. Incidentes pintorescos. La Casa del Ayuntamiento llena de
banderas de la Confederación. El norte no ve en paz. La bandera de la Unión
flota en la cúpula.

N.Y. 20-V-86. Señor Director de *El Partido Liberal*. México. "La tolerancia
en la paz es tan grandiosa como el heroísmo en la guerra . . . la bandera de las
listas rojas y las estrellas blancas."

P.L., 8-VI-86, tomo II, núm. 383, pp. 1-2. *O.C.*, 10, pp. 457-464, procedente
de *Nac.*, 15-VII-86, con fecha de N.Y. 3-VI-86, con ligeras variantes.

3] CORRESPONDENCIA PARTICULAR PARA "EL PARTIDO LIBERAL": Sumario: El
vicepresidente del ayuntamiento de New York condenado a nueve años diez
meses de penitenciaría por cohecho. Su delito. Quiénes son los regidores de
New York y cómo viven. Vicios, policías, rufianes y regidores. Cómo se ma-
neja acá el Ayuntamiento. Cruzada pública contra la corrupción municipal.
Jachne, el sentenciado. Escenas del proceso. Sentencia terrible. Escenas de
su entrada en la penitenciaría. El vicepresidente está lavando camisas. Suma
de sucesos. Proyecto de ley en el congreso. Un proyecto de ley que prohíbe
que los extranjeros posean tierra en los Estados Unidos. Cuarenta mil obreros
piden la entrada libre de las materias primas. Lo que se dice aquí de
México. Un ataque al tratado en el *Sun* de New York. Argumentos contra
el tratado. La parada de coches en el Parque Central.

N.Y. 23-V-86. Señor Director de *El Partido Liberal*. México. "Grandes muchedumbres han seguido en estos días, en su proceso escandaloso. . . se van cubriendo de hojas de un verde tierno las ramas de los árboles."

P.L., 18-VI-86, tomo II, núm. 392, pp. 1 y 2. *O.C.*, 10, pp. 465-471, procedentes de *Nac.*, 16-VII-86, con fecha de "N.Y. 3-VI-86". Es una versión
corregida de la correspondencia enviada a México y un cotejo realizado entre
ambas arroja un total de 103 variantes.

4] CORRESPONDENCIA PARTICULAR PARA "EL PARTIDO LIBERAL". Sumario: El matrimonio del presidente Cleveland y la fiesta de decoración de las tumbas. La procesión de las flores. Nueva York en la mañanita. Descripción de las honras fúnebres en la tumba de Grant. Gran ofrenda de flores. Las flores del Ministro Romero. "¡De ti, oh, patria mía!" Descripción de la boda del Presidente. El Presidente y la prensa. La batalla de los vapores. La tienda de campaña de la prensa, amanece junto al retiro de bodas. La boda en la Casa Blanca. El aposento azul. La ceremonia. ¿Quién es Miss Folson? Arroz y chinelas.

N.Y. 3-VI-86. Señor Director de *El Partido Liberal*. México. "Esta ha sido la semana de las flores... una lluvia de granos de arroz y de chinelas, que dan buena suerte a los recién casados!"

P.L., 22-VI-86, tomo III, núm. 395, p. 1. *O.C.*, 10, pp. 473-484, procedentes de *Nac.*, 21-VII-86, con fecha de "N.Y., 3-VI-86", con algunas variantes.

5] CORRESPONDENCIA PARTICULAR PARA "EL PARTIDO LIBERAL". Sumario: Resumen de los últimos actos del Congreso. Antecedentes y comentarios de los últimos proyectos de ley. El congreso y el país en junio. Convenciones de las Asociaciones. Excursiones al interior. Partidas alegres. Grandes regatas. Ardides de los diputados. Interioridades del congreso. Mala suerte del "Tratado de México" en el Senado y la Cámara de Representantes. Derrota de Sherman y Hewitt, amigos del tratado. Los proteccionistas derrotan en la cámara el proyecto de reforma liberal de las tarifas. Estudios sobre la situación y porvenir del proteccionismo en los Estados Unidos. La plata, las industrias y las cosechas. La situación económica. Venalidad de los representantes. Las grandes empresas tienen corrompido el sufragio. Cómo se ayudan y sirven las empresas y los representantes. Se vota una ley que prohíbe a los representantes ser abogados de las empresas que requieren tierras públicas. El problema de la tierra en los Estados Unidos. Abusos de las empresas y aspiraciones de los trabajadores, sobre la tierra. Leyes recientes sobre la concesión y contribuciones de los terrenos nacionales. Ley importantísima que prohíbe a los extranjeros poseer tierra en los Estados Unidos. Antecedentes y gravedad de este problema. Manejos de las corporaciones europeas para hacerse de tierras en América. Voz de alarma a los países americanos. Cómo se están descomponiendo los partidos. Cómo adelantan en política los trabajadores. George Childs candidato de los trabajadores para la presidencia.

N.Y., 18-VI-86. Señor Director de *El Partido Liberal*. México. "Junio es acá mes agitado... No sería extraño que fuese en la de 1892."

P.L., 6-VII-86, tomo III, núm. 405, pp. 1 y 2; *desconocida*.

6] CORRESPONDENCIA PARTICULAR PARA "EL PARTIDO LIBERAL". Sumario: Semana de junio. El juego de pelotas. El culto de la fuerza en los Colegios. Las fiestas de fin de curso. La educación antigua y la nueva. Lo científico sobre lo clásico. Predominio del espíritu de libre investigación. La educación en los colegios como medio de preparar para la vida. Los discursos de los graduados. La vida nacional anula la educación. El programa de estudios de Harvard. Conviene educarse en la patria. El peleador Sullivan. Cómo lo admiran y miman en Nueva York.

N.Y. 26-VI-86. Señor Director de *El Partido Liberal*, México. "No cabe una cacería del Indostán, con sus príncipes, con sus elefantes, con sus pabellones, con sus bayaderas, con sus brahmanes vestidos de blanco, en la cuenca de la uña... Da frío, ver criarse a un pueblo entero en el culto de la fiera."

P.L., 13-VII-86, tomo III, núm. 411, pp. 1 y 2; *desconocida*.

7] CORRESPONDENCIA PARTICULAR PARA "EL PARTIDO LIBERAL". Sumario: Exhibición en New York de los pintores impresionistas franceses. Historia y fuerza de la escuela. Los vencidos de la luz. La venta de Morgan. El arte de Nueva York. Impresiones de la exhibición. Filiación de los impresionistas. Los pintores naturalistas. Courbet, Manet, Corot. Velázquez. Goya. Estética y tendencias de los impresionistas. Influjo moral de la escuela. "La mujer y el ternero" de Roll. "El baile de Roberto" de Degas. "El Órgano" de Lerolle. El "Fifre" de Manet. Renoir. Monet, Pissarro, Caillebotte. Montemard, Huguet. Espíritu de la escuela. "El remador" de Renoir.

N.Y. 30-VI-86. Señor Director de *El Partido Liberal*. México. "La tierra tiene su aire, y el espíritu tiene su libertad... alto el pecho, desnudos los brazos, realzado el cuerpo por una camisilla de franela, a un sol abrasante."

P.L., 20-VII-86, tomo III, núm. 417, pp. 1 y 2. *O.C.*, 19, pp. 301-307, procedente de *Nac.* 17-VIII-86, con fecha de "N.Y., 2-VII-86". El primer párrafo es diferente y el resto de la crónica presenta ligeras variantes.

8] CORRESPONDENCIA PARTICULAR PARA "EL PARTIDO LIBERAL". Sumario: El 4 de julio. New York a media noche. Falta de espíritu patrio en las fiestas. Los días patrios. Observaciones sobre el espíritu público en los Estados Unidos. Cómo se forma este país. Efectos sociales de la inmigración y el excesivo amor a la riqueza. Las fiestas. Día de paseo. Coney Island. La fiesta de los irlandeses. La madre de Parnell. Hermosa escena en la plaza de la Unión.

N.Y., 6-VII-86. Señor Director de *El Partido Liberal*. México. "Todavía está el aire rojo, y penetrado del olor de los fuegos con que se celebró ayer el 4 de julio... Los banderines azotaban contentos los altos mástiles del parque, coronados por una bola de oro."

P.L., 25-VII-86, tomo III, núm. 422, p. 1; *desconocida*.

9] CORRESPONDENCIA PARTICULAR PARA "EL PARTIDO LIBERAL". Sumario: Raros y varios sucesos. Escolar extraviada en un campamento religioso. Cómo castigan aquí a los seductores. Últimos actos del Congreso. Estado del conflicto entre la Cámara de Representantes y el Presidente Cleveland. La Cámara acuerda pagar la deuda con el sobrante del Tesoro. Explicación íntima de este proyecto y de su influjo sobre la moneda de plata. Hostilidad entre el Oeste y el Este. Los bancos no quieren que se recoja la deuda, para continuar cobrando intereses. Objetos polémicos del acuerdo. Armas para la próxima campaña electoral. El Presidente veta todos los proyectos de pensiones militares, $25 000 000 para puertos y ríos, y sólo $500 000 para fortificaciones. La penitenciaría de Nueva York. Horrendos castigos. Descripción de la "máquina para levantar".

N.Y., 18-VIII-86. Señor Director de *El Partido Liberal*. México. "Un hombre que cruza el Niágara embutido en un barril oblongo... les relampaguean los viscosos como los fuegos fatuos sobre una sepultura."

P.L., 4-VII-86, tomo III, núm. 430, p. 1. *O.C.*, 11, pp. 23-30, procedente de *Nac.* 21-IX-86, con fecha "N.Y., 9-VIII-86", presenta distinto acomodo de los párrafos y muchas variantes.

10] CORRESPONDENCIA PARTICULAR PARA "EL PARTIDO LIBERAL". Sumario: Escuela de la vida del Oeste. Colosal circo a las puertas de Nueva York. Espectáculos épicos. La vida de la naturaleza y la conquista de la selva. Los héroes del Oeste. Un campamento de indios. Los indios norteamericanos y sus costumbres y vestidos. Los "cowboys" famosos. Los vaqueros mexicanos en el circo. La vida ardiente de los explotadores. Se ve reunida toda la vida del Oeste. Rifleros, amazonas, cazadores. La gran fiesta en el circo. Gran parada de indios y "cowboys". Buffalo Bill, el célebre jinete. Antonio Esquivel, el mexicano. Carreras, domas de potros, hazañas de tiro. Escena excitante. Ataque de una diligencia por los indios. Una tribu en viaje. Descripción de la caza de búfalos. El "médico" tristísimo.

N.Y., 24-VIII-86. Señor Director de *El Partido Liberal*. México. "Está a las puertas de Nueva York uno de los espectáculos más originales y sanos a que pueda asistirse en pueblo alguno..., cruzada sobre el pecho las dos manos huesudas, el escudo a los pies, los dos ojos secos y la faz terrosa."

P.L., 12-VIII-86, tomo III, núm. 437, p. 1. *O.C.*, 11, pp. 33-43, procedentes de *Nac.*, 25-IX-86, con fecha de "N.Y., 9-VIII-86"; idéntica.

10 bis] CORRESPONDENCIA PARTICULAR PARA "EL PARTIDO LIBERAL". Sumario: El conflicto en la frontera. Actitud del Gobierno, de la opinión y del Congreso. Naturaleza doble y difícil de las relaciones entre México y los Estados Unidos. La opinión del país importa aquí más que la benevolencia del Gobierno. Presentación de los documentos al Congreso. Punto legal de la contro-

versia. Actitud de ambos Gobiernos. Historia de las negociaciones diplomáticas. Aspecto del conflicto en Washington, y en Texas. Opinión de la
Comisión de Negocios Extranjeros. El Congreso insiste en la demanda
de libertad de Cutting. Muestra constante de respeto y cortesía a México. La
prensa, aún la más favorable, se declara contra el aspecto mexicano del caso
legal. Artículo del *Herald* sobre el ejército en México. Ni una provocación
o palabra de desdén a México. Apariencia irregular del proceso Cutting.
México puede salvarse con decoro del conflicto.

N.Y., 2-VIII-86. Señor Director de *El Partido Liberal*. México. "Con ansiedad
de hijo he venido siguiendo los sucesos que han abierto al fin vía a las pasiones acumuladas en los pueblos de las orillas del Río Grande... Fía el alma
enamorada de México en la sabiduría singular de sus hijos!"

Esta crónica no se publicó en *P.L.*, porque el licenciado Manuel A. Mercado
la consideró seguramente peligrosa para la política internacional de México.
Aparece en las *Cartas a Manuel A. Mercado*, México, Eds. de la UNAM, 1964,
pp. 250-260, acompañando la núm. 50, que debe fecharse el mismo día de la
correspondencia; *O.C.*, 20, pp. 96-97, la supone sin mayor riesgo como de
agosto de 1886, sin indicar el día. *O.C.*, 7, pp. 36-45.

11] CORRESPONDENCIA PARTICULAR PARA "EL PARTIDO LIBERAL". Sumario:
El caso "Cutting". Cambio de la opinión. Censuras unánimes al Secretario
Bayard. El Congreso suspende sus sesiones sin votar la resolución hostil a
México. El resumen del Secretario Bayard resulta contrario a los hechos. México es celebrado en el Congreso por su cortesía y prudencia. El republicano
Hitt defiende a México. El discurso de Hitt. El Congreso da un voto silencioso por la paz. La prensa ataca a Bayard duramente. Importancia e influjo
de la entrevista del Presidente Díaz y el señor Romero Rubio con un miembro de la prensa americana. El *Herald* celebra al señor Mariscal. El *Herald*
da un consejo a los tejanos. Las verdaderas armas contra los Estados Unidos
y la razón de esta victoria.

N.Y., 6-VIII-86. Señor Director de *El Partido Liberal*. México. "Dos días han
bastado para alterar profundamente el estado producido por el caso de Cutting,
que hoy anuncia paz, y ayer aún, sin la menor exageración, parecía un caso
de guerra... no la ha ganado por la intimidación, ni por agencias peligrosas;
ni por conciertos con pueblos extranjeros, sino por el respeto que ha inspirado su honradez, y por la habilidad con que sus representantes han expuesto su
justicia".

P.L., 20-VIII-86, tomo III, núm. 444, pp. 2 y 3; *desconocida*.

12] CORRESPONDENCIA PARTICULAR PARA "EL PARTIDO LIBERAL". Sumario:
El caso de Cutting visto en los Estados Unidos. La política interior americana ha favorecido la paz. Influjo del partido republicano en las censuras
unánimes a Bayard. Interés de los republicanos en la derrota de Bayard.

Blaine; su actitud ante el conflicto: su próxima campaña: sus condiciones de caudillo. México usado como instrumento político. El Sur y México. Peligros permanentes. Los capitales norteamericanos en México. Muerte de Samuel Tilden: su carácter y su vida: su elección y sacrificio: su lección final: la salvación de las repúblicas está en la propagación de la cultura.

N.Y., 19-VIII-86. Señor Director de *El Partido Liberal*. México. "Ni la muerte de Tilden, aquel sabio político a quien defraudaron de su elección a la presidencia los republicanos... y este magnífico legado enseña, como resumen de su cuantiosa vida, que la suma deducción del político más práctico y agudo que vivía en este pueblo fue que la madre del decoro, la savia de la libertad, el mantenimiento de la República y el remedio de sus vicios, es, sobre todo lo demás, la propagación de la cultura."

P.L., 8-IX-86, tomo III, núm. 460, pp. 1 y 2; *desconocida*.

13] CORRESPONDENCIA PARTICULAR PARA "EL PARTIDO LIBERAL". Sumario: El proceso de los anarquistas. Sentenciados a muerte. La bomba de Chicago. Los anarquistas presos y sus métodos. Las corrientes sociales en su obra sobre los caracteres destructivos. Estudios de la formación de estos conflictos, y análisis de sus elementos. Los trabajadores americanos repudian a los anarquistas alemanes. El jurado. Curso y escenas del proceso. El día de la sentencia. Las madres y las esposas oyen la sentencia. La mulata de Parsons. El juez es saludado.

N.Y., 22-VIII-86. Señor Director de *El Partido Liberal*, México. "Aquellos anarquistas que en las huelgas de primavera lanzaron sobre los policías de Chicago una bomba... Y cuando salió el juez lo saludaron."

P.L., 10-IX-86, tomo III, núm. 461, pp. 1-2. *O.C.*, 11, pp. 53-61, procedentes de *Nac*. 21-X-86, con fecha de "N.Y., 2-IX-86", con algunas variantes.

14] CORRESPONDENCIA PARTICULAR PARA "EL PARTIDO LIBERAL". Sumario: Los Estados Unidos en otoño. Las escuelas. Ojeadas sobre la instrucción en Nueva York. Ineficacia de los métodos empleados. Grandes edificios: instrucción de memoria. Resultados. Causas de la ineficacia del sistema. La causa principal es el concepto equivocado y egoísta de la vida. Objeto de la vida de los Estados Unidos. Influencia de la emigración en la educación. Sistema incompleto derivado del falso concepto de la vida. El espíritu nacional anula el espíritu de la escuela. Se enseña de memoria. ¿De dónde viene entonces, el progreso de ese pueblo? Remedio al mal actual.

N.Y., 23-IX-86, Señor Director de *El Partido Liberal*. México. "Septiembre es siempre mes animadísimo en la vida norteamericana... reconstruirlo de manera que no apague al hombre".

P.L., 9-X-86, tomo III, núm. 485, p. 2. *O.C.*, 11, pp. 77-86, procedentes de *Nac.*, 14-XI-86, con fecha de "N.Y., 28-IX-86", con ligeras variantes.

15] CORRESPONDENCIA PARTICULAR PARA "EL PARTIDO LIBERAL". Sumario: Las lecciones en los Estados Unidos. Ojeada sobre ellas. Examen de la situación política y sus diversos elementos. Cómo llevan el debate los gobernadores de Estado, sus argumentos, sus métodos, su lenguaje. Los irlandeses y negros despellejados en la Penitenciaría para hacer con su piel bastones. Un candidato compra una Convención. Blaine en campaña: su carácter: su influencia: sus amigos: su candidatura para 1888. Las elecciones en Maine, en Ohio, en Connecticut, en Tennessee. Caso curiosísimo de estas elecciones. Dos hermanos son candidatos para el mismo puesto. "Alf" y "Bob" recorren juntos el Estado. Escenas singulares de este paseo electoral.

N.Y., 26-IX-86. Señor Director de *El Partido Liberal*. México. "En el verano parece acá dormida la política... piden que salgan al balcón los dos hermanos!"

P.L., 12-X-86, tomo III, núm. 487, p. 2. *O.C.*, 11, pp. 87-96, procedentes de *Nac.* 7-XII-86, con fecha de "N.Y., 3-X-86", con supresiones y adiciones.

16] CORRESPONDENCIA PARTICULAR PARA "EL PARTIDO LIBERAL". Sumario: Estudio indispensable para comprender los acontecimientos venideros en los Estados Unidos. Análisis del movimiento social, causas que lo producen y elementos que lo impulsan. Influjo de las prácticas de la libertad política en el carácter de la guerra social. El movimiento social está ya en actividad definitiva en los Estados Unidos. Descomposición de los factores que han producido la presentación de un candidato de los obreros al Corregimiento de New York. La historia viva. La levadura de la Revolución Francesa fermenta en los Estados Unidos. Causas especiales de la desigualdad social en Norte América. La tierra y las ciudades. Límite de acción de la libertad política: su eficacia y su deficiencia. Razones del aspecto original del movimiento social en los Estados Unidos. Influjo de la inmigración en el carácter del movimiento social. ¿Será la libertad inútil? Problema nuevo en política: ¿Los efectos de la educación despótica predominarán sobre los efectos de la educación liberal? La libertad suaviza al hombre y lo hace enemigo de la violencia. Aspecto presente del movimiento. Fuerza definitiva del voto. Los movimientos se concentran en los que poseen en mayor grado sus factores. Razón de la candidatura de Henry George al corregimiento de la ciudad.

N.Y., 15-X-86. Señor Director de *El Partido Liberal*. México. *a*) "Se pudren las ciudades; se agrupan sus habitantes en castas endurecidas... fermenta hoy la sombría levadura que sazonó el pan de Francia"; *b*) "La libertad política no ha podido servir de consuelo a los que no ven beneficio alguno inmediato en ejercerla... fortuna y sosiego indispensables para la vida"; y *c*) "Ése es en los Estados Unidos el mal nacional... y de allí, al porvenir".

P.L., 4, 5 y 6-XI-86, tomo III, núms. 506, 507 y 508, pp. 2, 2, 1 y 2 respectivamente; *desconocida*.

17] CORRESPONDENCIA PARTICULAR PARA "EL PARTIDO LIBERAL". Sumario: La mujer norteamericana. La "mulata" Lucy Parsons, mestiza de mexicano e indio. Lucy Parsons recorre los Estados Unidos hablando en defensa de su marido, condenado a muerte entre los anarquistas de Chicago. La sentencia no ha amedrentado a las asociaciones anarquistas. Lucy Parsons en Nueva York. Su elocuencia. Escena memorable en Clarendon Hall. Carácter viril de la mujer norteamericana y su razón. Una mujer decide el debate en una convención política. La mujer como organizadora y empresaria. La mujer en los teatros: Helen Dauvray: Lilian Olcot y la *Fédora*, de Sardou. Mrs. Langtry.

N.Y., 17-X-86. Señor Director de *El Partido Liberal*. México. "Santo es el crimen cuando nace de una semilla de justicia... No parece mujer sino lira, o jazmín que anda."

P.L., 7-XI-86, tomo III, núm. 509, p. 2; *desconocida*.

18] CORRESPONDENCIA PARTICULAR PARA "EL PARTIDO LIBERAL". Sumario: El millonario Stewart y su mujer. Henry George. El libro *Progress and poverty*. El movimiento obrero. Lucy Parsons en Orange. Muerte de la viuda de Stewart. El carácter de Stewart. Vida sombría de su viuda. Un rico abominable. Su palacio. Sus cuadros: el "Napoleón" de Meissoinier y la "Playa de Portici" de Fortuny. Henry George. Cómo se pagan los gastos de las elecciones. El libro de George: *Progress and poverty*. Sumario de teorías sobre la nacionalización de la tierra. Su programa social. Espíritu del libro. El hombre. Su apariencia. Entusiasmo de los obreros. Carros vestidos de flores.

N.Y., 27-X-86. Señor Director de *El Partido Liberal*. México. "Se amontonan los sucesos... que ayer era blanco, adornado por los obreros de luces y flores."

P.L., 12-XI-86, tomo III, núm. 513, pp. 1 y 2; *desconocida*.

19] CORRESPONDENCIA PARTICULAR PARA "EL PARTIDO LIBERAL". Sumario: Espectáculo grandioso. Recuerdos históricos conmemorados en la estatua. Amistad de Washington y Lafayette. El marqués de Lafayette. Espíritu de la estatua. Aspecto de New York en la mañana del 28 de octubre. La tribuna de los delegados franceses. El escultor Bartholdi. Los delegados. Spuller, el amigo de Gambetta. ¡A Alsacia! Descripción de la parada en Broadway. El presidente y las banderas. Los estudiantes. Los negros. Los bomberos. Una bomba nueva cruza a escape la procesión. La milicia. Dos niñas alemanas. El viaje a la Isla de la Libertad. Aparición de la estatua. La estatua comparada con los monumentos antiguos. El estruendo del saludo, al desembarcar el presidente. La tribuna de la presidencia. Ceremonias de la inauguración. La Plegaria del sacerdote Storrs. El discurso de Lesseps. El discurso de Evarts. Saludo al descubrir el rostro de la estatua. Buen discurso de Cleveland. El orador Chauncey Depew. La bendición del obispo. Retirada de la Isla. "¡Adiós, mi único amor!"

N.Y., 29-X-86. Señor Director de *El Partido Liberal*. México. "Terrible es, Libertad, hablar de ti para el que no entiende... con el rostro vuelto a la isla. ¡Adiós, mi único amor!"

P.L., 18-XI-86, tomo III, núm. 518, pp. 1, 2 y 3. *O.C.*, 11, pp. 97-115, procedentes de *Nac.*, 1-I-87, con fecha de "N.Y., 29-X-86"; idéntica.

20] CORRESPONDENCIA PARTICULAR PARA "EL PARTIDO LIBERAL". La muerte del ex presidente Arthur. Estudio político. Sumario: Ojeada sobre la Constitución interior de un partido político en los Estados Unidos. La asociación en política. Los logreros públicos. Cómo puede un hombre elevarse por la intriga, a la presidencia de los Estados Unidos. Caudillos rivales. Blaine y Conkling. Hayes. Análisis del carácter de Arthur. Elección y muerte de Garfield. Orígenes de la muerte de Garfield. Transformación de Arthur en el gobierno. Tentativas vanas de reelección. La Casa Blanca en su tiempo. Muere de despecho. Su persona, su tiempo y su política. ¡Aquí también se sube por cábalas y se piden destinos para ahijados!

N.Y., 25-XI-86. Señor Director de *El Partido Liberal*. México. "Apenas pasa día sin que haya aquí un suceso curioso o extraordinario... Se ha muerto de deseo, celebrado por las gracias de su persona, y por haberla redimido."

P.L., 19-XII-86, tomo III, núm. 544, pp. 1-3. *O.C.*, 13, pp. 153-166, procedentes de *Nac.*, 4 y 5-II-87, con fecha de "N.Y., 15-XII-86", con muchas variantes.

21] CORRESPONDENCIA PARTICULAR PARA "EL PARTIDO LIBERAL". El Cristo del gran pintor Munkaczy. Sumario: Estudio sobre el cuadro. El pintor. Su vida. Cómo fue tomando carácter su genio. La gente de Hungría. Amor de esposa. El último día de un condenado. Carácter vigoroso y real de la pintura de Munkaczy. Espiritualismo realista. La fuerza de la idea consagrada en pintura. Milton. El cuadro famoso. "Cristo ante Pilatos." Significación y extraordinaria novedad del Cristo. Disposición del cuadro. Colón. Composición. El Cristo nuevo.

N.Y., 3-XII-86. Señor Director de *El Partido Liberal*. México. "Iremos hoy a donde va New York, a ver el 'Cristo ante Pilatos' del pintor húngaro Michael Munkaczy... que el Cristo nuevo no parece enteramente hermoso."

P.L., 21-XII-86, tomo III, núm. 545, p. 2. *O.C.*, 15, pp. 341-350, procedentes de *Nac.*, 28-I-87, con fecha de "N.Y., 2-XII-86", idéntica.

22] CORRESPONDENCIA PARTICULAR PARA "EL PARTIDO LIBERAL". El mensaje del Presidente Cleveland. Sumario: Preliminares de la estación política. Significación actual de los partidos. Posición, actitud y disenciones de los demócratas. Cómo eran los demócratas en la oposición y cómo son en el poder.

Estado de transformación de los partidos. El partido nuevo. Los demócratas contra el Presidente demócrata. Necesidad del desinterés en los partidos políticos. El mensaje y sus principales recomendaciones. Estilo, significación política y alcance futuro del Mensaje sobre México. Curiosa lucha entre Cleveland y su partido.

N.Y., 8-XII-86. Señor Director de *El Partido Liberal*. México. "Con los primeros días de diciembre viene siempre en los Estados Unidos el renuevo de la actividad política... Los partidos no se conservan a la larga en el gobierno si no tienen las manos limpias de interés, y la raíz en la verdad."

P.L., 26-XII-86, tomo III, núm. 550, pp. 2-3. *O.C.*, 11, pp. 117-128, procedente de *Nac.*, 26-I-87, con fecha de "N.Y., 8-XII-86", con ligeras variantes.

1887

23] CORRESPONDENCIA PARTICULAR PARA "EL PARTIDO LIBERAL". Sumario: Asuntos varios. Los indios ciudadanos. Indecisiones del congreso. La plata. El sobrante anual de cien millones. Librecambistas y proteccionistas. Política de mujeres. La mujer en las elecciones de Massachusetts. Las mujeres contra las cantinas. La política de cantinas. Influjo de las cantinas en el gobierno de la ciudad. Estudio de baja política. "El Gordito Walsh." Un jugador alcaide. Vicios de la política norteamericana.

N.Y., 22-XII-86. Señor Director de *El Partido Liberal*. México. "La alegría de pascuas es acá tan viva que todo lo penetra y hermosea... Y debe, sobre todo, cuidarse de reducir la brutalidad y cultivar el espíritu en las Repúblicas."

P.L., 11-I-87, tomo IV, núm. 560, pp. 1 y 2; *desconocida*.

24] CORRESPONDENCIA PARTICULAR PARA "EL PARTIDO LIBERAL". Sumario: Muerte del General Logan. Su carácter y significación en la política. Razones del influjo que lo hacía un candidato posible a la Presidencia de la República. Logan como militar, como orador, y como senador. Era ambicioso y honrado. Personas de oro y similor. Logan y Grant. La figura pintoresca de Logan. La esposa.

N.Y., 27-XII-86. Señor Director de *El Partido Liberal*. México. "La enfermedad de Cleveland, que no parece ligera, el proyecto de conceder en el Estado de New York el voto a las mujeres mayores de veintiún años, la creación de una escuela normal de indios donde se eduquen maestros de la raza, que los preparen a la ciudadanía... ¡Con el amor de la casa!"

P.L., 19-I-87, tomo IV, núm. 567, p. 2. *O.C.*, 13, pp. 303-307, procedente de *Nac.*, 24-II-87. con fecha de "N.Y., 3-I-87", con muchas variantes.

25] CORRESPONDENCIA PARTICULAR PARA "EL PARTIDO LIBERAL". Sumario:
a) México en los Estados Unidos. Prórroga para la ratificación del tratado.
El senado autoriza al Ejecutivo para tratar con Nicaragua sobre la construcción del canal. Tres libros sobre México. *Los aztecas* de Lucien Biart. *The
Mexico of to-day, A study of Mexico,* de Wells. El libro de Wells. Necesidad
de constante vigilancia. Importancia del libro en la opinión. Todo el libro es
hostil. Lo que dice de México. Los capitales norteamericanos en México. La
República Argentina. *b*) El historiador George Bancroft. Su aspecto actual.
Su ancianidad. Sus costumbres. Su método de trabajo. Sus amigos en Europa. Goethe, Byron, Scheiermacher. Macaulay. Espíritu de su obra.

N.Y., 8-I-87. Señor Director de *El Partido Liberal.* México. "México ha estado estos días muy presente en los diarios norteamericanos... En un mero soldado la rapiña puede ser natural, pero todo atentado contra el derecho, en
tierra propia o ajena, es crimen en un hombre de pensamiento" .

P.L., 28-I-87, tomo IV, núm. 575, p. 2. La primera parte (a) es *desconocida*
y la segunda (b) se encuentra en *O.C.*, 13, pp. 309-311, procedente de *Nac.*,
25-II-87, con algunas variantes.

26] CORRESPONDENCIA PARTICULAR PARA "EL PARTIDO LIBERAL". Sumario:
El cisma de los católicos en New York. Los católicos protestan en reuniones
públicas contra la intervención del Arzobispo en sus opiniones políticas. Com-
patibilidad del catolicismo y el gobierno republicano. Obediencia absoluta
en el dogma, y libertad absoluta en la política. Historia del cisma. La Iglesia
Católica en New York, sus orígenes, y las causas de su crecimiento. Los
irlandeses: el catolicismo irlandés: el "Sogarth Aroon". Elementos puros e
impuros del catolicismo. Causas de la tolerancia con que se ve hoy en los Estados Unidos el poder católico. La Iglesia, la política y la prensa. Tratos entre
la Iglesia y la política. El Padre McGlynn. El padre McGlynn ayuda al
movimiento de reforma de las clases pobres. Revista del movimiento. Carácter
religioso del movimiento obrero. McGlynn favorece las doctrinas de George,
que son las de los católicos de Irlanda. El Arzobispo suspende al Padre
McGlynn, y el Papa le ordena ir a Roma. El Papa lo degrada. Santidad
del Padre McGlynn. Rebelión de su parroquia. Gran "meeting" de los católicos en Cooper Union contra el abuso de autoridad del Arzobispo. Los católicos apoyan a McGlynn, y reclaman el respeto a su absoluta libertad
política.

N.Y., 16-I-87. Señor Director de *El Partido Liberal.* México. "Nada de lo que
sucede hoy en los Estados Unidos es comparable en trascendencia e interés,
a la lucha empeñada entre las autoridades de la Iglesia Católica y el pueblo
católico de New York... ¿acompañando al Canadá al ladrón rico, o en la
casita pobre en que el Padre McGlynn espera y sufre?"

P.L., 9-II-87, tomo IV, núm. 584, pp. 2-3. *O.C.*, 11, pp. 137-150, procedente
de *Nac.*, 14-IV-87, con fecha de "N.Y., 16-I-87"; idéntica.

27] CORRESPONDENCIA PARTICULAR PARA "EL PARTIDO LIBERAL". Sumario: New York en enero. Se habla de la Guerra con el Canadá. Continúa el cisma católico. Un sacerdote niega al Papa autoridad para coartarle sus derechos políticos. Los proteccionistas y librecambistas y el sobrante. Pensiones a los soldados y viudas de la guerra de México. El senado se llena de ricos. Unión definitiva del sur y del norte. Lecciones que se deben aprender de los Estados Unidos. Causas de la Unión real de las dos secciones hostiles. Cleveland, y su influjo en la paz con el Sur. El Sur nuevo. El orador Grady. La huelga del carbón. Adelanto en la legalidad de los trabajos políticos del partido obrero. El obrero en los Estados Unidos. Historia de esta Gran huelga. Los espías matan a un niño obrero. A sus funerales asisten en paz 10 000 huelguistas.

N.Y., 2-II-87. Señor Director de *El Partido Liberal*. México. "Variadísimos son, como propio del país de tanto cuerpo, los sucesos que han atraído la atención en estos últimos días del torvo enero... La Compañía cotizaba sus acciones a 67 el año pasado; y este año las cotiza a 135."

P.L., 17-II-87, tomo IV, núm. 591, p. 2. *O.C.*, 11, pp. 151-159, procedente de *Nac.*, 15-IV-87, con fecha de "N.Y., 2-II-87", con algunas variantes.

28] CORRESPONDENCIA PARTICULAR PARA "EL PARTIDO LIBERAL". Sumario: Novedades de New York. El nuevo descubrimiento de Edison. Descubre el modo de elaborar los alimentos con sustancias químicas. Edison. Emerson y Edison. Viaje extraordinario de un velocipedista. Stevens. Sus viajes en Asia. Las huelgas. Fin de la huelga del carbón. Significación de la huelga. Continúa el movimiento de transformación nacional. De la guerra de clases. Chauncey Depew y Grant. Los mutualistas buscan jefe. El acorazado Abraham Lincoln.

N.Y., 14-II-87. Señor Director de *El Partido Liberal*. México. "Cuentan de Lincoln que la noche misma en que él y sus más íntimos amigos aguardaban con afán las noticias de su reelección a la Presidencia... el caballo en que había recorrido año tras año su comarca pobre, estudiando a la solana por el camino los Clásicos y Euclides."

P.L., 5-III-87, tomo IV, núm. 604, pp. 1-2. *O.C.*, 11, pp. 161-168, texto de *P.L.*

29] CORRESPONDENCIA PARTICULAR PARA "EL PARTIDO LIBERAL". Sumario: Historia del último congreso. El congreso cierra sus sesiones. Ojeada general sobre la política. Fuerzas nuevas en la política norteamericana. Recomposición social. Causas palpables del descontento. Los partidos antiguos y el partido de los trabajadores. Programa impuesto al Congreso por la opinión. Lo que ha hecho el Congreso, y por qué lo ha hecho. Razones de lo que ha dejado de hacer. Dejó de hacer lo más importante. Atacó los monopolios, pero no alteró las condiciones económicas. El sobrante. La tarifa. Librecambistas y proteccionistas. Resumen de las leyes importantes votadas por el Congreso. Compromisos y rencores de los Representantes. Los representantes contra Cleveland. Fallo de la opinión sobre la obra débil e incompleta del Congreso.

N.Y., 8-III-87. Señor Director de *El Partido Liberal*. México. "Cuarenta y nueve Congresos han tenido los Estados Unidos, desde aquel de Philadelphia, elocuente y bendito... sustituir los intereses patrios a las parcialidades políticas, e impedir con leyes justas la ira de la miseria."

P.L., 23-III-87, tomo IV, núm. 619, p. 2. *O.C.*, 11, pp. 169-179, procedente de *Nac.*, 4-V-87, con fecha de "N.Y., 15-III-87", con muchas variantes.

30] CORRESPONDENCIA PARTICULAR PARA "EL PARTIDO LIBERAL". Sumario: La muerte del gran predicador Henry Ward Beecher. El pastor protestante. Bosquejo de su vida. Sus mayores. Influjo de la naturaleza en su carácter. Su educación; difícil juventud, pastorado en el Oeste. Entrada en Brooklyn. Su ardiente campaña contra la esclavitud. Su vida épica. Su triunfo en Inglaterra. Su proceso escandaloso. En sus últimos años. Estudio sobre la formación, elementos y caracteres de su oratoria. Su generosa teología. Su significación en su pueblo y en su iglesia. Su mayor grandeza.

N.Y., 13-III-87. Señor Director de *El Partido Liberal*. México. "Parece que la libertad, dicha del mundo, puede renovar la muerte... a la hora en que el sol de la tarde coloreaba el pórtico con su última luz, iba de la mano de los niños."

P.L., 2-IV-87, tomo IV, núm. 627, pp. 1-2. *O.C.*, 13, pp. 31-43, texto de *P.L.*

31] CORRESPONDENCIA PARTICULAR PARA "EL PARTIDO LIBERAL". Sumario: Un remate de cuadros en New York. Venta de la famosa galería de Stewart. Ha sido una fiesta pública. Carácter de la galería. Precios enormes por cuadros célebres. La escena del remate. El rematador. El público. Los cuadros preferidos. Los pintores de gracia y los de fuerza. Daubigny, Jacque, Zamacois y Madrazo, Michetti, Nittis, Aranda, Boldini. Rápido esbozo de cuadros de Gérôme, de Bouguereau, de Krauss, de Munkaczy, del retrato de Humboldt. "Les Bujones" de Zamacois. "La Marquesa" de Madrazo. Los cuadros de animales. Los gatos de Lambert. Las vacas de Frayou. La célebre "Feria de caballos" de Rosa Bonheur se vende en 53 000. La "Feria de caballos". "Freidland", el gran cuadro de Meissonier, obtiene $66 000 en el remate. Descripción del cuadro. Napoleón en su hora de gloria. El grupo de los coraceros. Defectos y excelencia del arte de Meissonier. Dos cuadros famosos de Fortuny. "El encantador de serpientes", en 13 000. "La Playa de Portici", en 10 000. Descripción de los cuadros. Gloria de Fortuny. El secreto de su color.

N.Y., 25-III-87. Señor Director de *El Partido Liberal*. México. "El alma, es verdad, va por la vida, como en la cacería la cierva acorralada... Sabe el hombre de partos y agonías, antes de que le dé su primer beso de pasión la aurora."

P.L., 14-IV-87, tomo IV, núm. 635, pp. 2-3. *O.C.*, 19, pp. 309-320, procedente de *Nac.*, 22-VI-87, con fecha de "N.Y., 15-IV-87", idéntica.

32] CORRESPONDENCIA PARTICULAR PARA "EL PARTIDO LIBERAL". Sumario: Revista de los últimos sucesos. Descripción de la primera votación de las mujeres de Kansas. Objeto de la ley que concedió el sufragio a la mujer. Helen Gougar. Cómo condujeron las mujeres su campaña. Espíritu y métodos: heridas en la honra. Blancas y negras. Escenas del día de elecciones. Resultados. Reseña de las elecciones que han demostrado el considerable progreso del partido obrero. Victorias y semivictorias. Se pide que sea un partido americano. Chicago derrota a los obreros, por haberse ligado con los anarquistas. La "nueva cruzada" del Padre McGlynn. Ovación a McGlynn en el Teatro de la ópera. Espíritu y forma de su cruzada. "Por la nacionalización de la tierra, y por la conciencia."

N.Y., 10-IV-87. Señor Director de *El Partido Liberal*. México. "Asesinatos misteriosos, desfalcos de cajeros, millonarios que mueren, jurados vendidos, farsas aristofánicas, narradores indómitos... Y tres niñas pusieron a los pies del amado pastor, del párroco depuesto por el arzobispo, tres cestos de rosas."

P.L., 30-IV-87, tomo IV, núm. 649, pp. 2-3. *O.C.*, 11, pp. 181-191, procedente de *Nac.*, 21-IV-87, con fecha de "N.Y., 10-IV-87", con ligeras variantes.

33] CORRESPONDENCIA PARTICULAR PARA "EL PARTIDO LIBERAL". Sumario: El poeta Walt Whitman. Fiesta literaria en New York; vejez patriarcal de Whitman. Su elogio a Lincoln y el canto a su muerte. Carácter extraordinario de la poesía y lenguaje de Whitman. Novedad absoluta de su obra poética. Su filosofía, su adoración del cuerpo humano, su felicidad, su método poético. La poesía en los pueblos libres. Sentido religioso de la libertad. Desnudeces y profundidad del libro prohibido de Whitman.

N.Y., 19-IV-87. Señor Director de *El Partido Liberal*. México. "Parecía un dios anoche, sentado en su sillón de terciopelo rojo, todo el cabello blanco, la barba sobre el pecho, las cejas como un bosque, la mano en un cayado... después de haber revelado al mundo un hombre veraz, sonoro y amoroso, y abandonado a los aires purificadores, germine y arome en sus ondas, desembarazado, triunfante, muerto."

P.L., 17-V-87, tomo IV, núm. 662, pp. 1-2. *O.C.*, 13, pp. 129-143, texto de *P.L.*

34] CORRESPONDENCIA PARTICULAR PARA "EL PARTIDO LIBERAL". Sumario: Acontecimientos interesantes. México en los Estados Unidos. Una reina en

Washington. La reina Kapiolani. El "haulukan" y el tierno "aloha-oé". Honores a la reina. La hermana del Presidente va a dar clases de historia. Sus méritos. Su carácter. Su independencia del hermano. Va a dirigir una escuela en New York y a redactar una revista. La mujer americana. La Feria de Vacas en Madison Square. Primera visita. Las lecherías y las lecheras. La vaca Mary Ann. Certámenes y premios. Carácter religioso de la reforma social. La reforma no está limitada a los trabajadores descontentos. La sociedad contra la Pobreza. Una nueva Iglesia. Adelanto notable de la sociedad. Un discurso de George. Reunión entusiasta. "¡Nuestra cruz va marchando!"

N.Y., 9-V-87. Señor Director de *El Partido Liberal*. México. "Hay una reina en Washington... las coristas vestidas de blanco cantaban a los sones del órgano: '¡Nuestra cruz va marchando!' "

P.L., 26-V-87, tomo IV, núm. 669, pp. 1-2. *O.C.*, 11, pp. 203-209, texto de *P.L.* La edición sin indicar día y mes. La edición de 26-V-87 del *P.L.* consultada en la Hemeroteca Nacional, trae dos páginas en blanco la 2 y la 3 por lo que la crónica carece ahí de los dos últimos párrafos que figuran en la p. 2, col. 1; la Biblioteca Sebastián Lerdo de Tejada, de la Secretaría de Hacienda, posee un ejemplar correctamente impreso, cuya copia fotográfica debemos al doctor Gustavo Pérez Trejo, su director.

35] CORRESPONDENCIA PARTICULAR PARA "EL PARTIDO LIBERAL". Sumario: Gran exposición de ganado en New York. La Feria del Ganado y de las Lecherías. El circo de Madison Square. Reminiscencias. Los ricos protegen la fiesta. Ricos y ricos. Enorme riqueza en los Estados Unidos en ganado. Descripción de la feria. Aspecto general. Los periódicos de Agricultura. Los descremadores. La "cremería". Las mantequeras. Una madera para terneros. Cómo se hace la mantequilla. Cómo se hace el queso. Descripción de los nuevos inventos, de modo que se pueda sacar algún provecho de ellos. El ganado. El toro Pedro. Estudio de cada raza. Ojeada sobre las razas que faltaban. Las razas que había. Caracteres de las vacas Jersey, de las Guerneseys, de las Holstein, de las Ayrshire. Las Holstein se llevan los premios. El toro de Holstein. Condiciones, cría, alimentación y apariencia de una vaca lechera. Descripción de un tipo, en boca de un lechero. La hora del ordeño. Pedro.

N.Y., 23-V-87. Señor Director de *El Partido Liberal*. México. "A poca distancia de la plaza de Madison, que tiene por el Oeste, como gargantillas de brillantes, los hoteles más suntuosos... lo llevaban río abajo, entre inciensos y cánticos, los sacerdotes!"

P.L., 9-VI-87, tomo IV, núm. 681, pp. 1-2. *O.C.*, 13, pp. 490-502, procedente de *Nac.*, 2-VII-87, con fecha de "N.Y., 24-V-87", idéntica.

36] CORRESPONDENCIA PARTICULAR PARA "EL PARTIDO LIBERAL". Sumario: Una parada militar en Nueva York. El día de las Tumbas "Decoration

Day". Visita al Cementerio de los soldados. Entusiasmo público. Escenas. Concurrencias. Las calles. Trajes. El 7º Regimiento. El Gran Ejército de la República. Los negros. La gran parada en la Quinta Avenida.

N.Y., 1-VI-87. Señor Director de *El Partido Liberal*. México. "No pasaremos hoy por lo escondido de las montañas, donde anda pescando truchas, acompañado de su esposa, el Presidente... salió el sol, inundando de luz la gran escena, de entre el celaje amenazante y oscuro."

P.L., 23-VI-87, tomo IV, núm. 692, p. 1, *desconocida*.

37] CORRESPONDENCIA PARTICULAR PARA "EL PARTIDO LIBERAL". Sumario: La mujer norteamericana. La esposa del Presidente. El aniversario de sus bodas. Viaje a la casa de bodas. El Presidente pesca truchas. Su esposa busca nidos. Mrs. Cleveland en Washington. Una heroína. Las damas de Brooklyn y el Corregidor de la ciudad. Las damas quieren empleos en la Junta de escuelas. Una Junta curiosa. Los discursos. Estado de las escuelas. Actos notables de mujeres. Una oradora irlandesa arenga a los feligreses del Padre McGlynn. Las maestras alemanas. La Sociedad Antropológica de Señoras de Washington. Las mujeres de antes y las de ahora en los Estados Unidos. Matrimonios y excursiones. Una salida de los colegios. Vassar y sus fiestas. La joven norteamericana.

N.Y., 14-VI-87. Señor Director de *El Partido Liberal*. México. "¿Quién seguirá a Blaine, que viaja astutamente por Europa, para dar tiempo a que sus rivales caigan envueltos en las redes que le tienden?..., y, cargadas de flor, se entran por las ventanas de las alcobas las enredaderas."

P.L., 29-VI-87, tomo IV, núm. 696, pp. 1-2. *O.C.*, 11, pp. 211-220, procedente de *Nac.*, 10-VIII-87, con fecha de "N.Y., 10-VI-87", con adiciones y algunas variantes en el resto del texto.

38] CORRESPONDENCIA PARTICULAR PARA "EL PARTIDO LIBERAL". Sumario: México en los Estados Unidos. Sucesos referentes a México. Junta de la Liga de la Anexión en New York. Se ha de estudiar este país por todos sus aspectos. Cutting preside la "Compañía de Ocupación y Desarrollo del Norte de México." La anexión del Canadá. El *Sun* responde una pregunta sobre la anexión de México. Cutting con la Liga. Dos artículos sobre México en la revista de junio. "La Villa de Guadalupe" en el *American Magazine*. Artículo de Charles Dudley Warner en el *Harper's Magazine* sobre Morelia y Toluca. Warner como escritor. Importancia de su juicio en los Estados Unidos. En Toluca le asombra la agricultura. Morelia, como belleza natural, lo entusiasma. Su juicio hostil. "¡Piernas pobres!"

N.Y., 23-VI-87. Señor Director de *El Partido Liberal*. México. "Estos días han

sido mexicanos..., que México no ha de querer que le sea en las horas malas
enemigo!"

P.L., 7-VII-87, tomo IV, núm. 702, p. 2. *O.C.*, 7, pp. 50-57, texto de *P.L.*

39] CORRESPONDENCIA PARTICULAR PARA "EL PARTIDO LIBERAL". Sumario:
Interesantísimo proceso de un millonario, por soborno del Ayuntamiento de
New York. Una noche de verano. La vuelta de una isla vecina. Un "¡Extra!"
a media noche. La devolución de las banderas del Sur. El pánico de ayer
en la Bolsa. Jay Gould. El proceso del millonario Jacob Sharp, de setenta
años. Dramáticas escenas del proceso. Los abogados, el defendido y el juez.
Mujeres en el tribunal. El delito. La defensa. Elocuencia del acusador. Cómo
se obtienen en Nueva York las concesiones. Bastidores de las empresas y de la
política. Hábitos criminales de las Legislaturas. Tráfico de conciencias. Resumen áspero del juez. El jurado declara al reo culpable. Tristes escenas.
La vuelta a la cárcel. La esposa del reo. El carruaje con librea, a la puerta.

N.Y., 30-VI-87. Señor Director de *El Partido Liberal*. México. "Sin brisa ni
poesía, arde en New York, cargado de pestes el verano... Así acaban los
que por satisfacer su avaricia, corrompen a los hombres!"

P.L., 15-VII-87, tomo IV, núm. 709, p. 2. *O.C.*, 11, pp. 221-230, procedente
de *Nac.*, 1887, con fecha de "N.Y., 30-VI-87", con muchas variantes.

40] CORRESPONDENCIA PARTICULAR PARA "EL PARTIDO LIBERAL". Sumario:
Choque del Presidente y Gran Ejército. Se afirma la popularidad de Cleveland. Notable carta, y su efecto en la opinión. Los Veteranos en la Casa
Blanca. Hermosa escena en el campo de batalla de Gettysburg. Federales y
confederados reunidos visitan el campo. Detalles conmovedores. La procesión de carruajes. Honores sobre el campo a la viuda del general confede-
rado. Reminiscencia de la gran batalla. El 4 de julio. Procesión sombría.
Asesinato de negros en masa. Los negros en el Sur y en el Norte. Actitud
actual de los negros. Gravedad del problema de raza.

N.Y., 8-VII-87. Señor Director de *El Partido Liberal*. México. "El carácter
impera. La elocuencia brilla más... Es el albor de un problema formidable."

P.L., 26-VII-87, tomo IV, núm. 718, pp. 1-2. *O.C.*, 11, pp. 231-238, procedente
de *Nac.*, 16-VIII-87, con fecha de "N.Y., 8-VII-87", idéntica. Aunque en *P.L.*
aparece la fecha de *N.Y.*, como de *junio* debe ser errata evidente por *julio*
ya que si aceptamos el primer mes la crónica hubiera tardado 48 días en publicarse.

41] CORRESPONDENCIA PARTICULAR PARA "EL PARTIDO LIBERAL". Sumario:
La excomunión del Padre McGlynn. Curso del conflicto católico en los
Estados Unidos. Lucha inútil de McGlynn por introducir el espíritu y

prácticas de la democracia en la Iglesia Americana. Síntesis de los argumentos, discursos y escritos sobre el conflicto. Actitud de la población católica. Los secuaces del Padre. El día de la excomunión. La gente acude en procesiones a oír a McGlynn, y llena dos teatros. Extraordinaria escena en la Academia de música. Ovación sin ejemplo. Entrada del Padre. Incidentes conmovedores. Su doctrina. Su oratoria. Su discurso. "¡Contigo hasta la muerte!"

N.Y., 20-VII-87. Señor Director de *El Partido Liberal*. México. "Aquel sacerdote de vida pura que estudió la Iglesia con el filial cariño que tienen por ella los irlandeses y los polacos..., habrá sido al menos uno de los salvadores de la libertad."

P.L., 12-VIII-87, tomo IV, núm. 733, pp. 1-2. *O.C.*, 11, pp. 239-252, texto de *P.L.*, y publicada también en *Nac.*, 4-IX-87, bajo el título "El conflicto religioso de los Estados Unidos".

42] CORRESPONDENCIA PARTICULAR PARA "EL PARTIDO LIBERAL". Sumario: Varios sucesos. Trabajos preparatorios de los partidos políticos. El partido nuevo y los socialistas. Cleveland y los Demócratas. Blaine y su rival Sherman. Los temperantes. Una mujer, Mrs. Salters, Presidente de Ayuntamiento. Su vida. La vida de su pueblo. Los juegos. Tributo de Boston al púgil Sullivan. Los ejercicios de la milicia. El campamento. Organización del campamento y carácter de los ejercicios.

N.Y., 8-VIII-87. Señor Director de *El Partido Liberal*. México. "No ha habido en estos días suceso magno que tiente de veras a mover la pluma... El dolor es la sal de la gloria."

P.L., 25-VIII-87, tomo IV, núm. 743, pp. 1-2. *O.C.*, 11, pp. 253-260, texto de *P.L.*

43] CORRESPONDENCIA PARTICULAR PARA "EL PARTIDO LIBERAL". Sumario: Sobre la ciencia. Asamblea anual de la Sociedad para el adelanto de las Ciencias. Escenas de la Asamblea y sus trabajos y conclusiones principales. El Colegio de Columbia. Los preparativos para la Asamblea. Los miembros. Hombres y mujeres. Sabios notables. Las nueve secciones. Asuntos más interesantes. La educación industrial en las escuelas. La enseñanza científica en las escuelas públicas. Antigüedad del hombre americano. Un hacha de México. El invento nuevo de Edison. El hombre de África. Darwin en la Asamblea.

N.Y., 17-VIII-87. Señor Director de *El Partido Liberal*. México. "Los colegios están en New York abandonados durante el verano... Todo se afina, se purifica y crece."

P.L., 8-IX-87, tomo IV, núm. 755, pp. 1-2. *O.C.*, 11, pp. 271-278, texto de *P.L.*

44] CORRESPONDENCIA PARTICULAR PARA "EL PARTIDO LIBERAL". Sumario: Casos sueltos, movimiento político y convenciones curiosas. Revista de los últimos sucesos. Acontecimientos que se preparan. Las fiestas de la constitución en Philadelphia. Las tres convenciones. Los dos chimpancés. La convención de los sordomudos. Escenas de la convención, debates, discursos, baile. La despedida en el ferrocarril. La convención de los sociólogos. Sugestiones para mejorar el censo. Importancia de la veracidad del censo para la paz pública, y los demás problemas sociales. Dos damas entre los sociólogos. Concepción Arenal. La convención de los prohibicionistas. Anatema entusiasta del tráfico de bebidas. Importancia política de los prohibicionistas. Estrategia política. Ojeada sobre el Estado de los partidos. Grandes cambios probables.

N.Y., 4-IX-87. Señor Director de *El Partido Liberal*. México. "Ya se vuelven a Europa los duques pobres que vienen aquí todos los veranos a buscar esposa rica..., contra la bestial embriaguez, contra el enemigo público."

P.L., 27-IX-87, tomo IV, núm. 769, pp. 1-2. *O.C.*, 11, pp. 287-295, procedente de *Nac.*, 16-X-87, con fecha de "N.Y., 4-IX-87", idéntica.

45] CORRESPONDENCIA PARTICULAR PARA "EL PARTIDO LIBERAL". Sumario: El día del trabajo. Una fiesta nueva. Los obreros de gala. Tres procesiones. Los bomberos de antes. Procesión de los bomberos veteranos. Los alemanes ponen la primera piedra de un gran Turn-Verein. Procesión de niños alemanes. La gran parada de Broadway. La ciudad. La procesión. Los estandartes. Los gremios. "¡Más parques públicos!"

N.Y., 7-IX-87. Señor Director de *El Partido Liberal*. México. "Ha nacido un día nuevo... un carro que imitaba un parque pequeño, sembrado de árboles."

P.L., 29-IX-87, tomo IV, núm. 771, pp. 1-2. *O.C.*, 11, pp. 297-303, procedente de *Nac.*, 26-X-87, con fecha de "N.Y., 7-IX-87", con ligeras variantes.

46] CORRESPONDENCIA PARTICULAR PARA "EL PARTIDO LIBERAL". Sumario: Las ferias campestres. Sucesos principales. Maquinaria agrícola. La política en las ferias. La cura por la fe. Un santuario de creyentes. El milagro de nuestros días. La hermana Peterson. Fuerza del campo. Los anarquistas de Chicago. Se confirma la sentencia. Mujeres heroicas. La novela de Nina Van Zandt. Los presos.

N.Y., 22-IX-87. Señor Director de *El Partido Liberal*. México. "Estos son ya los últimos congresos de estos meses... si le matan a sus compañeros, se mata."

P.L., 7-X-87, tomo IV, núm. 778, p. 2. *O.C.*, 11, pp. 305-311, texto de *P.L.*

47] CORRESPONDENCIA PARTICULAR PARA "EL PARTIDO LIBERAL". Sumario: Las fiestas de la Constitución en Philadelphia. La procesión industrial. La

parada: la ceremonia de los discursos. Recuerdos históricos. Los Estados
Unidos antes de la Constitución. Razones para la nueva Constitución. División
y celos de los Estados. Nacionalistas contra Estadistas. Los grandes hombres
de la Convención. Oradores y políticos. Washington y Franklin. Hamilton,
Madison, Morris Randolf, Patterson, Martin. Los abogados de la Convención. Historia de las tres grandes transacciones. Los debates. La escena de
la firma. "¡Un sol que nace!"

N.Y., 28-IX-87. Señor Director de *El Partido Liberal*. México. "Por qué han
de describirse en día nublado las fiestas con que celebran los Estados Unidos el
aniversario de la constitución que los ha hecho gloriosos... Y vacío, porque
no hay nadie que pueda ocuparlo con justicia, cerraba la procesión el coche
dorado de Washington."

P.L., 27-X-87, tomo IV, núm. 795, pp. 1-2. *O.C.*, 13, pp. 313-327, texto de *P.L.*,
y publicada también en *Nac.*, 13-IX-87. El texto publicado en *P.L.* suprime 2 párrafos a pesar de que en *O.C.* el texto se da como procedente de
P.L.; se omiten el párrafo 5 y un trozo del párrafo núm. 3.

48] CORRESPONDENCIA PARTICULAR PARA "EL PARTIDO LIBERAL". Sumario:
Los sucesos de la semana. Cleveland de viaje. Los pájaros y la estatua de la
Libertad. New York en octubre. Política. Los partidos se preparan a las elecciones. Interioridades de las campañas políticas. Las mujeres en las elecciones. La reunión socialista. La policía y los socialistas. Desmanes de la policía. El país y los socialistas. Escenas de la reunión. El otoño.

N.Y., 18-X-87. Señor Director de *El Partido Liberal*. México. "Con los cielos
turbios y las hojas amarillas comienza aquí la estación de las conferencias, los
teatros y las selecciones... corretean las ardillas buscando nueces."

P.L., 6-XI-87, tomo IV, núm. 803, p. 1. *O.C.*, 11, pp. 313-319, texto de *P.L.*

49] CORRESPONDENCIA PARTICULAR PARA "EL PARTIDO LIBERAL". Sumario:
Historia íntima y curiosa de la política en New York. Victoria de los demócratas, y su trascendencia. El próximo Presidente. Reñidísima contienda sobre
el puesto de Fiscal. Los empleos y la política. El voto obrero y Henry
George. Las candelas. Escenas de un día de elecciones.

N.Y., 9-XI-87. Señor Director de *El Partido Liberal*. México. "Acaba de triunfar en elecciones reñidísimas el partido demócrata de New York... que corren
a recibir del aire el papel de oro escapado de las manos de un obrero que está
dorando un balcón vecino."

P.L., 26-XI-87, tomo IV, núm. 820, p. 2. *O.C.*, 11, pp. 321-329, procedente de
Nac., 29-XII-87, con fecha de "N.Y., 9-XI-87", con ligeras variantes.

50] CORRESPONDENCIA PARTICULAR PARA "EL PARTIDO LIBERAL". Sumario:
Resumen de hechos, esencial para formar juicio sobre este proceso extra-

ordinario. Frases nuevas de los Estados Unidos. Los obreros en el Oeste. Se
acentúa la división entre ricos y miserables. Orígenes, programa y métodos
de los anarquistas. Vida legal del anarquismo en Chicago. Bocetos de los
anarquistas muertos. Spies, Parsons, Engel, Fischer, Lingg. Organización
de los anarquistas. Las huelgas de marzo. Motín en el Camino Negro. La
policía mata a seis obreros. Gran agitación en la masa obrera. Los anarquistas convocan el "meeting de Haymarket". El meeting es pacífico. La policía
ataca. La bomba. Terror de Chicago y de la República. Se recuerda la
Revolución Francesa. Exceso y prisiones. Lingg en su cueva. El proceso. Sus
pruebas y faltas. El amor de Nina Van Zandt. La elocuencia de la mestiza
Lucy Parsons. La sentencia a muerte en horca. Movimiento tardío de cle-
mencia. Clamor de la República por la ejecución. Dos perdonados. Lingg se
suicida con una bomba de dinamita. Las despedidas, y la vela de la muerte.
La cárcel en la última noche. El corredor del cadalso. Engel recita a media
noche una poesía de Heine. La mañana. Fortaleza de los reos. Fischer canta
la Marsellesa horas antes de morir. Escenas finales, la procesión de las mor-
tajas y la muerte en la horca. Los funerales. Las cajas mortuorias. Dos días
de homenajes. Solemne séquito de anarquistas. Los ataúdes cubiertos de
coronas. 25 000 almas en el cementerio. Los discursos.

N.Y., 17-XI-87. Señor Director de *El Partido Liberal*. México. *a*) "Ni el miedo
a las justicias sociales ni la simpatía desmedida por los que las intentan... dice
que no le tiembla el brazo"; *b*) "Con tal lentitud, envidias y desorden intestinos iban en Chicago adelantando las fuerzas anárquicas... Está espantado
el país, repletas las cárceles"; *c*) "¿El proceso? Todo lo que va dicho se pudo
probar... seamos sagaces como las serpientes, e inofensivos como las palomas."

P.L., 27, 29 y 30-XII-87, tomo IV, núms. 843, 845 y 846, pp. 1-2, 1-2, y 1-2
respectivamente. *O.C.*, 11, pp. 331-356, procedente de *Nac.*, 1-I-88, con fecha
de "N.Y., 13-XI-87", con algunas variantes.

1888

51] ESTADOS UNIDOS. [Sumario: Apertura del Congreso. El mensaje de Cleveland al Congreso. El trastorno obrero y la inmigración. Los impuestos. La
lana. Las industrias.]

N.Y., 7-XII-87. Señor Director de *El Partido Liberal*. México. "¿Es insignificante y duro el cuadro nuevo de Munkaczy, 'Cristo en el Calvario'... republicanos y demócratas, deslumbrados y aturdidos, como bajo el látigo, se plegan
ante el flagelo de este florete envuelto en piel de oso".

P.L., 11-I-88, tomo V, núm. 855, pp. 1-2, *desconocida*.

52] CORRESPONDENCIA PARTICULAR PARA "EL PARTIDO LIBERAL". [Sumario:
La propiedad de la tierra y la propiedad literaria. Chickering. Poetas ausen-

tes. Mark Twain. Longfellow. Un banquete en el Delmónico. Andrew Carnegie, autor de *La democracia triunfante*, habla del problema obrero.]

N.Y., 15-XII-87. Señor Director de *El Partido Liberal*. México. "Quien lee con cuidado los periódicos de estos días, los boletines del Congreso, los informes de los Secretarios del Presidente, ve por ellos, cómo en los Estados Unidos, lo mismo que en Inglaterra, el correo produce más mientras más barato es... Grönlund, elocuente socialista alemán, que diseñó con palabra feliz ante las damas en seda y en plumas un mundo de oro, como su barba."

P.L., 22-I-88, tomo v, núm. 865, p. 1. *O.C.*, 11, pp. 365-370, texto de *P.L.*, y 361-363, procedente de *Nac.*, 29-I-88, con fecha de "N.Y., 15-XII-87", con ligeras variantes.

53] JUAN JOSÉ BAZ (UN MEXICANO ILUSTRE).

"México, el México vivo... la historia como gran ciudadano."

P.L., 24-I-88, tomo v, núm. 866, p. 1. Sin firma; pero al pie la indicación de que es reproducción de *Ec. Am.*, de donde, en efecto, XII-87, procede en *O.C.*, 8, pp. 199-200. La carta de Martí para Manuel A. Mercado, "N.Y., 9-XII-87", en *O.C.*, 20, p. 120, dice: "Ayer escribí para *El Economista*, que sale siempre tarde y de abriles a eneros, unas líneas sobre la muerte de Juan José Baz"; lo que comprueba la autoría de Martí. Con firma de Martí en *El Lunes*, México, 16-II-88, según el Dr. A. Herrera Franyutti.

54] CORRESPONDENCIA PARTICULAR PARA "EL PARTIDO LIBERAL". Sumario: La pascua de antes y la de ahora. La pascua de Sing Sing. Los banquetes. La cena en el Colegio. El muérdago. San Nicolás y los niños. El árbol de pascuas, la caridad, la niña descalza. Los juguetes de antaño. Las alcancías nuevas. Los juguetes yankees.

N.Y., 25-XII-87. Señor Director de *El Partido Liberal*. México. "Washington teme en estos días perder a Corcorán, a su filántropo... Así, desde los juguetes del niño se elaboran los pueblos."

P.L., 1-II-88, tomo v, núm. 873, pp. 1-2. *O.C.*, 11, pp. 371-377, procedente de *Nac.*, 12-II-88, con fecha de "N.Y., 25-XII-87", con ligeras variantes.

55] CORRESPONDENCIA PARTICULAR PARA "EL PARTIDO LIBERAL". Sumario: Apuntes de interés para el arte en México. Exhibición de acuarelas. Caracteres propios y adelanto extraordinario del arte yankee. La escuela de la luz. México en la exhibición. Los cuadros mexicanos de Hopkinson Smith.

N.Y., 27-I-88. Señor Director de *El Partido Liberal*. México. "Era hace pocos años motivo de tristeza en Nueva York una exposición de autores indígenas... no a todos es dado asir la luz de América!"

P.L., 18-II-88, tomo v, núm. 886, pp. 1-2. *O.C.*, 13, pp. 479-484, procedente de *Nac.*, 13-III-88, con fecha de "N.Y., 27-I-88", con algunas variantes.

56] CORRESPONDENCIA PARTICULAR PARA "EL PARTIDO LIBERAL". NEW YORK BAJO LA NIEVE. CATÁSTROFE Y PÁNICO. Sumario: La ventisca. El estrago. La ciudad muerta. Los caminantes. Escenas notables y actos de heroísmo. Un incendio. La ciudad resucita.

N.Y., 14-III-88. Señor Director de *El Partido Liberal.* México. "Ya se había visto, colgando su nido en una araucaria del Parque Central, la primera oropéndola... Pero se siente la humildad inmensa y una bondad súbita como si la mano de que ha de temer, se hubiese posado a la vez sobre todos los hombres."

P.L., 28-II-88, tomo v, núm. 918, p. 2. *O.C.*, 11, pp. 415-422, procedente de *Nac.*, 27-IV-88, con fecha de "N.Y., 15-III-88", con ligeras variantes.

57] CORRESPONDENCIA PARTICULAR PARA "EL PARTIDO LIBERAL". GRAN BAILE EN NUEVA YORK. CRÓNICA DE LAS BODAS DE PLATA DEL FAMOSO CLUB "UNION LEAGUE". Sumario: Origen del Club. El edificio. La arquitectura americana. El baile. La entrada. El vestuario de señoras. Los salones. Notas sobre los vestidos. Carácter dominante de la fiesta. Apuntes curiosos. Recuerdos de otros bailes. La galería de cuadros. Cuadros célebres. "El Estudio" de Munkaczy: Gérôme: Delacroix: Neville: Jiménez Aranda: Jacque. La cena. Camovito. Manjares y adornos.

N.Y., 10-II-88. Señor Director de *El Partido Liberal.* México. "En años no se ha visto fiesta tan sonada como la que hace tres días celebró el famoso Club Union League para conmemorar sus bodas de plata... Sobre una pirámide de faisanes y de pollos dominaba el conjunto, extendida la cola, un pavo real."

P.L., 3-III-88, tomo v, núm. 898, pp. 1-2. *O.C.*, 11, pp. 389-398, procedente de *Nac.*, 8-IV-88, con fecha de "N.Y., 7-II-88", con algunas variantes.

58] CORRESPONDENCIA PARTICULAR PARA "EL PARTIDO LIBERAL". Sumario: Gran carrera de caminadores. Un mexicano en la carrera. Guerrero, el tercero entre sesenta y siete. El circo. La concurrencia. Las carreras. Los caminadores. Sus alimentos. Su aspecto. Sus sufrimientos. Escenas notables. 600 millas en seis días. Albert y Guerrero.

N.Y., 12-II-88. Señor Director de *El Partido Liberal.* México. "¡Guerrero, Guerrero el mexicano va a la cabeza!... y botellas de champagne descabezadas."

P.L., 8-III-88, tomo v, núm. 902, pp. 1-2. *O.C.*, 11, pp. 399-406, procedente de *Nac.*, 15-IV-88, con fecha de "N.Y., 12-II-88", con algunas variantes.

59] CORRESPONDENCIA PARTICULAR PARA "EL PARTIDO LIBERAL". BLAINE RETIRA
SU CANDIDATURA A LA PRESIDENCIA. Sumario: Efecto de una retirada. Ojeada
sobre la situación política. La reelección de Cleveland.

N.Y., 17-II-88. Señor Director de *El Partido Liberal.* México. "Este mes de
nidos para los pájaros; de 'valentines' o envites de amor para los jóvenes. . .
También él quiere política cesárea, república aristocrática, mano alta con los
pobres, y 'tender las alas del águila' hacia el Norte —y hacia el Sur."

P.L., 21-III-88, tomo v, núm. 912, pp. 1-2. *O.C.,* 11, pp. 407-413, procedente
de *Nac.,* 22-IV-88, con fecha de "N.Y., 27-II-88", con muchas variantes.

60] CORRESPONDENCIA PARTICULAR PARA "EL PARTIDO LIBERAL". CARACTERES
NORTEAMERICANOS. Sumario: "El benévolo" Henry Bergh. Su amor a los
animales. Su sociedad. Su carácter, vida y muerte. "El filósofo platónico";
Amos Bronson Alcott. El platonismo en los Estados Unidos. Hombres naturales. Reforma en la enseñanza. La famosa "Temple School". Su doctrina,
vida y muerte.

N.Y., 16-III-88. Señor Director de *El Partido Liberal.* México. "En el día
mismo de la gran tormenta, cuando los caballos caían de rodillas en las calles
tanto por el cansancio como por el terror. . . Con ella en los labios ha muerto.
Fue mal hombre de negocios."

P.L., 7-IV-88, tomo v, núm. 925, pp. 1-2. *O.C.,* 13, pp. 329-333, procedente
de *Nac.,* 29-IV-88, con fecha de "N.Y., 15-III-88", y pp. 185-190, sin indicar
procedencia. Pero la versión del *P.L.* da los dos temas en la entrega citada y
presenta muchas variantes.

61] CORRESPONDENCIA PARTICULAR PARA "EL PARTIDO LIBERAL". PÁEZ. Su-
mario: Translación solemnísima de los restos del General Páez a Venezuela.
La parada militar. El embarque. El homenaje de New York. La vida de
Páez. Sus orígenes. Su pujanza. Sus hazañas. Sus llaneros. Su modo de pelear.
Su lanza. El Coplé. Las Queseras. Carabobo. Recuerdos épicos.

N.Y., 28-III-88. Señor Director de *El Partido Liberal.* México. "¿Por qué este
sol riente, este fragor de artillería, este clamor de clarines, este llegar de carruajes, este alinear de tropas. . . Llora en el muelle un negro colombiano."

P.L., 26-IV-88, tomo v, núm. 941, pp. 1-2. *O.C.,* 8, pp. 209-219, procedente
de *Nac.,* 13-V-88, con fecha de "N.Y., 24-III-88", con muchas variantes.

62] CORRESPONDENCIA PARTICULAR PARA "EL PARTIDO LIBERAL". LOS SUCESOS
DE LA SEMANA. Sumario: El problema obrero. Sus progresos y sus cismas.
Crisis de la República. Casos curiosos. La rebaja de la tarifa. Argumentos en
pro y en contra. El informe de la comisión sobre el proyecto de rebaja.
El problema nacional. Importancia política del debate. Cleveland y su
partido.

N.Y., 9-IV-88. Señor Director de *El Partido Liberal*. México. "Quien viera ahora de alto, y con larga vista, lo que sucede en esta nación, notaría... Y echar a Cleveland de la Casa Blanca es lo que a diente y uña procuran aquellos demócratas que lo ven con miedo crecer entre sus garras, como si le aprovechasen las mordidas. ¡Y le aprovechan!"

P.L., 16-V-88, tomo V, núm. 956, pp. 1-2. *O.C.*, 11, pp. 433-440, procedente de *Nac.*, 26-V-88, con fecha de "N.Y., 10-IV-88", con adiciones y muchas variantes. Al parecer Martí envió por un mismo correo a Bs.As. las crónicas 61 y 62 y en *Nac.* le dieron preferencia a la segunda.

63] CORRESPONDENCIA PARTICULAR PARA "EL PARTIDO LIBERAL". LA RELIGIÓN EN LOS ESTADOS UNIDOS. Sumario: Condición espiritual del país. Las religiones y sus métodos. Los cleros regulares y la religión popular. La cuaresma en los Estados Unidos. Propaganda religiosa. Extravagancias. La Orden de las Hijas del Rey. La sacerdotisa de los salones y Mrs. Cleveland. Escenas singulares de una "campaña de conversión de los metodistas". Ejemplo de oratoria religiosa.

N.Y., 22-IV-88. Señor Director de *El Partido Liberal*. México. "¡No aseguraría yo —dice el americano Clark en su *Derecho original del hombre*—, no aseguraría yo los negocios de los Estados Unidos, si los monopolios siguen como van, ni con un premio de cincuenta por ciento!... ¡ha recibido 'el choque de la gloria'!"

P.L., 20-V-88, tomo V, núm. 960, pp. 1-2. *O.C.*, 11, pp. 423-432, procedente de *Nac.*, 17-V-88, con fecha de "N.Y., 8-IV-88", con muchas variantes.

64] CORRESPONDENCIA PARTICULAR PARA "EL PARTIDO LIBERAL". EL ORADOR ROSCOE CONKLING. Sumario: Muerte de Conkling. Notabilísima figura política. Su carácter, carrera pública y oratoria. Amistad de Grant y Conkling. Rivalidad de Blaine y Conkling. Por qué fueron nombrados Garfield y Arthur. Las rencillas del Partido Republicano. Historia íntima de la política norteamericana.

N.Y., 5-V-88. Señor Director de *El Partido Liberal*. México. "Jamás hubo ejemplo tan patente de la esterilidad del genio egoísta, como el orador magnífico que ha muerto ayer, el comisario imperial de Grant, el cismático en la presidencia de Garfield, el enemigo implacable de Blaine, el más gallardo y literario de los oradores de los Estados Unidos, Roscoe Conkling... La Nación lo ha honrado como a un prócer, y la ciudad lo ha velado como a un hijo. Su derrota fue su gloria. Comenzó a ser grande cuando dejó de ser ambicioso."

P.L., 9-VI-88, tomo V, núm. 976, pp. 1-2. *O.C.*, 13, pp. 173-183, procedente de *Nac.*, 19-VI-88, con fecha de "N.Y., 25-IV-88"; idéntica.

65] CORRESPONDENCIA PARTICULAR PARA "EL PARTIDO LIBERAL". UNA CAMPAÑA PRESIDENCAL EN LOS ESTADOS UNIDOS. CARTA I. [Sumario:] La Convención Democrática de New York. Cleveland y la Presidencia. La reelección presidencial en los Estados Unidos. Cleveland y Hill. ¿Será reelecto Cleveland? New York por Cleveland.

N.Y., 18-V-88. Señor Director de *El Partido Liberal*. México. "Como quien sale de un espectáculo de domadores, se salía ayer de la Convención Democrática del Estado de New York... Ha demostrado la energía de la honradez y la soberanía de la razón."

P.L., 13-VI-88, tomo v, núm. 979, pp. 1-2. *O.C.*, 11, pp. 451-458, procedente de *Nac.*, 30-VI-88, con fecha de "N.Y., 17-V-88", suprime los tres primeros párrafos y el resto de la crónica presenta ligeras variantes.

66] CORRESPONDENCIA PARTICULAR PARA "EL PARTIDO LIBERAL". UNA CAMPAÑA PRESIDENCIAL EN LOS ESTADOS UNIDOS. CARTA II. [Sumario:] Una convención del Estado. El *caucus*. Organización de los partidos. Cómo funcionan. Cómo se preparan las elecciones. Quién designa los candidatos. Influjo de la opinión en los partidos. Influjo del interés de los partidos en la política. Influjo del Gobierno en los partidos. La política pública y la privada. "La Convención." El Presidente, un jesuita laico. El escenario. El político de oficio. El "newsboy". Un poco de sangre. Procedimientos y resoluciones de la Convención. "Por Cleveland y la reforma de los aranceles." El orador Dougherty.

N.Y., 28-V-88. Señor Director de *El Partido Liberal*. México. "Veamos hoy cómo designa la Convención del Estado de un partido político, del demócrata, su candidato a la Presidencia... Los músicos guardan los instrumentos en sus fundas verdes y cajas negras. Corren, atropellándolo todo, los mensajeros."

P.L., 21-VI-28, tomo v, núm. 986, pp. 1-2. *O.C.*, 11, pp. 459-471, procedente de *Nac.*, 28-VII-88, con fecha de "N.Y., 1-VI-88", con muchas variantes.

67] CORRESPONDENCIA PARTICULAR PARA "EL PARTIDO LIBERAL". EL CONGRESO DE ANTROPOLOGÍA EN NEW YORK. Sumario: Los estudiantes de New York. Los científicos. El aula del Congreso. Cómo entierran los estudiantes el año. Trabajos presentados al Congreso. Carácter espiritual de la ciencia contemporánea. El darwinismo entre los antropólogos. Automatismo mental. La doctrina de la herencia. No hay formas craneanas especiales que excusen el crimen. La medicina psicológica. La fuerza psíquica en la práctica médica. Origen del hombre americano. Los descubridores de América. Los chinos en México. El príncipe Bonaparte.

N.Y., 6-VI-88. Señor Director de *El Partido Liberal*. México. "Quédense atrás por hoy las noticias políticas, el proceso de ineptitud que la Junta de Educación tiene abierto contra el Superintendente de las Escuelas Públicas... Y Bonaparte el príncipe, decía esto de pie, olvidado de pompas, entusiasta como un escolar, dibujando en la pizarra del aula con la mano ejercitada el círculo búdhico."

P.L., 28-VI-88, tomo v, núm. 992, p. 1. *O.C.*, 11, pp. 473-481, procedente de
Nac., 2-VIII-88, con fecha de "N.Y., 18-VI-88"; idéntica.

68] CORRESPONDENCIA PARTICULAR PARA "EL PARTIDO LIBERAL". LA MUERTE
DE UN LIBREPENSADOR. [Sumario:] El positivista Courtland Palmer. El millonario socialista. La escena de su muerte. El positivismo en los Estados Unidos. El Club del Siglo Diez y Nueve. La aristocracia de New York en el Club.
Los funerales. El discurso del ateo Ingersoll. Los funerales religiosos. La
cremación.

N.Y., 27-VII-88. Señor Director de *El Partido Liberal*. México. "¡Ven, esposa!
¡Ven, hijo!... Cuando invitaron a los amigos, sentados silenciosamente en la
sala de espera, a ver el cadáver por los postigos del horno, revoleteaban por
sobre la sábana blanca muchas llamas azules."

P.L., 9-VIII-88, tomo VI, núm. 1026, pp. 1-2. *O.C.*, 13, pp. 347-355, procedente de *Nac.*, 9-IX-88, con fecha de "N.Y., 28-VII-88"; idéntica.

69] CORRESPONDENCIA PARTICULAR PARA "EL PARTIDO LIBERAL". Sumario:
La bahía en verano. Una excursión de los niños pobres. El verano en los
barrios bajos. De New York, en vapor, a la orilla del mar. La vida en los hoteles. Monumentos. La política. Las elecciones presidenciales. Preparativos
para la vuelta del Blaine. El traje de lana de $70. Esfuerzos de los republica-
nos. 300 inmigrantes devueltos a Italia. El Presidente, de pesca.

N.Y., 3-VIII-88. Señor Director de *El Partido Liberal*. México. "No es el estío
de New York odioso por lo que arde, que mientras dura el león del cielo es
mucho, sino por lo que atormenta a la gente infeliz, que no tiene más desahogo
que el techo de las casas, caldeado por el día, y el fresco de las baldosas, que
con la luz de la luna parecen menos quebradas y miserables... El presidente
lleva un traje de hule amarillo."

P.L., 17-VIII-88, tomo VI, núm. 1032, pp. 1-2. *O.C.*, 12, pp. 21-28, procedente de *Nac.*, 19-IX-88, con fecha de "N.Y., 3-VIII-88", idéntica.

70] CORRESPONDENCIA PARTICULAR PARA "EL PARTIDO LIBERAL". MUERTE DEL
GENERAL SHERIDAN. Sumario: Sheridan. Boceto de su vida. Su infancia.
Sheridan en el Colegio Militar. Preparación. La guerra. Batallas notables.
La defensa de Stone River. El magnífico asalto de Chattanooga. La carrera
del caballo de Rienzi. Acción famosa de Cedar Creek. La caballería en la
guerra. Cómo rehízo Sheridan la caballería. Vence, y devasta el valle de She-
nandoah. Acorrala a Lee sobre Apomattox. Es el general poético de la guerra.
"¡Ira de Dios!" "¡Por la paz y por la ley, muchachos!" Ojeada sobre sus
tiempos y carácter.

N.Y., 8-VIII-88. Señor Director de *El Partido Liberal*. México. "La cabeza
redonda, pelada al rape, pesa sobre el cojín como una bala de cañón... Pero

cuando ofendía en las filas sin razón a un oficial valiente, él, el mayor general, en las filas le iba a pedir perdón, sombrero en mano!"

P.L., 26-VIII-88, tomo VI, núm. 1040, pp. 1-2. *O.C.*, 13, pp. 117-128, procedente de *Nac.*, 3-X-88, con fecha de "N.Y., 18-VIII-88", con ligeras variantes.

71] CORRESPONDENCIA PARTICULAR PARA "EL PARTIDO LIBERAL". CALORES DE AGOSTO. Sumario: La "bola de Harrison". Llegada de Blaine. Regata de vapores. Los fidómanos. Muerte de la hermana Wade. "¡La fe lo cura todo!" El mercader en el templo. "El voto para las mujeres." Belva Lockwood, propuesta por su partido para la Presidencia. Su empleo. Lo que espera. Treinta esqueletos prehistóricos. El sorbete mexicano.

N.Y., 18-VIII-88. Señor Director de *El Partido Liberal*. México. "Esta ha sido semana de calores asesinos, entierros extraordinarios y llegadas triunfantes... Le llaman el *mexican sherbet*. Bulle y aroma. Es un rico carmín. No tienen manos para vender el sorbete mexicano."

P.L., 2-IX-88, tomo VI, núm. 1046, p. 1; *desconocida.*

72] CORRESPONDENCIA PARTICULAR PARA "EL PARTIDO LIBERAL". [Sumario: Agosto en los Estados Unidos. Fiesta de sociedad. Bodas indígenas. El naufragio de los suecos. Antiguas migraciones hacia América. *El vivo o el muerto*, de Amelie Rives.]

N.Y., 22-VIII-88. Señor Director de *El Partido Liberal*. México. "Desde que la cigarra aparece, echándose en cara machos y hembras en incesante diálogo la culpa de traer tras sí los primeros fríos de otoño... Y en esta tierra puritánica, donde no pueden aún llamarse por su nombre las piezas de ropa interior, y donde se casan muchas viudas, ha levantado gran escándalo, durable y terco escándalo, esta obra desordenada y poderosa de una mujer de veintitrés años."

P.L., 13-IX-88, tomo VI, núm. 1054, p. 1. *O.C.*, 12, pp. 29-37, procedente de *Nac.*, 6-X-88, con fecha de "N.Y., 22-VIII-88", idéntica.

73] CORRESPONDENCIA PARTICULAR PARA "EL PARTIDO LIBERAL". UNA CAMPAÑA PRESIDENCIAL EN LOS ESTADOS UNIDOS. CARTA III. Sumario: Ojeada general. La peregrinación de Blaine. Excursión oratoria del candidato Thurman. El anciano Thurman. Los oradores en la campaña presidencial. Departamento de oradores. Oradores a salario. Un millón de pesos en oratoria. La oratoria de Blaine. El asunto de las pesquerías del Canadá. Mensaje notable de Cleveland y su influjo en la campaña.

N.Y., 31-VIII-88. Señor Director de *El Partido Liberal*. México. "Levantan los escoceses con gran ceremonia una estatua a su poeta Robert Burns, que tuvo el verso musical, la vida infeliz y el alma brava... Un coro de jóvenes cerca a Thurman y no lo deja ir hasta que a cada una le da un beso. Van venciendo los demócratas."

P.L., 23-IX-88, tomo vi, núm. 1063, p. 1. *O.C.*, 12, pp. 39-47, procedentes de *Nac.*, 11-X-88, con fecha de "N.Y., 30-VIII-88"; idéntica.

74] LA INMIGRACIÓN EN LOS ESTADOS UNIDOS Y EN HISPANOAMÉRICA. AVISO A MÉXICO.

"Corre por estos diarios norteamericanos... urge vigilar mucho y enseguida, porque nos van a querer poblar con criminales."

P.L., 26-IX-88, tomo vi, núm. 1065, pp. 1-2. Sin firma; pero al pie la indicación de que es reproducción del *Ec. Am.*, donde Martí comenzó a colaborar desde fines de 1887 y principios de 1888 (cf. sus artículos sobre "Juan José Baz, un mexicano ilustre", diciembre de 1887; "Eloy Escobar", febrero de 1888; y "Juan de Dios Peza", del mismo año, en *O.C.*, 8). El tema de la inmigración fue desarrollado por Martí en varias ocasiones y con la misma preocupación que en la presente pieza (cf. "Sobre inmigración", en *Am.*, junio de 1883; "Inmigración", septiembre del mismo año; "Inmigración Italiana", octubre *idem.*; "Trabajadores franceses", noviembre *ibid.*; "De la inmigración inculta y sus peligros", febrero de 1884; todo en *O.C.*, 8). Por el tema y la procedencia, por el estilo y su especial "Aviso a México", no dudamos en atribuir a Martí esta pieza *desconocida*.

75] CORRESPONDENCIA PARTICULAR PARA "EL PARTIDO LIBERAL". Sumario: Septiembre. Primeros fríos. Los novios y las montañas. Los montes famosos de Catskill. Los cazadores. Las hojas de castaño y los estudiantes. Exceso de educación física. Amelie Rives. Actores. La fiebre amarilla en Jacksonville. Los encapuchados. Hermanos de la Caridad sin cofia. Muerte de un periodista. La carta de Cleveland. Su mérito y su belleza literaria. Acepta la candidatura, y aboga por la reducción moderada de la tarifa, con respecto a los intereses creados.

N.Y., 12-IX-88. Señor Director de *El Partido Liberal*. México. "Vuelven al Sur las golondrinas, a su desnudez los árboles y a las ciudades los viajeros... Los caballos llevan el freno en la boca, y los hombres en el chaleco. El corazón empuja y el chaleco guía. Y las leyes, para ser viables, se han de hacer a la medida del chaleco."

P.L., 27-IX-88, tomo vi, núm. 1066, p. 1. *O.C.*, 12, pp. 49-57, procedente de *Nac.*, 2-XI-88, con fecha de "N.Y., 24-IX-88", con ligeras variantes.

76] CORRESPONDENCIA PARTICULAR PARA "EL PARTIDO LIBERAL". [Sumario: El mes de octubre y las elecciones. La quinta de Oak Views. El Caballero Plumado. Los pobres enfermos de Jacksonville, las próximas heladas y la fiebre amarilla. Coquelin en New York. La ambición en Nueva York. La boda de Yuet Sing.]

N.Y., 29-IX-88. Señor Director de *El Partido Liberal*. México. "La política hierve y apenas hay oídos más que para ella. Ya se entra en octubre, el mes decisivo... Y luego es lo más bello de la boda en que los chinos se parecen a los indios: la novia va a pedir la bendición al chino más anciano."

P.L., 14-X-88, tomo VI, núm. 1081, p. 1. *O.C.*, 12, pp. 59-65, procedente de *Nac.*, 17-XI-88, con fecha de "N.Y., 6-X-88", con adiciones y en el resto de la crónica ligeras variantes.

77] CORRESPONDENCIA PARTICULAR PARA "EL PARTIDO LIBERAL". UN DÍA EN NEW YORK. [Sumario:] Un suicida de la bolsa. La vida del bolsista. "El palacio de maíz." La arquitectura en los Estados Unidos. Las muñecas de maíz y los ferrocarriles. "¡Respeto a los inválidos!" Lo que gastan los Estados Unidos en pensiones de Guerra. Cifras sorprendentes. Los inválidos de "Snug Harbor". La manía de las pensiones. Sucesos varios.

N.Y., 30-IX-88. Señor Director de *El Partido Liberal*. México. "¡Un día en New York! Amanece, y ya es fragor. Sacan chispas de las piedras los carros que van dejando a la puerta de cada sótano el pan y la leche... cien niñas esperan cuchicheando en la sombra del portal, a que se abra la escuela gratuita de Artes."

P.L., 21-X-88, tomo VI, núm. 1087, pp. 1-2. *O.C.*, 12, pp. 67-74, procedente de *Nac.*, 22-XI-88, con fecha de "N.Y., 7-X-88"; idéntica.

78] NEW YORK EN OCTUBRE. ACTORES. PASEOS. ROBOS. LA RIQUEZA EN LOS ESTADOS UNIDOS.

"La política hierve, y apenas hay oídos más que para ella... la novia va a pedir la bendición al chino más anciano."

P.L., 2-XI-88, tomo VI, núm. 1097, p. 1. Sin firma, pero fechada en "N.Y., oct. 6, 1888" en *Nac.*, 17 de noviembre de 1888, de donde pasa a *O.C.*, 12, pp. 65-66. Por indudable error se omitió la firma de Martí en *P.L.*

79] CORRESPONDENCIA PARTICULAR PARA "EL PARTIDO LIBERAL". NOCHE DE BLAINE. Sumario: Una asamblea de elecciones. La escena en el Juego de Pelota. Los alrededores y el gentío. Comentarios públicos. Oratoria. La Oratoria del gobernador Foraker. Blaine. Su aparición. Su carácter. Su continente. Su mirada. El discurso. Oratoria teatral.

N.Y., 20-X-88. Señor Director de *El Partido Liberal*. México. "Era como el mar. Allá en el fondo, en la gradería cubierta, como un monte de granos de maíz negro, se apiñaba la gente sentada... Llega tarde, echa a un lado el abrigo, avanza sobre la barandilla, mira fijamente, habla sin un solo descanso, recoge la tesis en una sentencia deslumbrante y súbita, y el auditorio queda suspenso, y casi sin aplaudir, mientras él vuelve a su gabán, y desaparece."

P.L., 8-XI-88, tomo VI, núm. 1101, p. 1. *O.C.*, 13, pp. 357-364, procedente de *Nac.*, 10-XII-88, con fecha de "N.Y., 20-X-88"; idéntica.

80] CORRESPONDENCIA PARTICULAR PARA "EL PARTIDO LIBERAL". GRAN FUNE-
RAL CHINO EN NEW YORK. LI YU DOO, SOLDADO DE LA LIBERTAD, GENERAL
CHINO. Sumario: Otros sucesos. La carta del ministro inglés y la cuestión de
la naturalización. ¿Conviene darse prisa a naturalizar a los extranjeros? El
Mayor de New York y la naturalización. Li Yu Doo. Su historia y sus méritos. Su religión. Los chinos de New York. La masonería china. Mott Street
el día de los funerales. Las ceremonias en la sala mortuoria. La procesión
funeral. Trajes, banderas y música china. Los tres generales en su vestido
de pelea. Símbolos de la religión liberal. El caballo del muerto. El entierro.
La pira funeral. Escenas en el cementerio. Cómo es una sepultura china.
Flores y comida. Djinn inmortal.

N.Y., 28-X-88. Señor Director de *El Partido Liberal*. México. "Por un instante
cesó el afán de la policía, y abrió paso New York a los chinos vestidos de
colores que con magnas honras a la usanza asiática, seguían el féretro del general ilustre de los Pabellones Negros, de Li Yu Doo, que se les ha muerto en los
brazos... viendo de cerca en su espíritu puro a los que amó en la vida, inter-
cediendo porque el hombre sea bueno y China libre, y favoreciendo a sus
conocidos y parientes con dádivas y milagros."

P.L., 18-XI-88, tomo VI, núm. 1110, p. 1. *O.C.*, 12, pp. 75-83, procedente de
Nac., 16-XII-88, con fecha de "N.Y., 29-X-88", con adiciones y ligeras variantes.

81] CORRESPONDENCIA PARTICUAR PARA "EL PARTIDO LIBERAL". LA ELECCIÓN
DE PRESIDENTE. Sumario: Cleveland y su partido. Causas, instrumentos y tras-
cendencias de la derrota de Cleveland. "La campaña de elecciones." Los
argumentos. El dinero en la política. Cleveland en una procesión. Últimas
procesiones. Caracteres y escenas. La traición, la "trata", y el "acuchilleo".
Los demócratas contra Cleveland. Alianza de los monopolios republicanos y
de los demócratas descontentos. "Un día de elecciones." Una casilla honrada. Las garitas. Un distrito ebrio. Venta y compra de votos. Las cuatro
de la tarde. La procesión de los chicuelos. Escenas de la noche. Himno de
Harrison.

N.Y., 8-XI-88. Señor Director de *El Partido Liberal*. México. "Acaba de ser
electo el Presidente. Unos pasean por la ciudad con el sombrero a la nuca, la
mano triunfante en la hombrera del chaleco, y colgado de la solapa, en plumas
o en cartón, el gallo de la victoria... El anciano colérico, dijo a su amiga
de los crespos blancos: ¡Vamos!"

P.L., 24-XI-88, tomo VI, núm. 1115, pp. 1-2. *O.C.*, 12, pp. 85-100, procedente
de *Nac.*, 11-XII-88, con fecha de "N.Y., 2-XI-88", con adiciones y en el
resto del texto algunas variantes.

82] CORRESPONDENCIA PARTICULAR PARA "EL PARTIDO LIBERAL". REVISTA DE
SUCESOS MENORES. Sumario: La escuela industrial. Enseñanza de oficios en

las escuelas públicas. Las escuelas de Auchmulty. "El día de Gracias." Una comida entre ricos. Herederas y lores. Un abuelo travieso. Obispo elegante. Origen de la fiesta. La fiesta de Lincoln.

N.Y., 3-XII-88. Señor Director de *El Partido Liberal*. México. "Como la tierra son los sucesos, que luego que se levantan, a la manera de las montañas, en eminencia donde el suelo se empina y acumula, quedan por cierto espacio regulares y quietos, como las llanuras, que a poco se hinchan otra vez, primero en colinas y en cerros en seguida, y van elaborando a ondas crecientes la majestad del nuevo monte... También va el abuelo, a oír música alemana. También, en el coche de la dueña, con su gabán de piel de foca, va el obispo."

P.L., 16-XII-88, tomo VI, núm. 1132, p. 1. *O.C.*, 12, pp. 103-108, procedente de *Nac.*, 1-II-89, con fecha de "N.Y., 6-XII-88", con adiciones y muchas variantes.

83] "RAMONA." NOVELA AMERICANA DE HELEN JUNT [*sic*] JACKSON. TRADU-CIDA DEL INGLÉS POR JOSÉ MARTÍ.

"Este es el título de una presea literaria... [Se reproduce a continuación el prólogo de *Ramona*, de Martí, y se anuncia lo siguiente:] Próximamente nuestro compañero El Duque Job emitirá su juicio acerca de la obra."

P.L., 16-XII-1888, tomo VI, núm. 1132, p. 2. Es el mismo texto que figura en *O.C.*, 24, pp. 203-205. La colaboración de El Duque Job, "Humoradas dominicales. *Ramona*. Novela americana por Helen Hunt Jackson; traducción española de José Martí", apareció también en *P.L.*, 23-XII-1888, tomo VI, núm. 1138, p. 1. Este prólogo de Martí apareció también en *El Lunes*, México, 13-VIII-88, con fecha "N.Y., IX-87", según el Dr. A. Herrera Franyutti.

84] CORRESPONDENCIA PARTICULAR PARA "EL PARTIDO LIBERAL". VARIEDADES. Sumario: "Fiestas de poetas." Los poetas nacionales. El Burns de los escoceses. El Hebbel alemán. La anexión del Canadá a los Estados Unidos. Lo que piensan los canadienses franceses. Y los ingleses. Tarifa, y patria. "Junta de religiones." Las religiones tristes. ¿Por qué va tan poca gente a las iglesias? La catedral protestante. El catolicismo y el protestantismo. "Las hijas del Rey." Bella obra de caridad. Iglesia práctica de mujeres piadosas. Cincuenta mil en grupos de diez. Su objeto y sus métodos.

N.Y., 4-XII-88. Señor Director de *El Partido Liberal*. México. "El plagio de un jugador de oficio, a quien un diario vil por respetos a su bolsa, llama mansamente, 'el popular míster Daly'... Un diez se llama 'Jamás rehúses'. Otro, *Non ego*. Otro, 'Artístico', otro, 'Jamás se murmure'. Otro, 'Madres ancianas'. Otro, 'Rayo del sol'."

P.L., 23-XII-88, tomo VI, núm. 1138, pp. 1-2. *O.C.*, 12, pp. 109-118, procedente de *Nac.*, 7-II-89, con fecha de "N.Y., 20-XII-88", con adiciones, supresiones y muchas variantes.

1889

85] CORRESPONDENCIA PARTICULAR PARA "EL PARTIDO LIBERAL". CARTA DE
AÑO NUEVO. Sumario: Invierno primaveral. Ponche de leche y té de violetas.
La linda Brown Potter. Audacia y hermosura. Año nuevo en Washington. La
discreta Mrs. Cleveland. Una comida de Estado. Abuso de hospitalidad.
Castigo público al Presidente del Senado. La campaña de calumnia contra
el hogar de Cleveland. Las "lloronas". Cómo empieza el año en Nueva York.
La vida de la alta sociedad. Los Astor y los Vanderbilt. Las comidas de
baile. Las locas.

N.Y., 9-I-89. Señor Director de *El Partido Liberal*. México. "El observador
cansado, que fue a curar en el silencio de la naturaleza las contusiones y magu-
lladuras de un año de lidia con los hombres, no halla... se descubrió la punta
de los pies, con una cortesía de minué, y a la que había hecho de madre, le
besó al borde de la manta."

P.L., 27-I-89, tomo VII, núm. 1166, p. 1. *O.C.*, 12, pp. 119-125, procedente
de *Nac.*, 24-II-89, con fecha de "N.Y., 9-I-89"; idéntica.

86] CORRESPONDENCIA PARTICULAR PARA "EL PARTIDO LIBERAL". VARIEDADES
Y POLÍTICOS. DISCURSOS DE MILLONARIOS. Sumario: La anexión en el Canadá.
La educación de los indios. La Guerra en Haití. Un cerebro de...
$ 12 000 000. Edison. La batalla por los empleos. Cómo nombra un Presi-
dente de los Estados (Unidos) su Gabinete. Disputa de influjos. El Gabi-
nete. Los peregrinos a Indianápolis. Blaine contra Sherman. Los peligros de
Blaine. El "Premier".

N.Y., enero 9 de 1889. Señor Director de *El Partido Liberal*. México. "El 'Ve-
subius', el nuevo cañonero para dinamita... la república llana y castiza, que
no resista en verdad, con la buena fortuna que debiera."

P.L., 3-II-89, tomo VII, núm. 1772, p. 1. *O.C.*, 12, pp. 129-136, procedente de
Nac., 28-II-1889, con fecha de "N.Y., 9 de enero de 1889". Variantes signi-
ficativas.

87] CORRESPONDENCIA PARTICULAR PARA "EL PARTIDO LIBERAL". CUADROS FA-
MOSOS. Sumario: Exhibición de las pinturas del ruso Vereschagin. El alma
rusa: el arte ruso. El arte en la libertad. Cuadros de batallas. El horror en la
pintura. Las tiendas de los heridos. "Después de la batalla." El Czar en la derrota. El camino de los muertos. La bendición de los cadáveres. Cuadros
sagrados. Jesús como hombre. La casa de José. María en su hogar. Recuerdos
bíblicos. "La crucifixión." "El carnero." "La horca." "Cuadros de arquitectura." Mausoleos árabes. El Taj. Las mezquitas. El Kremlin rosado. Cuadros
de la naturaleza. Cachemira. Delhi. Mares y muertes. Un amanecer. El cielo
azul.

N.Y., 15-I-89. Señor Director de *El Partido Liberal*. México. "De afuera se
oía, como invitando a compadecer, la música suave. A la puerta llegaba, del
cuchicheo de adentro, como un ruido de iglesia... Rusia, como tu dolor, con
valles, Rusia, helados como tus esperanzas."

P.L., 14-II-89, tomo VII, núm. 1180, pp. 1-2. *O.C.*, 15, pp. 427-438, procedente de *Nac.*, 3-III-89, con fecha de "N.Y., 13-I-89", con ligeras variantes.

88] CORRESPONDENCIA PARTICULAR PARA "EL PARTIDO LIBERAL". BAILES Y
HUELGAS. Sumario: Variedades. Un gran baile en New York. La Guardia
Vieja. Los bailes de la alta sociedad. El desfile. El comedor. La sala. Noticias
de la semana. La doctrina de Monroe. El cañón de Zalinsky. Los "reporters"
y Mrs. Harrison. La política y la iglesia. Un octogenario vigoroso. La huelga
de los tranvías. Causas de la huelga. Determinación de los empleados. Motines. Ataques a los carros. La policía mata. Los teatros. Salida de los
teatros.

N.Y., 1-II-89. Señor Director de *El Partido Liberal*. México. "Sigue el invierno
azul, con manchas rojas. De un lado la alegría, el baile de Vanderbilt... Los
demás, custodia, porra al hombro, la hilera de presos boqui-sangrientos."

P.L., 28-II-89, tomo VII, núm. 1192, pp. 1-2. *O.C.*, 12, pp. 137-147, procedente
de *Nac.*, 30-III-89, con fecha de "N.Y., 31-I-89", con ligeras variantes.

89] CORRESPONDENCIA PARTICULAR PARA "EL PARTIDO LIBERAL". JONATHAN
Y SU CONTINENTE. Sumario: Los Estados Unidos juzgados por el autor
famoso de *John Bull y su isla*. Lo que falta en el libro. Los Estados Unidos
en 1889 y el americano de ahora. Ojeada sobre el carácter del norteamericano. El Yankee y su mujer. Max O'Rell y su estilo. El libro. Jonathan
y John Bull. Las anécdotas. El capítulo de "La joven americana". La mujer
del Norte, según O'Rell. Los periódicos y lo que les falta. La política. Los
literatos y la literatura. "¡Id a vivir a Inglaterra!"

N.Y., 7-II-89. Señor Director de *El Partido Liberal*. México. "No saben los
diarios de acá cómo sacarse ventaja. El *Herald* anda levantando sucursales en
Europa, y publica en Londres otra edición, con el escándalo de dar un número
en domingo... ha de crear una expresión digna del combate intenso, en que
batallan juntos los gusanos y las águilas!"

P.L., 7-III-89, tomo VII, núm. 1198, pp. 1-2. *O.C.*, 12, pp. 149-163, texto
de *P.L.*

90] CORRESPONDENCIA PARTICULAR PARA "EL PARTIDO LIBERAL". LA INAUGU-
RACIÓN DE HARRISON. Sumario: Inauguración de un Presidente en los Estados Unidos. Los dos presidentes y sus esposas. Usos, ceremonias y escenas
pintorescas. La muchedumbre, el juramento, la parada, el baile. Cómo salió
Cleveland y cómo entró Harrison. Washington en la inauguración. Llegada

de los trenes. Gentío. Noche lluviosa. La noche de Cleveland. El amanecer.
Los grupos. La turba y los diálogos. Harrison en el hotel. En la Casa Blanca.
Harrison y Cleveland salen para el Capitolio. "¡El paraguas; Secretario!"
En el Senado. La sala. Las galerías. Mrs. Harrison. Entrada de los Presidentes. Benjamin Harrison. El vicepresidente jura. En el pórtico. Harrison
sale a la lluvia a leer su discurso inaugural. El discurso. Política interior y
extranjera. Frases y notas. "¡A la Casa Blanca!" La parada. El estrado desierto. Los cincuenta mil hombres. Los jóvenes. Buffalo Bill. Jonathan. El
baile. "Grover Cleveland."

N.Y., 6-III-89. Señor Director de *El Partido Liberal*. México. "Vaya, Secretario, deme su paraguas, que éste no alcanza para los Presidentes; y vea que
se lo devolveremos, que los que vamos en este coche somos gente honrada...
en la puerta de cristal del despacho de Bangs, Tracy y Mack Veagh' un nombre
'Grover Cleveland, abogado'."

P.L., 28, 29 y 30-III-89, tomo VII, núms. 1215, 1216 y 1217, pp. 1, 2 y 2-3,
respectivamente. *O.C.*, 12, pp. 165-180, procedente de *Nac.*, 16-IV-89, con
fecha de "N.Y., 5-III-89", con supresiones y ligeras variantes.

91] CORRESPONDENCIA PARTICULAR PARA "EL PARTIDO LIBERAL". LOS EMPLEOS.
Sumario: Washington después de la inauguración. Los pretendientes. Cómo
distribuye un Presidente los empleos públicos. Rivalidades en el partido. Competencia de los Estados. Celos y venganzas. Los Senadores y los Representantes. Las delegaciones. Premios y repartos. Escenas y frases. Las lecciones a
Europa y América. Ryan a México. Conflictos. Sorpresa grata. El hijo de
Lincoln. Palmer y la ciruela. Los senadores se vengan de un periodista. Tacto
de Harrison. Su amigo New. "Los muchachos." Las delegaciones en la Casa
Blanca. El pórtico.

N.Y., 19-III-89. Señor Director de *El Partido Liberal*. México. "Abril será
de New York, a donde toda la nación quiere venir para que sea magna la
fiesta del centenario de la primer jura presidencial, cuando el balcón de la Casa
de Gobierno estaba donde está ahora la estatua de Washington, con la espada al
cinto y la mano tendida... Harrison sale al pórtico a saludar con la cabeza
a los curiosos que van desfilando ante él con el sombrero puesto."

P.L., 24-IV-89, tomo VII, núm. 1236, p. 2. *O.C.*, 12, pp. 181-189, procedente
de *Nac.*, 24-V-89, con fecha de "N.Y., 29-III-89"; idéntica.

92] CORRESPONDENCIA PARTICULAR PARA "EL PARTIDO LIBERAL". PRIMAVERA.
MÚSICA. PENITENCIARÍA. CABALLOS. MILLONARIOS. Sumario: Wagner y Von
Bülow en New York. Las mujeres y el tenor. Música rusa y húngara. Los
prestidigitadores y los espiritistas. Un concierto en la capilla de un sentenciado
a la horca. La pena de muerte y la Penitenciaría. Sing-Sing sin trabajo. Un
"Napoleón" de la Bolsa a la Penitenciaría. Caballos famosos. En el parque
vitorean a la yegua Maud S. Venta de un Hambletonian en $ 51 000. Un

argentino compra un caballo en 30 000. Las cervecerías. Los chalanes en las cervecerías. Bebidas de la primavera. "Santo Domingo." "Da la Vida" y la "Gloria Matutina". Los recién empleados y el "brahma-putra". "¡A las minas!" La Romería a la Baja California. La mina de Don Pedro. Reminiscencias del año 49. Flood, Mackay y Fair. Muerte de Flood. El millonario avaro I.W. Vida y fin de Ericsson.

N.Y., 1-IV-89. Señor Director de *El Partido Liberal*. México. "Con la boina de Wagner sobre la cabeza de nieve se ha ido este invierno, famoso, en New York por el frenesí con que los alemanes han aclamado en la Ópera al tenor de la Tetralogía de los Nibelungos... del Destroyer, con su cañón tremendo, que echa a pique los acorazados de mejor armadura; de su máquina solar donde la luz presa obedece y sirve al hombre. Al morir dijo: '¡Descanso!'."

P.L., 27-IV-89, tomo VII, núm. 1238, p. 2. *O.C.*, 12, pp. 191-199, procedente de *Nac.*, 30-V-89, con fecha de "N.Y., 1-IV-89", idéntica.

93] CORRESPONDENCIA PARTICULAR PARA "EL PARTIDO LIBERAL". EL CENTENARIO DE WASHINGTON. Sumario: Primera fiesta. Inauguración de la "Exhibición de retratos y reliquias". De lo que se habla en New York. Los provincianos. La crónica del gran baile. Cisma en la alta sociedad. Los aristócratas de la sangre contra los aristócratas del dinero. Despachos e injurias. La Exhibición: la mascarilla de Washington. Las espadas. Espadas de la inauguración. La plata de mesa: Cinceladuras y relieves. Los autógrafos: Washington y Lafayette. Los periódicos de aquella época. El traje de seda con que Washington juró. El traje de Martha Washington. La vajilla de campaña y la de la Presidencia. El baúl de la guerra. Los retratos. Hamilton y Franklin. El Washington militar de Peale mejor que el Washington pomposo de Stuart. Mrs. Cleveland.

N.Y., 18-IV-89. Señor Director de *El Partido Liberal*. México. "Esta noche ha comenzado el Centenario suntuoso de la primera jura de Washington. De eso sólo se ocupa la ciudad. Ya no cabe en los hoteles la gente que llega... ¡Oh, qué delicada criatura, Mrs. Cleveland! Y pasa, graciosa como una niña, del brazo de un anciano."

P.L., 2-V-89, tomo VII, núm. 1243, p. 1. *O.C.*, 13, pp. 502-508, texto de *P.L.*

94] CORRESPONDENCIA PARTICULAR PARA "EL PARTIDO LIBERAL". UN NORTEAMERICANO EN MÉXICO. Sumario: Un quitasol blanco en México. Libro nuevo del pintor F. Hopkinson Smith. El autor, su arte y su estilo. Ama al indio y visita las sacristías. Sus impresiones y aventuras. Su buen corazón y sus amigos. Lo que dice de "la nueva Tierra Santa". Lo que dibuja. Jamás podrá olvidar a México. El viaje. De Guanajuato a Tzintzuntzan, por Silao, Querétaro, Aguascalientes, Zacatecas, México, Puebla, Toluca, Morelia y Pátzcuaro. Lo que le llama la atención en cada ciudad. La raza india. Las iglesias viejas. Las sacristías por dentro. La loza mexicana. La confesión del criminal. La silla del padre Ignacio. La ciudad de México. El "síntoma feliz". Los trajes y las modas. San Hipólito. Toluca. El padre de las flores. El amigo "pirata". ¡A Morelia! Morelia. Éxtasis del pintor. La alameda. Lo que ve en la ciudad. Pátzcuaro y la diligencia. El viaje a Tzintzuntzan. Tzintzuntzan y el Tiziano. ¿Es un Tiziano? Las penitencias y el padre. La última aventura. La dedicatoria.

N.Y., 19-IV-89. Señor Director de *El Partido Liberal.* México. "Hay libros en que parece que va acuñado el corazón, y hecho páginas y letras donde se ve agonizar la esperanza y sangrar la vida... a la que me oye con más paciencia y me critica con más generosidad —a mi hijita Marion."

P.L., 9-V-89, tomo VII, núm. 1249, pp. 1-2. *O.C.*, 19, pp. 333-348, procedente de *Nac.*, 1-VI-89, con fecha de "N.Y., 25-IV-89", idéntica.

95] CORRESPONDENCIA PARTICULAR PARA "EL PARTIDO LIBERAL". CÓMO SE CREAN LOS ESTADOS UNIDOS. Sumario: Invasión de Oklahoma por cuarenta mil colonos. Incendio magnífico. Paseo de Pascuas. Las modas y los negros. Cómo se levanta un pueblo en el desierto. La peregrinación de los cuarenta mil colonos. Historia de Oklahoma. La ley de ocupación territorial. ¡Al primero que llegue! La romería, los carros, los jinetes, los especuladores. La tormenta. La vela del domingo. El sacerdote improvisado. Los soldados viejos. Las mujeres solas. Ella Blackburn, la bonita. La bandera de Nannitta Daisy. La mala gente de a caballo. Sangre. La entrada. Los cuarenta mil a la vez. Jinetes, carros, tiros. Cómo ocupan la tierra. Tres en un acre. Instante grandioso. La ciudad. Surge la ciudad de tiendas. ¿Quién la midió, quién la ocupó? Llegada del primer tren. ¡Traición! ¡A lo que queda! El periódico y las primeras elecciones. La oficina del registro. La primera noche en el desierto.

N.Y., 27-IV-89. Señor Director de *El Partido Liberal*. México. "Todo lo olvidó New York en un instante. ¿Muere el Administrador de correos, tanto de enfermedad como de pena... En la oficina de registrar no se apaga la luz. Resuena toda la noche el golpe del martillo."

P.L., 23-V-89, tomo VII, núm. 1261, pp. 1-2. *O.C.*, 12, pp. 201-212, procedente de *Op.*, 1889, con fecha de "N.Y., 25-IV-89", con ligeras variantes.

96] CORRESPONDENCIA PARTICULAR PARA "EL PARTIDO LIBERAL". LAS GRANDES FIESTAS DEL CENTENARIO DE LA JURA. Sumario: Historia de hace un siglo y crónica amena. Washington, sus tiempos y sus compañeros. El Washington verdadero y la Constitución de los Estados Unidos. Los cismas y miserias de los primeros años. La jura famosa. Gobierno y costumbres de la primera Presidencia. Las fiestas. La fiesta naval. La llegada a New York. El *lunch* y el camino de rosas. El baile. Los servicios religiosos. La ceremonia oratoria. La parada militar. El banquete. La procesión cívica. La fiesta naval. La bahía. Llega el Presidente. Espectáculo sublime. El desembarco. Arcos y *lunch.* Las niñas de las escuelas. El baile. El adorno del teatro. Personajes y cuentos. Cómo fue la gran cuadrilla y quiénes la bailaron. Trajes y joyas. Mrs. Harrison y Mrs. Cleveland. La cena. Escenas tristes. Oratorio. El obispo censura la política mercantil. El discurso histórico de Depew. Harrison como orador. El banquete y la lección del Centenario. Triunfo de Cleveland. Otros discursos y el de Harrison. La parada militar. Cariño de la milicia y el pueblo. Cincuenta mil hombres en armas. Ovación a los Gobernadores del Sur. Los soldados de la libertad. La procesión cívica. Alegorías malogradas. Siete alegorías para la cerveza y el vino. Los extranjeros en la procesión. Los niños de las escuelas. El niño y la estatua.

N.Y., 11-V-89. Señor Director de *El Partido Liberal*. México. 1ª "Salen en las manos como consagradas de revolver las páginas viejas, donde están, como con su voz y sus vestidos de paño y encaje, los nombres que pusieron por columnas, sin temer el peso ni contar la fatiga, a la casa más amplia que ha sabido labrar el decoro humano... apretadas en la rabia de entrar primero por los caballeros de plastrón y casaca." 2ª "Ni dama conocida ni hombre de pro, falta al baile comentado... y vio que al pie de la estatua de bronce, en los peldaños blancos, leía un niño."

P.L., 7 y 8-VI-89, tomo VII, núms. 1273 y 1274, pp. 1-2 y 1-2 respectivamente. 1ª *O.C.*, 13, pp. 377-389, procedente de *Nac.*, 21-VI-89, con fecha de "N.Y., 11-V-89", con muchas variantes; 2ª *O.C.*, 12, pp. 216-223, procedente de *Nac.*, 22-VI-89, con fecha de "N.Y., 11-V-89", con muchas variantes.

97] CORRESPONDENCIA PARTICULAR PARA "EL PARTIDO LIBERAL". LA CATÁSTROFE DE JOHNSTOWN. Sumario: 5 000 muertos en la inundación del Valle. La ciudad y las ferrerías. El torrente. Desborde de las aguas. Escenas terribles. Desde la torre. La noche. El puente encendido. 65 acres de ruinas. Los muertos. Un llano de lodo. Curiosos y ladrones. Las madres. Los héroes. Un perro. Los niños. El reconocimiento de los muertos. Novios, hermanas y madres. Los socorros. Dádivas. Reparto de provisiones y ropas. Los trenes de socorro. Clara Barton y la cruz roja. La claridad del país. Ocho mil trabajadores. El primer domingo en las ruinas. Católicos y protestantes. El discurso del protestante. ¡Y vamos!

N.Y., 9-VI-89. Señor Director de *El Partido Liberal*. México. "Escondida entre las colinas fértiles, al pie del lago que recoge las aguas de la montaña, vivía feliz la ciudad de Johnstown, con sus casas limpias en lo llano del valle y la riqueza de sus ferrerías famosas, trepaban por los cerros, como huyendo del martilleo, las casas más ricas... Lo que hay que hacer aquí es preguntar si vamos a reconstruir la ferrería de Cambria. ¡Y vamos!"

P.L., 2-VII-89, tomo VII, núm. 1293, p. 1. *O.C.*, 12, pp. 225-235, procedente de *Nac.*, 26-VII-89, con fecha de "N.Y., 9-VI-89", un cotejo realizado entre ambos arroja un total de 14 variantes.

98] CORRESPONDENCIA PARTICULAR PARA "EL PARTIDO LIBERAL". Sumario:

Tres formas. El voto contra el licor en la elección de Pennsylvania. Johnstown vota. La reforma del sistema de votar. El voto secreto. La reforma social.

N.Y., 26-VI-89. Señor Director de *El Partido Liberal*. México. "Sobre sus muertos se está levantando Johnstown: Diez mil dicen los médicos que han sido los cadáveres... Atienda a lo justo en tiempo el que no quiera que lo justo lo devore."

P.L., 13-VII-89, tomo VIII, núm. 1303, p. 1. *O.C.*, 12, pp. 245-251, procedente de *O.P.*, 1889, con fecha de "N.Y., 30-VI-89", un cotejo realizado entre ambas arroja un total de 27 variantes.

99] CORRESPONDENCIA PARTICULAR PARA "EL PARTIDO LIBERAL". EL VERANO Y SU CARÁCTER. Sumario: Escena de Coney Island. Ellos y ellas. El padre pescador. Suicidio. Un proceso célebre. Danzón, al enemigo de los negros. Los negros generosos. El aparato nuevo de ajusticiar. Una mujer en la horca. Simón Cameron, tipo de políticos. Creador de sí propio. De aprendiz a potentado. La política de Lincoln. Indulgencia y sagacidad. Cameron amo de hombres. Las alcobas de la política.

N.Y., 28-VI-89. Señor Director de *El Partido Liberal*. México. "Las orillas del mar están llenas de bañistas y las playas de paraguas colorados, por cuyos lados salen dos botas fuertes de un lado y dos zapatitos bajo de otro, como las bocas del caparacho del cangrejo... 'Éste, de la política hizo negocio.' ¡De la política, que es la patria!"

P.L., 17-VII-89, tomo VIII, núm. 1306, p. 1. *O.C.*, 12, pp. 269-276, procedente de *Op.*, 1889, con fecha de "N.Y., 8-VII-89", un cotejo realizado entre ambas arroja un total de 34 variantes.

100] CORRESPONDENCIA PARTICULAR PARA "EL PARTIDO LIBERAL". Sumario: El gran monumento de los Peregrinos y los Cristos que han aparecido en el Sur. El Monumento. Historia de Plymouth y del monumento. Los peregrinos de la Flor de Mayo. La fe y la tolerancia religiosa. Los recuerdos de la bahía. Reminiscencias de hace cuatro siglos. Los indios y las fiestas del monumento. La poesía de la ceremonia. Un discurso indio. Los indios en los Estados Unidos. Los Sioux venden su última tierra. Un discurso de Nube Roja. Los dos Cristos. Uno blanco y otro negro. Orth, el Jesús. Lo siguen las poblaciones. La tierra de Canaán. La disputa con los jueces. El Cristo negro: James, el desnudo.

N.Y., 20-VIII-89. Señor Director de *El Partido Liberal*. México. "Ni las intrusiones de la política norteamericana en Haití; ni de las tres viudas del prestidigitador Irving Bishop... A James, que era alcalde de su caserío, lo han encerrado por loco."

P.L., 5-IX-89, tomo VIII, núm. 1347, pp. 2-3. *O.C.*, 12, pp. 285-295, procedente de *Nac.*, 6-X-89 con fecha de "N.Y., 15-VIII-89"; idéntica.

101] CORRESPONDENCIA PARTICULAR PARA "EL PARTIDO LIBERAL". LA EXPOSI-
CIÓN DE 1892 EN NEW YORK. Sumario: Cómo se prepara y se empieza a
hacer una idea. Nace en el *Sun*. La opinión secunda al periódico.
Antecedentes y objeto de la Exposición. ¿Por qué debe ser en New York? New
York hoy. La Exposición, y los países de Hispanoamérica. Celos de las ciudades. Organización. El Mayor convoca a los ciudadanos prominentes. Quiénes son en New York los ciudadanos prominentes. Juntos en la reunión artesanos y banqueros. La reunión ejemplar. Nombramiento de las comisiones.
Los primeros fondos. Planes para reunir fondos. Bocetos de los miembros
de las comisiones. La acción del pueblo.

N.Y., 30-VIII-89. Señor Director de *El Partido Liberal*. México. "Nunca los
intereses particulares azuzados a tiempo, han puesto en forma con más rapidez
una idea atrevida, que ayer era ocurrencia de un diario... Así, del pueblo
libre, del pueblo fuerte, del pueblo activo, del pueblo arrogante, nace sin
manchas ni sombras, la Exposición del pueblo."

P.L., 10 y 11-IX-89, tomo VIII, núms. 1351 y 1352, p. 1 y p. 2 respectivamente.
O.C., 12, pp. 309-320, procedente de *Nac.*, 9-X-89, con fecha de "N.Y., 20-
VIII-89", un cotejo realizado entre ambas arroja un total de 138 variantes.

102] CORRESPONDENCIA PARTICULAR PARA "EL PARTIDO LIBERAL". POLÍTICA,
COSTUMBRES Y ESCÁNDALOS. Sumario: Problemas sociales y noticias. La
guerra de los negros y los blancos en el Sur. El Norte y los negros. Un juez
asesino. La vida en California. Cuatro ahorcados. La vela de la horca. Los
periodistas en la cárcel. La ejecución. El adiós de la ópera bufa. El Alcaide
Mayor falsifica un expediente de divorcio. La política y las sociedades de
empleos. Los pícaros en la política. Las venenosas. Un magnate ladrón.
Caballos, barraganas y falsificaciones a la penitenciaría. La batalla política
en New York. Una bolsa de ideas. Los veteranos en la República. Sucesos
curiosos. Un matrimonio escandaloso. El nieto de Hamilton mal casado.
Historia típica de costumbres. Los peligros de New York. Las recién nacidas,
a diez pesos. Gran curiosidad por el escándalo extraordinario.

N.Y., 31-VIII-89. Señor Director de *El Partido Liberal*. México. "Trae el
verano acá como un frenesí, que en los felices extrema el gozo, cual si quisieran
en estos meses de árboles poner la vida del año entero... con una pulsera de
oro en cada manecita blanca, y en el dedo meñique, sujeta por un cordón
de oro a la muñeca, una sortija de brillantes."

P.L., 28-IX-89, tomo VIII, núm. 1366, pp. 1-2. *O.C.*, 12, pp. 321-331, procedente de *Op.*, 1889, con fecha de "N.Y., 26-VIII-89", un cotejo realizado
entre ambas arroja un total de 143 variantes.

103] NUESTRA AMÉRICA.

"Es mucho ya lo que se trabaja en toda la América que habla español... iba
Clemente Zárraga el general de Venezuela, que a los catorce años sentó plaza

con la libertad, y que ayudó a Páez a tomar por el agua a Puerto Cabello, a caballo."

P.L., 2-X-89, tomo VIII, núm. 1369, p. 1. Sin firma; pero ya en *O.C.*, 7, pp. 349-353, con procedencia de *P.L.*, y la fecha equivocada de 27-IX-89, que debe corregirse en futuras ediciones.

104] LIBROS BONAERENSES. TIPOS Y COSTUMBRES BONAEREUSES [*sic*], JUAN A. PIAGGIO.

"Nunca en veinte años cambió una ciudad tanto como Buenos Aires. Se sacó del costado el puñal de la traición; el tirano, ahíto, por el peso de la sangre cayó en tierra... Él, como su impresor Lajouane, ha tomado por sello la divisa hermosa: *Sine labore, nihil.*"

P.L., 3-X-89, tomo VIII, núm. 1870, pp. 1-2. *O.C.*, 7, pp. 355-363, texto de *P.L.*, con la misma fecha. En el diario, el cuarto párrafo comienza así: "Fue primero la lengua[1]...", llamada que corresponde a una nota al pie de página, que dice: "[1]Al caballero cajista: Acento en léngua", ortografía martiana a la que no hizo caso el cajista.

105] CORRESPONDENCIA PARTICULAR PARA "EL PARTIDO LIBERAL". LAS CONVENCIONES DE SEPTIEMBRE. Sumario: El problema negro. Crecen las persecuciones. Reaparece el fervor abolicionista. Los blancos del Sur, los negros, y los republicanos. La Convención de los abolicionistas en Boston. La Iglesia nueva. Concepto moderno de la Iglesia. La Convención de los clérigos protestantes. El clérigo de ahora. La religión y la imaginación. La plata en los Estados Unidos. Convención de los banqueros. Proposición de acuñar $ 4 000 000.00 al mes. La plata y el papel moneda. Los ingleses en los Estados Unidos. Una compañía con $ 50 000 000. El sistema de compras. La exposición de 1892. En el Parque Central. Los ricos y los pobres. Un banquero da $ 25 000.00. Las ideas nuevas: águilas, globos, puentes, jardines, torres.

N.Y., 30-IX-89. Señor Director de *El Partido Liberal*. México. "Está de mudanza la ciudad, y el país entero. Se quita el hongo café-con-leche del verano, y se pone el hongo-chocolate del otoño... Y uno propone que se levante un astabandera de hierro, hueco en lo interior, para bajar y subir, y se enarbole la bandera en las nubes."

P.L., 17-X-89, tomo VIII, núm. 1382, p. 1. *O.C.*, 12, pp. 333-343, procedente de *Nac.*, 10-XI-89, con fecha de "N.Y., 30-IX-89", idéntica.

106] CORRESPONDENCIA PARTICULAR PARA "EL PARTIDO LIBERAL". [Sumario: Universidad sin metafísica. Las mujeres electoras. Empleos y tarifas. Política yanqui en Haití. Relaciones con México. Intereses privados y política internacional. La convención de las lanas. El discurso de Blaine.]

N.Y., 3-X-89. Señor Director de *El Partido Liberal*. México. "Ya la Universidad de Clark que se abre, en el corazón puritánico de Massachusetts, para enseñar como lo manda el mundo nuevo, sin poner unas metafísicas en vez de otras, ni sustituir la infalibilidad del dogma con la infalibilidad científica... —dicen los oradores— 'por el hombre firme que vio en los tiempos, y aconsejó el modo de vivir sin castas ni odios, en paz con nuestra conciencia y con el mundo'. 'Por Cleveland nuestro Presidente para 1892', dice entre hurras el Senador de Arkansas."

P.L., 19-X-89, tomo VIII, núm. 1384, p. 2. *O.C.*, 12, pp. 345-350, procedente de *Nac.*, 22-XI-89, con fecha de "N.Y., 30-X-89"; pero la fecha exacta de redacción parece ser la que da *P.L.*, pues ya se publica en éste el 19 del mismo mes y año, aunque sin el sumario y reduciendo su texto a la primera parte, seguramente, por referirse a las inversiones norteamericanas en México; sin embargo, el sumario y el texto íntegro se publicó en *Nac.*, de donde tomamos el primero. Empero, la parte primera publicada en *P.L.*, es idéntica al texto de *Nac.*, la segunda parte figura también en *O.C.*, 12, pp. 350-355.

107] EL PROYECTO ZOLLVEREIN.

"Nada tan concreto se había publicado hasta ahora sobre lo real de la Conferencia de Repúblicas en Washington... tan visionario es el Plan, que probablemente no llegará a tratarse en serio en la Conferencia de Naciones."

P.L., 3-XII-89, tomo VIII, núm. 1421, p. 1. Sin firma, incluido en *O.C.*; sin embargo, Martí en carta a Manuel A. Mercado, de 21-XI-89 (*O.C.*, 20, p. 153), dice: "Lo que sí le ruego es que me mande enseguida al periódico (*El Partido Liberal*), por su interés de actualidad, el artículo sobre el proyecto del Zollverein, según va a presentarlo el Gobierno Norteamericano. Por el asunto merece tratar de publicarlo, antes que otro lo traduzca. Yo lo he copiado a la letra de las prensas calientes, y aun temo que de Washington haya ido, aunque creo que se publicó aquí (Nueva York) por primera vez." Aunque el texto parece algo confuso, pues el sujeto (artículo, traducción, copia) es una y una misma cosa, el examen de la pieza revela que Martí tradujo el texto del proyecto, acabado de publicarse en Nueva York, y luego lo transcribe entre comillas, agregando sus propios comentarios. Es, pues, un texto *desconocido* y de gran interés.

108] CORRESPONDENCIA PARTICULAR PARA "EL PARTIDO LIBERAL". LA CUESTIÓN SOCIAL Y EL REMEDIO DEL VOTO. Sumario: Policías letrados. Reforma social en los Estados Unidos. Las doctrinas de George en los tribunales. Nacionalización de la tierra. Los "Clubs de Bellamy". La reforma pacífica. Peligros visibles. Las últimas elecciones. Los amigos de Cleveland. La reforma del voto. Foraker vencido. Importancia y prueba triunfante del modo nuevo de votar. El voto australiano. Los "taloneros".

N.Y., 21-XI-89. Señor Director de *El Partido Liberal*. México. "Una millonaria compra, con el contrato de matrimonio, un título roído de princesa, y otra se queda en las puertas de la boda, porque su príncipe sesentón quiere más de diez mil pesos al año por su título napoleónico y su domán de húsar... Empieza a asegurar la paz amenazada, el voto blanco."

P.L., 11-XII-89, tomo VIII, núm. 1428, p. 1; *desconocida.*

109] CORREPONDENCIA PARTICULAR PARA "EL PARTIDO LIBERAL". [Sumario:]
La Pampa. Libro nuevo de Alfred Ebelot [y Alfred] Paris, sobre la vida en el desierto argentino. Vida, ocupación y carácter del gaucho. El gaucho y la civilización argentina. El velorio. La volcada. El gaucho malo. Las carretas. La mujer del soldado. La galera. La última ciudad del mundo. Sociología práctica.

"El gaucho viene, a caballo tendido, por la llanura, mirando atrás de sí, como quien desconfía... los que años atrás mandó el gobierno a la villa por sus delitos, de robo, de falsificación, de muerte a levantar hogares, donde no les podía acusar la tierra, con las mujeres culpables de haber amado sin medida."

P.L., 19-XII-89, tomo VIII, núm. 1434, p. 1. *O.C.*, 7, pp. 365-375, procedente de *El Sudamericano*, 20-V-90, idéntica. Reseña de la obra *La Pampa* de Alfred Ebelot, Illustrations de Alfred Paris, Paris, Maison Quantin, Bs.As., I. Escary, 1890, 312 pp. (Bibliothèque Escary).

110] CORRESPONDENCIA PARTICULAR PARA "EL PARTIDO LIBERAL". Sumario: El mensaje del Presidente. Análisis del Mensaje y Revista política. Factores internos y personajes de la política americana. El Presidente, y los elementos de su partido. Resumen de opiniones sobre el Mensaje. Extracto de los informes de los secretarios. La cuestión de la plata. Opiniones del Presidente sobre el proteccionismo. El sobrante del tesoro; la acuñación de la plata; la inmigración; las pensiones de los veteranos; el aumento de la marina; el empleo activo del ejército; las subvenciones a los vapores. Cómo oyó el Congreso el Mensaje.

N.Y., 4-XII-89. Señor Director de *El Partido Liberal*. México. "Juega el Presidente con un cortaplumas; un senador escribe cartas; tres conversan afanosos, y se cambian papeles; en su sofá distante, uno, en traje gris, habla con un recién llegado... Así acaba el Mensaje del Presidente de los Estados Unidos."

P.L., 27-XII-89, tomo VIII, núm. 1440, p. 1. *O.C.*, 12, pp. 357-367, procedente de *Nac.*, 23-I-89, con fecha de "N.Y., 6-XII-89", con supresiones y muchas variantes.

1890

111] CORRESPONDENCIA PARTICULAR PARA "EL PARTIDO LIBERAL". UNA ELECCIÓN DE PRESIDENTE EN LA CASA DE REPRESENTANTES. [Sumario:] Sucesos varios. Fraudes. El voto secreto. El Congreso Panamericano. Una Vanderbilt y los pobres. Sarasate. Las casillas de San Andrés. Los *caucus*. El caucus demócrata. Hill y Cleveland. Los demócratas por Cleveland y Carlisle. Cleveland en New York. El *caucus* republicano. Cómo se elige el Presidente de la Casa de Representantes. Factores, métodos y peculiaridades pintorescas de la elección. El tráfico de votos. La elección en la Casa. Aspecto de la Casa. Formalidades. La historia del capellán. Sorteo de asientos. Reed y Randall.

N.Y., 6-XII-89. Señor Director de *El Partido Liberal*. México. "Ni la vergüenza que ha salido a la luz de Ohio, donde aparece que el gobernador Foraker se encerraba a solas con un traficante en documentos personales... El presidente republicano Reed va a visitar en su cama de enfermo a Randall, el caudillo demócrata."

P.L., 1-I-90, tomo VIII, núm. 1444, p. 1. *O.C.*, 12, pp. 389-397, procedente de *Nac.*, 26-IV-90, con fecha de "N.Y., 5-II-90", con muchas variantes.

112] CORRESPONDENCIA PARTICULAR PARA "EL PARTIDO LIBERAL". CRÓNICA DEL CONGRESO PANAMERICANO. Sumario: Asuntos y personas de la conferencia. Los debates, los acuerdos y las comisiones. Hechos. Sucesos varios. Pascuas. La muerte de Jefferson Davis. El abolicionista Johnson. Las víctimas de luz eléctrica. El discurso de Depew. Lo que se dice de América. El ministro americano en Haití. Los Estados Unidos y el canal de Nicaragua. Proposición en el senado sobre Cuba. Una serie de "golpes brillantes". Paseo de los delegados en New York. La sesión preparatoria de la conferencia. México en las comisiones. Las comisiones nombradas. ¿Quién nombra las comisiones? La Argentina en la conferencia. El delegado don Manuel Quintana. Debates. Sobre los vicepresidentes. Sobre los secretarios. Sobre el quórum. Sobre la firma de las actas. Sobre el reconocimiento del Brasil. El delegado Henderson. Detalles. Invitaciones. La proposición Folson. Los reverendos. "Las tres Américas" en el discurso de conmemoración de Washington en el congreso, por el juez Fuller. Aplauso al párrafo.

N.Y., 11-XII-89. Señor Director de *El Partido Liberal*. México. "Diciembre está en sus últimos días hábiles, porque el fin de mes es aquí de pascuas todo, y no hay quien piense en más que en regalar o en recibir, ni época del año en que las esquelas de amiga traigan más perfume..., sin forzar nada, con lo cual vendrán a ser más estrechos los lazos de amistad fraternal, y quedarán los pueblos de los continentes en el dominio armonioso de los hemisferios."

P.L., 14-I-90, tomo IX, núm. 1454, p. 1. *O.C.*, 6, pp. 63-70, procedente de *Nac.*, 24-I-90, con fecha de "N.Y., 11-XII-89", con ligeras variantes.

113] CORRESPONDENCIA PARTICULAR PARA "EL PARTIDO LIBERAL". Sumario: Los problemas de los Estados Unidos. a] Relación de sus partidos políticos y sus cuestiones. El partido de la victoria. El socialismo norteamericano. El

Sur. El catolicismo. Liga de autoridades. *b*] El banquete de los puritanos. *c*] El Sur, y el carácter ejemplar de Grady. Un orador.

N.Y., 9-I-90. Señor Director de *El Partido Liberal*. México. [I] "Pascuas caritativas, comidas filosóficas, año nuevo bailarín, negros oteados, acorralados, muertos... No hemos de levantar una nueva especie de esclavitud para mantener el imperio malamente creado con el crédito que ganamos derribando otra." [II] "Y vienen a ser estas mesas de fin de año como una tribuna de nación, donde se oye con igual gusto al adinerado insolente y al reformador fogoso... Y Grady, rodeado de su pueblo sollozante, ha muerto."

P.L., 25 y 28-I-90, tomo IX, núms. 1464 y 1466, pp. 2 y 1 y 2 respectivamente: a] *desconocida*; *b*] *O.C.*, 12, pp. 376-379, procedente de *Nac.*, 20-II-90, con fecha de "N.Y., 9-I-90", con ligeras variantes; y c] *O.C.*, 13, pp. 393-399, procedente de *Nac.*, 23-II-90, con fecha de "N.Y., 1-I-90", con muchas variantes.

114] CORRESPONDENCIA PARTICULAR PARA "EL PARTIDO LIBERAL". CLUBS Y LIBROS. Sumario: El Club de los Trece. Notas políticas. Los "dramas en prosa" de Ibsen. *El Yankee*, de Mark Twain. Los "caballos" jugadores. Un Club de Mujeres.

N.Y., 13-I-90. Señor Director de *El Partido Liberal*. México. "De lo osado del Club de los Trece escriben hoy más los diarios que de la muerte del proteccionista Kelly, 'el padre' de la Casa de Representantes... 'si no cumplen con sus deberes, no tienen derecho a sus ventajas'."

P.L., 29-I-90, tomo IX, núm. 1467, pp. 2-3. *O.C.*, 13, pp. 456-462, procedente de *Nac.*, 12-III-90, con fecha de "N.Y., 13-I-90", con algunas variantes.

115] EDISON.

"Desde que estuvo Edison en París, se habla más de él... pero deja su alcoba tranquila para ir a oír ansioso a media noche la voz que lo llama, la voz que en *La Obra* de Zola llama al pobre Claudio."

P.L., 5-II-90, tomo IX, núm. 1473, pp. 1-2. Sin firma, pero por el estilo es indudablemente de Martí, sobre todo si se toma en cuenta el llamado *testamento literario* de Martí, la carta a Gonzalo de Quesada, de Montecristi, 1º de abril de 1895 (*O.C.*, 20, p. 478), que dice así, al tratar de organizar los dos volúmenes de *Norteamericanos*: "Y mucho hallará de *Longfellow* y *Lanier*, de *Edison* y *Blaine*, de poetas y políticos y artistas y generales menores. Entre en la selva y no cargue con rama que no tenga fruto." Sin duda, esta rama *desconocida* tiene mucho fruto de Edison.

116] CORRESPONDENCIA PARTICULAR PARA "EL PARTIDO LIBERAL". Sumario: El escándalo en la Casa de Representantes. Batalla sobre las garantías parlamentarias. La casa sin reglamento. Escenas y opiniones. El Presidente y los demócratas. La situación política.

N.Y., 30-I-90. Señor Director de *El Partido Liberal*. México. "Por sobre todas las novedades de estos días, sobre el robo de un banco nacional por su propio presidente... Y un republicano dice: '¡Mano de hierro!'."

P.L., 13-II-90, tomo IX, núm. 1479, pp. 1-2. *O.C.*, 12, pp. 399-409, procedente de *Nac.*, 29-III-90, con fecha de "N.Y., 7-II-90". El primer párrafo es diferente, carece del último y en el resto de la crónica presenta algunas variantes.

117] Boletín de *El Partido Liberal*. "Ciencia loca y sabia locura." Libro curioso y usos prácticos del fonógrafo.

"Del fonógrafo se burlan hasta hace poco tiempo los críticos de oficio... y la identidad continua del hombre, y la vanidad de la soberbia?"

P.L., 12-III-90, tomo IX, núm. 1502, p. 1. *O.C.*, 13, pp. 509-511. Sin firma de ninguna clase; pero ya como de Martí, y citando al final la procedencia de *P.L.*, y la fecha únicamente, en la *B.M.*, núm. 152, p. 12.

118] Estados Unidos. Política internacional y religión. Haití y los Estados Unidos. La exposición y los partidos políticos. Cleveland. Mrs. Cleveland. Los Kindergartens de pobres. La sociedad de New York. El problema religioso en los Estados Unidos. El famoso predicador Brooks. Un sermón de mediodía en la iglesia de la Trinidad.

N.Y., 4-III-90. Señor Director de *El Partido Liberal*. México. "De Haití cuentan que vuelve el Almirante norteamericano con sus buques, sin haber logrado que los hijos de Toussaint L'Overture, que tienen los ojos abiertos, cedan de hecho a la compañía de vapores de Clyde la Punta de San Nicolás, que los Estados Unidos francamente desean, y la Constitución haitiana prohíbe ceder... En la puerta, al salir, dice un joven: '¡Magnífica la metáfora!' "

P.L., 19-III-90, tomo IX, núm. 1508, pp. 1-2. *O.C.*, 12, pp. 411-420, texto de *P.L.*

119] La discusión del arbitraje en la Conferencia de Washington. Aspecto dramático de la Conferencia. La guerrilla de Trescott. Entrada de la Comisión de Arbitraje, y escena de la lectura del Proyecto de Conquista. Resumen del Proyecto de Arbitraje. Su historia. Sus combates. El pensamiento del Norte, y el del Sur. Opinión de la prensa norteamericana. Los discursos del arbitraje. Discurso del argentino Quintana. México en la Conferencia. Discurso de Don Matías Romero. Centro América en la familia. Discurso de Fernando Cruz. Discurso de Chile negándose al arbitraje. La política de debate. Esperanza e intrigas. El tablero del continente. El discurso de Blaine. Blaine y el argentino Quintana. Quintana y Henderson. Escenas finales. Las firmas que faltan en el proyecto. Detalles de un testigo.

Washington, 14-IV-90. Señor Director de *El Partido Liberal*. México. "¿Qué es lo que se va a tratar en la Conferencia de Naciones Americanas, que la casa de piedra parda donde se juntan los delegados tiene como un aspecto solemne? Unos entran con paso recogido; otros, con paso batallador. . . 'mi amigo muy distinguido, mi altamente apreciado amigo', al guardián de la América Latina en la Conferencia, al argentino Manuel Quintana."

P.L., 7-V-90, tomo ıx, núm. 1545, pp. 1-2. *O.C.*, 6, pp. 84-101, procedente de *Nac.*, 31-V-90, con fecha de "Washington 18-IV-90", con supresiones y en resto del texto ligeras variantes.

120] CARTA DE LOS ESTADOS UNIDOS. [Sumario: Graves preocupaciones del Este. Los grandes contrastes. La insolencia de los ferrocarriles. Bodas famosas.]

N.Y., 30-VI-90. Señor Director de *El Partido Liberal*. México. "El Este anda hoy muy ocupado. Pelean en el Congreso los que quieren la plata sola, que sea la moneda del mundo, con los que no quieren más metal que el oro. . . El señorío va entrando en la casa, poco a poco, bajo un toldo de rosas."

P.L., 19-VI-90, tomo ıx, núm. 1581, p. 1. *O.C.*, 12, pp. 421-430, procedente de *Nac.*, 16-VIII-90, con fecha de "N.Y., 30-VI-90", con muchas variantes.

121] CARTA DE LOS ESTADOS UNIDOS. LA ORGANIZACIÓN MUNICIPAL EN NEW YORK. Sumario: Sus escándalos y remedios. La Universidad industrial. El regalo de una casa. Los regalos, la política y la justicia. El poder político en el Municipio de New York. Bastidores y análisis de los poderes municipales. Venta y compra de empleos. Los cohechos y las gratificaciones. Ley contra las gratificaciones. Los ciudadanos en política.

N.Y., 8-VI-90. Señor Director de *El Partido Liberal*. México. 1] "Junio se anuncia próvido. Por novedades no se quejan los diarios. . . ¿Qué tiene Tammany que hacer con los funcionarios que elige? ¿Quiénes mandan en Tammany?" 2] "Los diarios, que un clérigo protestante acaba de llamar 'los sacerdotes verdaderos', tomaron sobre sí la defensa de la ciudad, y volvieron del revés las gabetas del sheriffato. . . —vencieron, en esta batalla rabiosa, a un ejército de ladrones, un puñado de buenos ciudadanos."

P.L., 20 y 21-VI-90, tomo ıx, núms. 1582 y 1583, p. 2 y 1-2 respectivamente; *desconocida*.

122] CARTA DE NEW YORK. La Casa nueva de los Vanderbilt. El senado y los buques de guerra. Un orador negro. Los exámenes y la educación de la mujer. La mujer del Norte, y el "Curso de Voluntad". La bailarina sevillana "Carmencita".

N.Y., 1-VII-90. Señor Director de *El Partido Liberal*. México. "Pocos julios empiezan con tanta cosa pública como éste porque de intriga en intriga han venido a dejarse para los calores los proyectos de fuerza en que ha de dar voto el Congreso. . . ; 'el bulto por donde, de las puras contorsiones se le está saliendo el corazón'."

P.L., 16-VII-90, tomo x, núm. 1603, p. 1; *desconocida.*

123] Sumario: Carta de New York. Los tratados de reciprocidad entre los Estados Unidos y los países latinos de América. El Ferrocarril Continental en el Congreso. El Banco Panamericano. Los manufactureros y los campesinos, y la tarifa de McKinley. Blaine y los tratados con la América. Comentarios de entre bastidores.

N.Y., 3-VII-90. Señor Director de *El Partido Liberal.* México. "Hispanoamérica está en todas las bocas... 'que no había de seguro en todo el valle del Mississippi cinco ciudadanos que dieran el voto para comprar tres buques nuevos'."

P.L., 24-VII-90, tomo x, núm. 1609, p. 1. *O.C.*, 6, pp. 111-116, procedente de *Nac.*, 31-VIII-90, con fecha de "N.Y., 28-VII-90", con algunas variantes, supresiones y agregados, entre ellos el último párrafo.

124] COMO MURIÓ [MARTÍN] BARRUNDIA. Información cablegráfica, con textos del 14 y 15 de septiembre de 1890. Además se aclara que "nuestro corresponsal [José Martí] pasó enseguida a tener una entrevista con varios de los que fueron testigos de la muerte [de Martín Barrundia] y se le hizo la siguiente relación.

P.L., 18-IX-90, tomo x, núm. 1655, p. 2. Sin firma, ni incluido en las *O.C.*, pero con toda seguridad de Martí, no sólo por la frase de "nuestro corresponsal", que lo identifica como autor, sino porque en el artículo, un poco posterior, sobre "Los Estados Unidos en el caso Barrundia", Martí sostiene las mismas ideas y vuelve a referirse al "relato de los testigos presenciales" (cf. *O.C.*, 8, pp. 103-110, pieza procedente de *Nac.*, 29-XI-90, fechada en "N.Y., 5-X-90", la misma fecha en que envió a *P.L.* la misma crónica, con ligeras variantes, pero que se publica en México con anticipación en virtud de la menor distancia geográfica: 21-X-90, tomo x, núm. 1683, pp. 1-2). *Desconocida.*

125] LOS TRATADOS DE RECIPROCIDAD. Sumario: En la política interior de los republicanos. Rivalidades del Partido. Blaine y Reed. La elección de Reed. Actitud de Harrison sobre los tratados.

N.Y., 9-IX-90. Señor Director de *El Partido Liberal.* México. "Murió Fremont, el general de aventuras, que con su cohorte de abogados ralos y leñadores voraces, entró de bota y revólver en el caballo negro, por 'la región donde vivían los mexicanos'... ni permitirá, en cuanto lo pueda evitar, que Blaine le levante a Blaine la Casa en contra, y denuncie la idea continental, que es 'de todos, de todos', y será mejor cuando esté ya más madura —'mejor, luego'."

P.L., 23-IX-90, tomo x, núm. 1659, p. 1. *O.C.*, 12, pp. 447-455, procedente de *Nac.*, 20-X-90, con la fecha de "N.Y., 9-IX-90", con muchas variantes.

126] CARTAS DE VERANO I. EN LOS PUEBLOS DE BAÑOS.

N.Y., 3-IX-90. Señor Director de *El Partido Liberal.* "El patriota si quiere bien a su patria, no comenzará a leer el periódico por el editorial, que dice lo que se opina, sino por los anuncios, que dicen lo que se hace... a su choza de negro del Sur, a su celda de presidiario. Y el día del reconocimiento, en el anfiteatro abierto al aire, todos, llorando, reciben su diploma."

P.L., 24-IX-90, tomo x, núm. 1660, p. 1. *O.C.*, 12, pp. 431-438, procedente de *Nac.*, 22-X-90, con fecha de "N.Y., 19-VIII-90" y con el título del núm. 117, con supresiones y en el resto del texto algunas variantes.

127] CARTAS DE VERANO II. LA UNIVERSIDAD DE LOS POBRES.

N.Y., 2-IX-90. Señor Director de *El Partido Liberal.* México. "Ya las hojas amarillean, y vuelven de la montaña los peregrinos, con el bordón de maple coronado de helechos y de siemprevivas... Alrededor, en carruajes magníficos, la nobleza ve el torneo, ansiosa y atenta."

P.L., 26-IX-90, tomo x, núm. 1662, pp. 1-2; *desconocida.*

128] UN POETA. "POESÍAS" DE FRANCISCO SELLÉN.

N.Y., 1890: Editor, A. DaCosta Gomes. "Poesía no es, de seguro, lo que corre con el nombre; sino lo heroico y lo virgíneo de los sentimientos, puesto de modo que vaya sonando y lleve como alas, a lo florido y sutil del alma humana, y de la tierra, y sus armonías y coloquios, o el concierto de mundos en que el hombre sublimado se anega y resplandece... Dicen que de su corazón limpio y severo, manan hilos de sangre silenciosos y que su vida ejemplar se ha consagrado a la benignidad y al sacrificio."

P.L., 28-IX-90, tomo x, núm. 1664, pp. 1-2. *O.C.*, 5, pp. 181-193, texto de *P.L.*

129] CARTAS DE VERANO III. EN LAS MONTAÑAS.

N.Y., 8-IX-90. Señor Director de *El Partido Liberal.* México. "Van alegres a las playas, buscando aventuras; pero el mar no acomoda, con sus palacios bullangueros, a la gente tranquila, ni es el aire de la costa como el de la montaña, para criar hijos ágiles y resueltos, para leer a la luz blanda de los libros sobre la naturaleza, para calafatear los pulmones agujereados, para calmar, con la salud del mundo, el espíritu doliente... —Y cuando acaba la risueña comida, sobre las barandas rústicas brilla, limpio, el sol."

P.L., 2-X-90, tomo x, núm. 1667, pp. 1-2. *O.C.*, 12, pp. 439-445, procedente de *Nac.*, 2-XI-90, con fecha de "N.Y., 29-VIII-90", con ligeras variantes.

130] CORRESPONDENCIA PARTICULAR PARA "EL PARTIDO LIBERAL". LOS ESTADOS UNIDOS EN EL CASO DE BARRUNDIA. [Sumario:] Versiones del caso. Argumentos en pro y en contra de Mizner. Mizner y la Secretaría del Estado. El Presidente y los documentos.

N.Y., 5-X-90. Señor Director de *El Partido Liberal*. México. "Doce años hace, antes de que cayesen bajo Barrios los primeros sospechosos, no había en Guatemala hombre más bello, cortés y blandílocuo que el Ministro de Guerra, que Martín Barrundia... Pero el país no conocerá, no, los documentos del caso, porque el Presidente, después de leerlos, ha declarado que la publicación de los documentos 'no es compatible con los intereses públicos'."

P.L., 21-X-90, tomo X, núm. 1683, pp. 1-2. *O.C.*, 8, pp. 103-110, procedente de *Nac.*, 29-XI-90, con fecha de "N.Y., 5-X-90", con ligeras variantes.

131] CARTA DE JOSÉ MARTÍ. Sumario: El viaje del Conde de París. Bocetos e incidentes. Un general, un duque y una vizcondesa. El Presidente Harrison en viaje. Ojeada sobre la política interior antes de las elecciones de noviembre. Primeros efectos del *bill McKinley* en la política. Protección y reciprocidad. ¿Qué podrán hacer los demócratas? La opinión pública en las elecciones municipales de New York.

N.Y., 17-X-90. Señor Director de *El Partido Liberal*. México. "Con el otoño le vienen a la floresta los colores damasquinos, y no hay hermosura más fantástica y rara que la del Parque al entrar en la noche... Y esperan sacar electo a su corregidor, esta vez o la que viene, porque el empuje de un pueblo irritado sólo lo detienen sus propios errores, porque los malos sólo se abren camino por entre las divisiones de los buenos."

P.L., 30-X-90, tomo X, núm. 1691, pp. 1-2. *O.C.*, 12, pp. 457-465, procedente de *Nac.*, 2-XII-90, con fecha de "N.Y., 11-X-90", con ligeras variantes.

132] CARTA DE JOSÉ MARTÍ. LAS FLORES EN NEW YORK. Sumario: Gran exhibición de flores y plantas en Madison Square. Los famosos crisantemos. Orquídeas: cypripedios. La calle de las palmas. La planta asesina. Las flores humildes. Una casa adornada para bodas.

N.Y., 30-XI-90. Señor Director de *El Partido Liberal*. México. "Ni en el misterio de las últimas elecciones pensaban ayer los neoyorquinos, ocupados en celebrar al sol el Día de Gracias... En un rincón, porque está de moda en Inglaterra, una flor amarilla menuda, en tiborcetes azules."

P.L., 18-XII-90, tomo X, núm. 1731, p. 1. *O.C.*, 13, pp. 511-518, procedente de *Nac.*, 11-I-90, con fecha de "N.Y., 28-XI-90", con ligeras variantes.

133] CARTA DE JOSÉ MARTÍ. Sumario: Carta de Congresos. Ojeada y resumen político. Los republicanos, los demócratas y Alianza campesina.

N.Y., 2-XII-90. Señor Director de *El Partido Liberal*. México. "No hay mano en estos días fuera del bolsillo, porque el aire, transparente y azul las hiela en cuanto osan salir de él... No en vano, al inaugurarse las sesiones, vino Reed a su puesto de presidente sin la famosa faja azul, y McKinley llevaba una corbata negra."

P.L., 25-XII-90, tomo x, núm. 1737, p. 1. *O.C.*, 12, pp. 481-488, procedente de *Nac.*, 13-I-91, con fecha de "N.Y., 2-XII-90", con muchas variantes al principio del texto.

1891

134] NUESTRA AMÉRICA.

"Cree el aldeano vanidoso que el mundo entero es su aldea, y con tal que él quede de alcalde, o le mortifiquen al rival que le quitó la novia, o le crezcan en la alcancía los ahorros, ya da por bueno el orden universal, sin saber de los gigantes que llevan siete leguas en las botas y le pueden poner la bota encima, ni de la pelea de los cometas en el Cielo, que van por el aire dormidos engullendo mundos... ¡Porque ya suena el himno unánime; la generación actual lleva a cuestas, por el camino abonado por los padres sublimes, la América trabajadora; del Bravo a Magallanes, sentado en el lomo del cóndor, regó el Gran Semí, por las naciones románticas del continente y por islas dolorosas del mar, la semilla de la América nueva!"

P.L., 30-I-91, tomo x, núm. 1766, p. 1. *O.C.*, 6, pp. 13-23, texto de *P.L.*

135] DE WASHINGTON. EL BAILE DE NUESTRO MINISTRO.

"Nuestros bailes en Washington son famosos... el más noble conjunto de huéspedes distinguidos que pueda juntarse en Washington."

P.L., 18-II-1891, tomo xI, núm. 1781, p. 1, sin firma. No recogida en las *O.C.* a pesar de los indicios que ofrece el epistolario con Gonzalo de Quesada; esto hace suponer que la mano de Martí anda por esta crónica o en otras análogas, aunque en rigor nunca podrán atribuírsele en su totalidad. Veamos lo que escribe Martí a su "muy querido Gonzalo", desde Nueva York a Washington, hacia 1890: "No más para agradecerle su puntualidad, y celebrarle la viveza de la descripción de lo de [Matías] Romero. Lástima que el estilo vivo, y a lo Goncourt, no me permita enviar la descripción [tal] como ha venido" (*O.C.*, 6, p. 129). Un año más tarde, Martí escribe a Quesada, de Washington a Nueva York, febrero de 1891: "En el baile [del Ministro Matías] Romero, que estuvo lucido, me acordé de Vd., especialmente, no porque hubiera cosa mayor, sino porque su descripción del año pasado fue tan viva y fiel que, quitando una flor y poniendo un ponche, pudiese servir para este año. Romero tuvo la bondad de valerse de mí para ayudarle a hacer los honores... Me presentaron a la muchachería rosa y azul; pero yo bajé al comedor con las Misses Thomas, de cuarenta años, vestidas de negro" (*O.C.*, 6, pp. 178-179). A mayor abundamiento, uno de los "fragmentos" de Martí, titulado "El beso envenenado", parece referirse a esta ocasión: "—You must kiss me. Imaginé, no sé por qué, al salir de mi discurso en inglés, tres muchachas vestidas de rosa —tal vez por las 2 herm[anas] q[ue] me presentó [Manuel] Q[uintana] en el baile de Romero, y el pensamiento ya confuso, por el sueño, del día de la Conferencia [Panamericana]" (*O.C.*, 22, frag. 96, p. 59). Todo indica aquí una veta de íntima colaboración literaria todavía no explorada, que vale registrar. Se publica en el Apéndice.

136] CARTA DE LOS ESTADOS UNIDOS. Muerte de Bancroft y de Windom. El general Sherman. El cumpleaños de Lincoln y el Centenario de Cooper. Universidad viva y ricos inútiles. Los cuadros de Seney. La carta famosa de Cleveland contra la plata libre.

N.Y., 11-II-91. Señor Director de *El Partido Liberal*, México. "¡Ayer caía Bancroft, el último de los historiadores retóricos, frívolo e injusto, amigo de Bismarck contra los franceses: el que puso la mano en Texas y en California...! Por esa carta, dice uno, dejará de ser Cleveland Presidente. '¡Lo será, dice otro, por esa carta!'."

P.L., 25-II-91, tomo XI, núm. 1787, p. 2. *Desconocida* y firmada por "El Amigo"; pero el estilo es evidentemente de Martí.

137] LA COMEDIA DE "EL SENADOR".

Washington, 18-II-91. "¿Dijo alguien que es un delito la cortesía, y se ha de predicar la brutalidad como virtud, y el odio a los hombres corteses?... A la puerta, en el gentío de la salida, iban codo con codo ministros extranjeros, silenciosos y pálidos."

P.L., 6-III-91, tomo XI, núm. 1795, p. 1. *Desconocida* y firmada por "El Amigo"; pero de estilo martiano.

138] CARTA DE JOSÉ MARTÍ. EL ASESINATO DE LOS ITALIANOS. Sumario: Las escenas de Nueva Orleáns. Los antecedentes y el proceso. La *maffia* y la política. Absueltos de los presos. El asalto a la cárcel. La reunión. La marcha. Las muertes.

N.Y., 15-III-91. Señor Director de *El Partido Liberal*. México. "...Y desde hoy, nadie que sepa de piedad pondrá el pie en Nueva Orleáns sin horror... Uno saca el reloj: —Hemos andado de prisa: 'cuarenta y ocho minutos'. De las azoteas y balcones miraba la gente, con anteojos de teatro."

P.L., 31-III-91, tomo XI, núm. 1813, p. 1. *O.C.*, 12, pp. 491-499, procedente de *Nac.*, 20-V-91, con fecha de "N.Y., 26-III-91", con algunas variantes.

139] CARTA DE JOSÉ MARTÍ. Sumario: Las elecciones en Nueva York. Qué significan y cómo se hicieron. Las vísperas. Cuadros electorales. La noche y los boletines. Importancia de estas elecciones en la elección presidencial. Cleveland y Hill. La torre de luz.

N.Y., 4-XI-91. Señor Director de *El Partido Liberal*. México. "De lo alto de la torre nueva del circo de Madison, de la torre agiraldada, surca, como una cola de cometa, el cielo negro, la luz que anuncia al colosal gentío si los votos de esta reñidísima elección favorecen a Fassett, el candidato republicano, que viene de la casa rica, y es de letras y oratoria... Cuando los hombres doman su pasión, es bien que se levante al cielo una torre nueva, desde donde Diana, cazadora de astros, envía al mundo torrentes de luz."

P.L., 17-XI-91, tomo xii, núm. 2005, p. 1; *desconocida*.

140] UN LIBRO DEL NORTE SOBRE LAS INSTITUCIONES ESPAÑOLAS EN LOS PAÍSES QUE FUERON DE MÉXICO. Los pueblos. Los presidios. Las misiones. (*Spanish Institutions of the Southwest,* por el profesor Frank Wilson Blackmar [1854-1831]. Baltimore, The Johns Hopkins Press.) [1891, xxv, 353 pp. Johns Hopkins University Studies in Historical and Political Science, vol. x, extra].

"Por toda nuestra América empieza a mostrarse el deseo —como si ya hubiera empezado a cuajar el alma continental—, de conocer, por sus raíces y desarrollo, la composición de los pueblos americanos... Pero 'en los nombres de las montañas y los ríos y las ciudades es donde ha dejado la civilización española sus huellas más durables en el Sudoeste'."

P.L., 25-XI-91, tomo xii, núm. 2012, p. 1. *O.C.*, 7, pp. 58-62, texto de *P.L.*

141] CARTA DE JOSÉ MARTÍ. [Sumario:] Un gran pianista, Paderewski. La oradora humanista Annie Besant. El poeta de Asia, Edwin Arnold. Sucesos: El drama nuevo de Sarah Bernhardt. Paulus en New York. La Exposición de Chicago. El bautizo del crucero "New York". Los millonarios. Los hijos de rico. Desgracia del millonario Cyrus Field.

N.Y., 7-XII-91. Señor Director de *El Partido Liberal*. México. "Paderewski es polaco, polaco soñador; la cara, pálida y fina, le luce bajo la maraña del cabello bermejo: por cuello usa un pañuelo de seda, prendido con un alfiler humilde... Los pueblos nuevos han de librarse de la lepra de los negocios inútiles."

P.L., 17-XII-91, tomo xii, núm. 2031, p. 1. *O.C.*, 12, pp. 502-507, texto de *P.L.*

142] EL MENSAJE DEL PRESIDENTE HARRISON. [Sumario:] Extracto minucioso del mensaje. Demócratas y republicanos. Contra la plata libre y en pro del bimetalismo. Defensa de la tarifa de McKinley. La Nueva Marina de los Estados Unidos. El arbitramento en América. "La influencia pacífica que debemos ejercer en este hemisferio." El Ferrocarril Internacional y el Canal de Nicaragua. La reclamación de Chile. Los límites de México.

"Las ásperas relaciones de Washington con Chile, la hostilidad mal encubierta de las banderías del partido republicano, y la relativa firmeza que ha venido a darle la elección equivocada de los demócratas, para Presidente de la Casa, en la persona de un sudista ligado a los elementos impuros del partido, dieron al mensaje de Harrison importancia no común en la apertura del Capitolio el día 8... —el mantenimiento del influjo libre e igual del pueblo en la elección de los empleados públicos y en la dirección de los asuntos nacionales'."

P.L., 18-XII-91, tomo xii, núm. 2032, p. 1; *desconocida*.

1892

143] CARTA DE JOSÉ MARTÍ. [Sumario:] Política. Religiones. Inmigración. Un incendio en la Avenida. Hill contra Cleveland. Renuncia de Blaine. La inmigración y el egoísmo. Crímenes. Un millonario habla en un púlpito, y censura el sistema de herencias. Los púlpitos y el volteriano Ingersoll.

N.Y., 9-II-92. Señor Director de *El Partido Liberal*. México. "Rebosa la vida en los Estados Unidos con los primeros soles de febrero, y no hay pueblo acaso donde se pueda ver más de cerca que en éste ahora la regata de los hombres, y los frenos que le son menester, y el barco en que van a la vez el capitán y el motín, y el amasijo de cadáveres y joyas que es este mundo en que vivimos... A la puerta de la casa que ha ganado con su abogacía elocuente, espera a Ingersoll todas las tardes el coro de sus hijas."

P.L., 20-II-92, tomo xiii, núm. 2084, pp. 1-2; *desconocida*.

144] CARTA DE JOSÉ MARTÍ. [Sumario:] El negro en los Estados Unidos. El paseo del pastel. Los cultos y los ignorantes. Los peregrinos a Liberia. Un pueblo quema a un negro.

N.Y., 23-II-92. Señor Director de *El Partido Liberal*. México. "¿Dónde se reúnen diez mil almas, hombres de paño y mujeres de seda, a ver envilecerse a veinte parejas humanas, veinte parejas negras? [...] La señora Jewell llegó al árbol, encendió un fósforo, puso dos veces el fósforo encendido a la levita del negro, que no habló, y ardió el negro, en presencia de cinco mil almas."

P.L., 5-III-92, tomo xiii, núm. 2096, p. 1; *desconocida*.

145] CARTA DE JOSÉ MARTÍ. [Sumario:] La inmigración y los estudiantes de las Universidades. Debates de elocuencia. ¿Conviene la inmigración? ¿Por qué no conviene? El circo del descubrimiento de América. Barnum y Colón. Colón. Marchena. Las joyas. Procesiones y bailes. La muerte del "buen poeta viejo", de Walt Whitman.

N.Y., 25-III-92. Señor Director de *El Partido Liberal*. México. "Estos han sido días de caer. En su tumba heroica, hecha como los dólmenes, está ya el cuerpo del poeta Walt Whitman... que en los últimos días de sol de su vida natural iba hilando los metros abruptos donde hierven desnudos el hombre y la mujer, a ver cómo encajaban las piedras colosales de las sepulturas de puertas de granito donde dice, con letras acuchilladas, 'Walt Whitman'."

P.L., 8-IV-92, tomo XIII, núm. 2124, pp. 1-2; *desconocida*.

146] CARTA DE JOSÉ MARTÍ. Sumario: Un banquete típico. Obsequio extraordinario de la Cámara de Comercio de Nueva York a un periodista. Whitelaw Reid, del *Tribune*, candidato posible a la Vicepresidencia. La oratoria de sobremesa en el Norte. Detalles y prácticas de un banquete extraordinario en Nueva York. Política, comercio, diplomacia y chiste.

N.Y., 28-IV-92. Señor Director de *El Partido Liberal*. México. "Por frente a la estatua del almirante Farragut, que desde su pedestal de olas de granito ve con los ojos que abatieron a Nueva Orleáns en la guerra civil, la puerta afable del Delmónico, la puerta de los convites, del cuchicheo de las parejas, de los pajes y las casacas y los sombreros de cintas, pasaban hace pocos días, disputándose las ruedas, los coches de los hombres mayores de la ciudad de Nueva York... A la puerta, envuelto en pieles, entra Whitelaw Reid en su coche tirado por dos magníficos caballos."

P.L., 12-V-92, tomo XIII, núm. 2150, p. 2; *desconocida*.

ÍNDICE DE NOMBRES *

* El índice incluye solamente las cartas y los sumarios. [E.]

264   ÍNDICE DE NOMBRES

s crema de fábrica de papel san juan, s. a.
lleres gráficos victoria, s. a.
zaragoza núm. 18 bis – méxico 3, d. f.
ɔlares más sobrantes para reposición
re de 1980